Mittmann · *Aktion Roland*

Wolfgang Mittmann

AKTION ROLAND

Jagd auf einen Frauenmörder

Das Neue Berlin

Vorwort

Der »Schrecken der brandenburgischen Wälder« lautete die Titelzeile, mit der eine Potsdamer Tageszeitung im Frühjahr 1949 den Bericht ihres Reporters über den aufsehenerregenden Strafprozeß gegen einen mehrfachen Frauenmörder, Vergewaltiger und Räuber überschrieb. Brandenburgische und Berliner Polizisten hatten ihn in den ersten Nachkriegsjahren unter dem Decknamen AKTION ROLAND gejagt.

Dieses Buch rekonstruiert erstmals den vollständigen Ablauf der Geschehnisse, basierend auf verfügbarem Beweismaterial, das der Autor in den Akten des Brandenburgischen Landeshauptarchivs und des Bundesarchivs Berlin-Lichterfelde fand.

Selbst wenn sich dieser Bericht wie ein Roman liest, alle mitgeteilten Fakten beruhen auf Tatsachen. Einige Szenen, die nicht in der Fahndungsakte verzeichnet sind, sich aber nach Lage der Dinge zwangsläufig so abgespielt haben, hat der Autor frei gestaltet. Seine Phantasie nahm er darüberhinaus zu Hilfe, wenn es galt, die Charaktere betroffener und beteiligter Personen zu skizzieren, ohne die vom Gesetzgeber geforderten Belange des Datenschutzes zu verletzen. Dennoch wurden die Namen der in die Untersuchung einbezogenen Kriminalpolizisten beibehalten; nicht in allen Fällen war es möglich, Hinweise auf ihre persönlichen und beruflichen Schicksale zusammenzutragen. Vielleicht wird ihnen auf diesem Wege eine späte Anerkennung zuteil.

I

Dienstag, der 16. April 1946. Quirlendes Menschengewühl überspülte den Bahnhof in Spandau-West. Abgezehrte Gestalten in feldgrauen Soldatenmänteln, die aus der Kriegsgefangenschaft heimkehrten. Flüchtlingsfamilien aus Ostpreußen, Pommern und Schlesien, die nach einer neuen Heimat suchten. Frauen, die Gesichter von Kummer gezeichnet, schleppten prallgefüllte Rucksäcke, Koffer und Kartons. Dazwischen Kinder und Halbwüchsige mit großen hungrigen Augen. An der Fahrkartenausgabe drohte Tumult. Eine aufgebrachte, wütende Menge trommelte gegen das geschlossene Schalterfenster. Man fluchte, stieß und schubste an der Bahnsteigsperre. Nur wer sich beeilte, konnte vielleicht noch einen Stehplatz in einem Zugabteil ergattern, sonst blieben einem nur die Trittbretter eines Waggons oder man kletterte auf die Dächer. Die Sorge um das tägliche Stückchen Brot, der Kampf ums nackte Überleben, trieb die Leute hinaus in die Dörfer der Mark, wo man Wäsche oder Schmuck gegen Mehl und Kartoffeln bei den Bauern eintauschen konnte. Hamstern – das war der ländliche Zweig des Schwarzen Marktes. Die Züge verkehrten unregelmäßig, jede Fahrt war ein Abenteuer und gefährlich zugleich, denn Rücksicht wurde nicht genommen.

»Nee, nee, liebes Frollein, ich kann Sie hier nicht durchlassen!« belehrte der Eisenbahner in der hölzernen Bahnsteigwanne ein junges Mädchen, das mit ratlosem Gesicht vor der Sperre stand. Sie mochte neunzehn oder zwanzig Jahre alt sein. »Wenn Sie keine Fahrkarte haben, dann könn' Sie eben nicht zum Zug.«

»Aber ich muß unbedingt nach Kyritz!« flehte sie.

»Ohne Fahrkarte jeht überhaupt nischt«, wiederholte der Schaffner stur.

»Die Frau am Schalter wollte mir ja keine verkaufen.«

»Weil det Kontingent erschöpft ist, Frollein. Is 'ne Anordnung von oben. Mehr Karten als Plätze dürfen nicht verkooft werden!« Er blickte auf die Schlange der Wartenden, die unwillig murrten.

»Is wohl vom Mond jefallen, die Kleene«, lästerte ein Witzbold. Und eine ebenso spitze Zunge antwortete: »Eher 'ne Landpomeranze. Nur 'n bißchen schwer von Begriff.«

»Tja, wenn Se nich gleich Platz machen, Frollein, denn is meine Jeduld ooch erschöpft!« beendete der Eisenbahner den Disput. »Sie halten hier bloß den Betrieb uff!«

Mit hochrotem Kopf trat Barbara Schüler zur Seite. Sie stellte ihren Koffer aus verschrammtem Vulkanfiber ab und starrte hilflos auf die Aktentasche, in der sich einige Bücher, ein Lehrgangszeugnis und ihre Brieftasche mit der gesamten Barschaft von 25 Reichsmark befanden. Bereits am frühen Morgen war sie in Potsdam aufgebrochen. Ein klappriger Bus hatte sie bis zum Bahnhof Spandau-West befördert, von wo aus sie die Weiterfahrt über Nauen nach Kyritz antreten wollte. Und nun diese Panne. Mit der Möglichkeit, daß man ihr die Fahrkarte verweigern könnte, hatte sie nicht im entferntesten gerechnet. Die Anordnung der Reichsbahnverwaltung, die eine hoffnunglose Überbelegung der Züge durch Kontigentierung des Fahrkartenverkaufs bekämpfen wollte, war erst seit wenigen Tagen in Kraft. Dabei hatte der unbekannte Spötter in der Menge gar nicht mal so unrecht. Sie stammte tatsächlich vom Lande, kam aus einer Umsiedlerfamilie und war erst vor einem knappen halben Jahr wie aus heiterem Himmel zu einem Neulehrerkurs nach Potsdam geschickt worden.

»Na, Fräulein, auch auf Hamstertour?« fragte da eine Stimme neben ihr. »Hat wohl nicht so geklappt mit der Zugverbindung?« Der fremde Mann, der sie angesprochen hatte, legte den Kopf zur Seite und kniff das linke Auge ein wenig ein.

»Nein«, gab sie wie abwesend Auskunft. »Ich muß beruflich nach Kyritz.«

»Dann lassen Sie mich mal raten«, lachte er. »Sie sind Krankenschwester, und in dem Koffer stecken lauter Medikamente. Vielleicht Penizillin oder noch besser Morphium? Wenn Sie wollen, verhökern wir das Zeug gemeinsam.«

Sein herzliches Lachen steckte an. Es milderte die Sorgenfalten auf der Stirn der jungen Frau. Sich einem Menschen in mißliebiger Lage mitteilen zu können, nimmt viel vom eigenen Mißgeschick. »Nein, ich bin Lehrerin«, sagte Barbara Schüler. »Ich habe in Potsdam einen Lehrgang besucht und muß mich heute beim Schulrat in Kyritz melden.« Sie sah in die braunen Augen ihres Gegenübers. Seine Lider verengten sich, doch um die Mundwinkel begann es zu zucken. Sie schätzte den Mann auf Mitte dreißig, er war mittelgroß und hatte ein breites dunkles Gesicht; wie jemand, der viel im Freien arbeitet, dachte sie. Er trug einen dunklen, wenn auch reichlich abgewetzten Anzug und eine blaue Schiffermütze. Aber einen Ring hat er nicht, registrierte sie für sich. Jedenfalls nicht am Finger.

»Oh«, machte der Mann. »Da sind Sie ja ohne Fahrkarte fein aufgeschmissen.« Er schob die Unterlippe ein wenig vor. »Lassen Sie mich mal überlegen. Also, weil Sie's sind, und weil Sie so nett aussehen«, erklärte er schließlich, »ich wüßte da eine Möglichkeit, wie sie heute abend noch nach Kyritz kommen.«

Ein Hoffnungsschimmer blitzte in Barbara Schülers Augen auf. »Da wäre ich Ihnen aber unendlich dankbar«, versicherte sie.

»Die Sache hat bloß einen Haken. Wir müßten nach Oranienburg.«

»Nach Oranienburg? Wie kommt man dahin?«

»Mit der S-Bahn natürlich. Wir fahren vom englischen Sektor in den französischen, dann in den russischen Sektor, und anschließend nach Norden, bis Oranienburg. Liegt bereits in der russischen Zone. Ich habe dort nämlich einen Freund«, behauptete er. »Der ist Fahrer beim Landrat.

Gestern hat er mir erzählt, daß er mit seinem Chef heute abend nach Kyritz fährt. Wenn Sie möchten, bringe ich Sie hin und rede mal mit meinem Freund. Bestimmt kann der Sie mitnehmen.«

Die junge Frau musterte ihn. »Das wollen Sie wirklich für mich tun?« fragte sie noch voller Zweifel.

»Warum denn nicht«, meinte er arglos. »Ist ja 'ne gute Tat, wenn Sie als Lehrerin pünktlich ins Schulamt kommen.«

Die Art, wie der Mann sich gab, offen und voller Anteilnahme, erweckte ihre Sympathie. Barbara Schüler wußte später selbst nicht mehr, warum sie sich auf das Gespräch mit dem Unbekannten eingelassen hatte, und sie verspürte auch keinerlei Argwohn, als der Mann seinen Rucksack über den Rücken warf, ihren Koffer aufnahm und mit ihr zur Stadtbahn lief. Lediglich eine gewisse Trägheit, die in seinen Bewegungen lag, blieb in ihrem Gedächtnis haften.

Noch lag der elektrische S-Bahnbetrieb auf der Spandauer Strecke am Boden. Erst im August 1948 sollten die gelbbraunen Züge wieder ins Rollen kommen. Bis dahin fuhren

Hamsterfahrer unterwegs. Quelle: Archiv des Autors

dampfbetriebene Personenzüge, die über Siemensstadt und Jungfernheide bis auf den nördlichen Stadtring zuckelten. Die Waggons stießen und rüttelten erbärmlich. Die Gleise waren ausgefahren, das Schotterbett versottet. Statt blinkender Glasscheiben wurden Sperrholzplatten vor jedes zweite Waggonfester geschlagen.

Der Mann war gleich an der Tür stehengeblieben. Barbara Schüler blieb neben ihm. Sie wollte ihren Koffer nicht aus den Augen lassen. Als der Zug bei der Einfahrt in den Bahnhof Putlitzstraße stark bremste, wurde sie mit der Brust gegen den Oberkörper ihres Begleiters gedrückt. Er nahm es mit einem süffisanten Lächeln wahr, das ihr die Röte ins Gesicht trieb.

Zwei Stationen weiter erreichten sie den Bahnhof Gesundbrunnen. Der Mann erklärte ihr, daß sie hier umsteigen müßten. Sie bahnten sich einen Weg durch das Menschengewühl. Der S-Bahnhof war zu einer Filiale der Berliner Schwarzmarktszene geworden. Doch davon verstand Barbara Schüler, das Mädchen vom Lande, herzlich wenig. Sie war nur ängstlich bestrebt, ihren neuen Bekannten, der jetzt die Treppe zum Bahnsteig der Nord-Süd-Bahn hinunterdrängte, nicht zu verlieren.

Der Oranienburger Zug fuhr ein. Ein Dreiviertelzug der S-Bahnbaureihe 165. Auch er war überfüllt. Es reichte wieder nur für zwei Stehplätze im Traglastenabteil. Inzwischen war es später Nachmittag geworden, und die junge Frau sah besorgt zur Uhr. »Hoffentlich schaffen wir es noch rechtzeitig bis zu Ihrem Freund.«

Der Mann nickte beruhigend. »Soviel ich weiß, fährt der erst gegen sechs Uhr los.«

»Was arbeiten Sie eigentlich?« wollte sie jetzt von ihm wissen.

Er zuckte die Achseln. »Mal dies, mal das. Was gerade so anfällt.«

»Dann sind Sie wohl oft auf Tour?« fragte sie rasch. »Ich meine, viel unterwegs ... hamstern und so?«

»Naja, wenn ich Zeit hab. Tun doch heutzutage alle. Von irgendwas muß man ja leben.«

»Und Sie helfen jungen Mädchen, die ohne Zugverbindung sind«, versuchte sie zu scherzen.

Der Fremde tat, als habe er ihre Frage nicht gehört, beugte sich nach vorn und sah durch die Scheiben auf das Stationsschild des S-Bahnhofes, in den der Zug soeben einfuhr.

»Lehnitz. Hier müssen wir raus!«

Sie standen auf dem Bahnsteig. Mit dem eigentümlichen Gesang der Berliner S-Bahnmotoren ratterte der Zug davon. Das Läutewerk am Bahnübergang bimmelte, als der Eisenbahner, der den Wärterdienst versah, die Schrankenbäume hochkurbelte.

»Sagten Sie nicht, nach Oranienburg?« fragte die junge Frau ihren Begleiter.

»Mein Freund wohnt in Lehnitz. Der Wagen steht auf seinem Hof. Kommen Sie nur!« Zum ersten Mal faßte er ihren Arm, hakte sich unter und zog sie zum Ausgang, verfolgt von den gleichgültigen Blicken der rotbemützten Aufsicht.

Das Paar verließ den Bahnhof in östlicher Richtung. Auf der gegenüberliegenden Straßenseite standen einige Häuser. Die Hauptstraße nach Summt zog in einer rechtwinkligen Kurve davon, verlor sich schon nach wenigen hundert Metern in einem ausgedehnten Waldgebiet.

»Wo wohnt denn nun Ihr Freund?«

»Drüben hinter dem letzten Haus. Da beginnt der Schmachtenhagener Weg. Bloß ein paar Schritte noch. Oder haben Sie Angst?«

Sie musterte ihn von der Seite. Eine innere Stimme gemahnte zur Vorsicht. Ach was, ich bin eine Zimperliese, beruhigte sie sich im gleichen Atemzug, runzelte die Stirn und folgte ihm wortlos.

Der Schmachtenhagener Weg entpuppte sich als ein ausgefahrener Forstweg, der zwischen Kiefern und einzelnen Birkengruppen nach Nordosten führte. Keine Spur von einem Haus, auch hinter der nächsten Wegbiegung nicht. Barbara Schüler blieb abrupt stehen. Blanke Angst sprang die Neunzehnjährige an. Koffer und Aktentasche entglitten ihren Händen. Sie starrte in das Gesicht des Mannes, das sich zu einer häßlichen Grimasse verzerrte. Noch bevor sie schreien konnte, hatte er sie schon an den Schultern gepackt und zu Boden gerissen. Er fetzte ihr die Kleidung vom Leib. Sie wehrte sich verzweifelt. Die Angst verlieh ihr Riesenkräfte. Aber was nützten sie gegen die brutale Gewalt des ausgewachsenen Untiers ...

Drei Stunden später saß sie mit verschwollenem Gesicht und Kratzspuren, die den gesamten Körper bedeckten, beim Polizeiposten in Lehnitz. Immer wieder brach sie in trockenes Schluchzen aus. Sie fühlte sich elend, beschmutzt und erniedrigt zugleich. Es fiel ihr schwer, den Tathergang zu schildern. Nachdem der Mann sie vergewaltigt hatte, war er mit ihrer Aktentasche, allen Papieren und dem Bargeld verschwunden.

Der Wachtmeister, der die Anzeige wegen Vergewaltigung zu Papier brachte, schüttelte ein ums andere Mal den Kopf. »Wie konnten Sie nur so leichtgläubig sein, Fräulein, und sich diesem wildfremden Menschen ausliefern?« fragte er mit unüberhörbarem Vorwurf in der Stimme.

Sie schneuzte erregt in ein Taschentuch, das ein anderer Polizist ihr mitfühlend reichte. »Weil er gar nicht wie so ein Verbrecher aussah ... Er hatte so etwas ... wie soll ich sagen ... so eine Ausstrahlung ...« Erneutes Schluchzen. »So ruhig, fast wie ein Vater ... man hatte Vertrauen zu ihm, dachte sich nichts Böses dabei, weil ... weil er so freundlich war und mir helfen wollte ...«

2

Anna Zilliges war 41 Jahre alt. Sie lebte als Bäuerin auf einem der größten Höfe in Paaren, einem Erbhof, wie es unter den Nationalsozialisten hieß. 1939, noch unter dem Eindruck des siegreichen Blitzüberfalles auf das Nachbarland Polen, hatte ihr Mann sich mit den Nazis eingelassen. Sie trugen dem angesehenen Landwirt die Funktion des Ortsbauernführers an. Dafür holten die Russen ihn im Juni 1945 und steckten ihn gleich anderen ehemaligen Naziaktivisten in ein Umerziehungslager. Der automatische Arrest bestimmter Bevölkerungsgruppen war zwischen den Alliierten vereinbart worden. Auch in der amerikanischen, britischen und in der französischen Besatzungszone gab es anfangs solche Lager. In der SBZ, der sowjetischen Besatzungszone, nahm der NKGB bis zum Oktober 1945 etwa 82 000 deutsche Zivilpersonen unter Berufung auf das Besatzungsrecht fest. Ob und wann die Männer zurückkommen würden, war ungewiß. Es gab kein befristetes Strafmaß oder Urteil. Viele Familien lebten zwischen Hoffnung und Furcht.

Ein solcher Hoffnungsschimmer hatte sich vor zwei Wochen für sie aufgetan, als ein Mann im dunklen Anzug und mit einer blauen Schiffermütze auf dem Hof erschienen war. Zunächst hatte sie ihn für einen Städter gehalten, der im Dorf hamstern wollte. Der Rucksack auf seinem Rücken und das Fahrrad, das er bei sich führte, sprachen jedenfalls dafür. Aber dann hatte er nach ihrem Mann gefragt – dem Otto Zilliges.

»Den haben die Russen geholt«, wollte sie ihn kurz und bündig abfertigen. Anna Zilliges war nicht sehr groß, dafür drall und rundlich. Ihre rosigen Backen verrieten, daß die Schmalztöpfe auf dem großbäuerlichen Hof noch längst nicht leergefuttert sein konnten.

»Stimmt«, hatte da der Fremde gesagt. »Der ist in einem Lager.«

»Wissen Sie etwas von Otto?«

»Ich soll Sie von ihm grüßen. Bloß nicht den Mut verlieren, läßt er bestellen, es wird schon wieder werden.«

»Mein Gott!« Sie schlug die Hände zusammen und faßte nach ihrem Schürzenzipfel. »Sie haben ihn gesehen? Kommen Sie doch ins Haus! Sie müssen mir von ihm erzählen!«

Sie hatte ihn in der guten Stube bewirtet. Und während er genüßlich Spiegeleier mit Schinken und Bratkartoffeln in sich hineinstopfte, berichtete er von seiner Begegnung mit ihrem Otto. »Ich habe auch in dem Lager gesessen«, ließ er die Frau, die begierig seinen Worten lauschte, wissen. »Sie haben mich bloß früher laufen lassen, weil meine Mutter und meine Schwester ein paar ordentliche Freßpakete für das Wachpersonal anschleppten. Die Verpflegung, wissen Sie, ist nicht sehr gut. Hungerrationen. Die Russen haben selber nicht viel zum Beißen.«

Die Augen der Bäuerin hingen an seinen Lippen. »Kann ich ihm vielleicht ein paar Lebensmittel schicken? Wir haben doch genug.«

Satt und zufrieden lehnte sich der Mann am Tisch zurück. »Da wüßte ich vielleicht eine Möglichkeit«, versprach er. »Aber zuerst muß ich mal alleine die Lage peilen. Wenn sich was machen läßt, bin ich in ein oder zwei Wochen zurück.«

Voller Dankbarkeit und Hoffnung hatte Anna Zilliges ihm den Rucksack mit geräuchertem Schinken, Würsten und einem Klumpen Butter gefüllt. Sie blickte ihm noch nach, als er mit trägen Bewegungen auf sein Fahrrad stieg und nach dem erneuten Versprechen »Also in zwei Wochen!« davonrollte.

Viel zu langsam waren die folgenden Tage verstrichen. Anna Zilliges hielt Tag für Tag nach dem hilfsbereiten Fremden Ausschau. Die zwei Wochen waren um, erste Zweifel kamen auf, bis er am 23. Mai, kurz nach dem sonntäglichen Kirchgang tatsächlich auf den Hof geradelt kam. Es hätte nicht viel gefehlt, und sie wäre dem Mann mit der blauen Schiffermütze um den Hals gefallen. Die beiden Kinder spielten an der Scheune, und die Schwiegermutter erschien neugierig in der Tür des Ausgedingehauses.

»Ihr habt Glück, Bäuerin«, berichtete er mit breitem Lächeln. »Ihr Mann ist im Lager bei Oranienburg. Wenn Ihr wollt, könnt Ihr ihn noch heute sehen.«

Wie himmlische Musik erklang die Nachricht in ihren Ohren, ihr fehlten die Worte. »Aber ... aber ich weiß doch gar nicht, wo das ist. Wie komme ich denn nach Oranienburg?«

Der Mann winkte lässig ab. »Natürlich bringe ich Sie hin.

Hab ich Ihrem Otto versprechen müssen. Ohne meine Beziehungen geht im Lager nix!«

Aufgeregt legte sie die Hand auf ihren Mund. »Was nehme ich denn da mit?«

»'n richtiges Freßpaket«, schlug er rasch vor.

»Und was zum Anziehen«, ergänzte die Schwiegermutter. »Die Nächte sind kalt. 'ne warme Jacke oder einen Mantel. Und Unterwäsche. Nimm den Koffer!«

Während sich Ottos früherer Leidensgefährte bei einem deftigen Mahl stärken durfte, packten die Frauen in aller Hast einiges zusammen.

»Ein Fahrrad haben Sie doch?« erkundigte er sich zwischen zwei Bissen. Anna Zilliges nickte. »Dann fahren wir mit den Rädern bis nach Potsdam und nehmen von dort die S-Bahn!«

Gegen Mittag lieferten sie ihre Tretmühlen in der Fahrradaufbewahrungsstelle am Potsdamer Stadtbahnhof ab. Mit einem Fahrrad unterwegs zu sein, barg die Gefahr des Diebstahls in sich. Besonders gern requirierten russische Soldaten die stählernen Drahtesel als bequeme Fortbewegungsmittel, mit denen sie dann auf Nimmerwiedersehen verschwanden.

Anna war in gelöster Stimmung. Die Aussicht, ihren Mann in wenigen Stunden wiederzusehen, baute frohe Erwartungen auf. Sie fühlte sich an ihre Jungmädchenzeit erinnert, als sie unter den Linden am Dorfanger auf den Liebsten gewartet hatte. Ein stilles Lächeln legte sich auf ihr Gesicht, ließ die herben Züge der einundvierzigjährigen Bäuerin jünger erscheinen. Ohne zu murren nahm sie die Widrigkeiten der überfüllten S-Bahnabteile in Kauf, das häufige Umsteigen auf den Unterwegsbahnhöfen, und sie schleppte den schweren Koffer, als der Reisebegleiter beim Halt in Lehnitz das Aussteigen befahl. »Das Lager liegt drüben im Wald!«

Wenige Minuten später erreichten sie den Forstweg in Richtung Schmachtenhagen. Es war wieder warm geworden, ein richtiger freundlicher Maientag. Die Bäuerin geriet ins Schwitzen unter ihrem altmodischen Hut. Auch auf den

Tuchmantel hätte sie verzichten können. »Ist es noch weit?« prustete sie außer Atem.

»'n ziemliches Stück noch«, nickte er und blieb mitten im Wald auf einer trockenen, moosbewachsenen Lichtung stehen. »Außerdem habe ich Hunger. Wir sollten was essen. Im Freßpaket ist genug.«

Er riß ihr den Koffer aus der Hand, setzte sich auf einen Baumstumpf, holte eine Dauerwurst hervor und begann schmatzend zu kauen. »Iß doch auch was«, ermunterte er sie. Die Frau brachte keinen Bissen hinunter. Sie hatte sich neben ihn gesetzt, starrte auf den Boden und wartete. Die sandige Erde war mit Kiefernnadeln übersät. Würziger Nadelduft kitzelte in der Nase. Die roten Waldameisen haste-

S-Bahn nach Oranienburg – für manche Frauen der Weg ins Verderben. Quelle: Zentrales Bildarchiv, Deutsche Reichsbahn

ten geschäftig ihrer Wege. Eine unbestimmte Spannung kam über die Frau, eine gewisse Beunruhigung, die sich nicht deuten ließ. Endlich wischte der Mann seine fettglänzenden Lippen ab.

»Gehen wir jetzt weiter?« fragte sie.

»Ja, aber erst wollen wir noch ficken!«

Sie begriff, das war kein Scherz. Jede Freundlichkeit war von dem Mann abgefallen. Grinsend bleckte er das Gebiß. Sie wollte entsetzt aufspringen, aber da war er auch schon über ihr und zerrte ihr die Kleider vom Leibe.

Nachdem seine tierische Lust gestillt war, durchwühlte er ihre Handtasche, nahm die hundert Reichsmark heraus, die der internierte Otto Zilliges erhalten sollte, und schleuderte die Kleider der nackten Frau weit hinein in eine Kiefernschonung.

»Du bist eine selten blöde Kuh!« sagte er grob zu seinem Opfer, das unter Schock stand. »Damit du's weißt: Deinen Mann kenn' ich überhaupt nicht, und daß er im Lager ist, hab ich erst in eurer Dorfkneipe erfahren!«

Dann packte er den Koffer. Den Inhalt würde er im Handumdrehen auf dem Schwarzen Markt zu Geld machen. »Man bedankt sich!« höhnte er und war im nächsten Augenblick zwischen den rostroten Stämmen des Kiefernbestandes verschwunden.

Der Polizeiposten in Lehnitz war an diesem Sonntag nicht besetzt. Es herrschte Personalmangel. Man verwies Anna Zilliges an die Kriminalaußenstelle in Oranienburg, wo eine Kriminalangestellte den Bereitschaftsdienst versah. Nachdem sie sich die Geschichte der mißbrauchten Frau bis zum Ende angehört hatte, telefonierte sie mit der Bahnpolizei in Potsdam. Sie bat die Kollegen, den Täter noch am Bahnhof abzufangen. Doch der Mann im dunklen Anzug, der eine blaue Schiffermütze trug, war viel zu schlau, um sich an der Fahrradaufbewahrungsstelle noch einmal blicken zu lassen.

3

Kriminalanwärter Wendler brachte die altersschwache Fichtel & Sachs vor dem bäuerlichen Anwesen in Klein-Lüben zum Stehen. Er streifte den linken Ärmel seiner Windjacke zurück und sah pflichtgemäß zur Uhr. Der Zeitpunkt des Eintreffens der Untersuchungsbehörde am Tatort sei im Besichtigungsprotokoll festzuhalten, hatte man ihm auf der Polizeischule beigebracht.

Der Tatort im engeren Sinne – das war die Vorratskammer des Bauern Lieberam. Einbrecher hatten sie in der vergangenen Nacht heimgesucht. Für den jungen Wendler der erste Fall, den er in alleiniger Verantwortung untersuchen sollte. »Immer an die sieben goldenen W halten!« hatten die älteren Kollegen in Bad Wilsnack ihm noch mit auf den Weg gegeben. Wenn er sich an die Richtlinie »*Wer, was, wann, wo, womit, warum und wie*« halte, dann könne überhaupt nichts schiefgehen.

Die Frage »*Wann?*« beantwortete der Hofbesitzer ihm ohne Umschweife. Im rotgestreiften Fleischerhemd und Hosen, die von breiten verschwitzten Trägern gehalten wurden, empfing Lieberam den Kriminalangestellten am Hoftor. »Als ich nachts, so gegen vier mal raus mußte, da habe ich ein verdächtiges Geräusch gehört, Herr Kommissar. So ein Scharren an der Hauswand. Bin gleich zur Vorratskammer, aber da war der Kerl schon über alle Berge.« Tiefhängende faltige Augensäcke beherrschten das aufgedunsene Gesicht des Bauern. Eigentlich hatte er einen älteren Kriminalbeamten erwartet, einen erfahrenen Mann, nicht so einen Milchbart, wie der in der Windjacke, der, mit einer bauchigen Einsatztasche auf dem Rücken baumelnd, vorgefahren war.

Wendler nickte zur Begrüßung. Dann kletterte er von seinem Dienstkrad. Der Alte führte ihn ins Haus. Sie durchquerten eine Futterküche. Rüben köchelten im Dämpfer. Der Bauer schob die Tür zur Vorratskammer auf und ließ dem Polizeiangestellten den Vortritt. Ein länglicher schmaler Raum tat sich vor Wendler auf. Der Anblick, der sich ihm bot, ließ das Wasser in seinem Mund zusammenlaufen. Gespeilerte Wurstkringel, Preßköpfe und dicke Blutwürste hingen von der Decke herab. Eingekochte Leberwurst und Füllinge schimmerten in Weckgläsern. Glänzende Speckschwarten und der Duft der Räucherschinken ließen ihm fast die Sinne schwinden. Wendler schluckte hastig. Manche dieser Leckereien kannte man nur noch vom Hörensagen. Sein Magen sandte unüberhörbare Geräusche aus. Er bekämpfte das aufkommende Hungergefühl, indem er alle seine Gedanken auf die Tatortbesichtigung konzentrierte. Trotz der Leere auf mehreren Regalbrettern, die zweifelsohne dem Dieb zuzuschreiben war, mußten der Bauer und die Leute auf seinem Hof keineswegs darben. Dennoch – ein Einbruch war geschehen, und er, Wendler, hatte die Aufgabe, den Fall zu untersuchen.

Die Frage »wo?« war hinlänglich geklärt, blieben das »Wie und womit?«

Wendler trat zur Stirnseite des Raumes, wo sich in Kopfhöhe ein etwa dreißig mal fünfzig Zentimeter großes Fenster befand. Sauber und akkurat war die Scheibe angestochen, das rausgebrochene Stück würde wohl außen an der Hauswand zu finden sein. Und das Tatwerkzeug? Vielleicht ein Stechbeitel, dachte Wendler. Das Springen der Scheibe ist kaum zu hören. Man muß nur wissen, wo und wie der Stecher anzusetzen ist, am besten in Höhe der Fensterwirbel. Die sogenannte Stechermethode deutete auf die Handschrift eines geübten Einbrechers hin.

Die fehlende Glasscherbe lag tatsächlich hinter dem Haus, im Schatten eines alten Weinstocks, dessen Ranken fast bis in den Giebel des Hauses reichten. Die Spalierlatten und das Holz der Zweige hatten dem Einbrecher als Leiter gedient. Auch die Stelle, wo der Einbrecher über den Staketenzaun gestiegen war, konnte Wendler entdecken. Doch was nützte ihm das alles, wenn er keinen Fährtenhund besaß. Die waren im Polizeidienst überaus spärlich vorhanden.

»Das war's!« meinte der Kriminalanwärter mit gleichmütigem Achselzucken. In Gedanken hakte er die beiden Fragen zur Begehungsweise der Straftat ab. Er zog ein Blatt Papier aus der Tasche und machte sich Notizen.

Als sie wieder im Haus waren und das Formular mit der Überschrift »Strafanzeige« am Wohnzimmertisch ausfüllen wollten, stürzte die Bäuerin in die »gute Stube«. Ihr beachtlicher Busen wogte vor Aufregung.

»Den guten Anzug, Lieberam, den gestreiften, den ham se dir auch geklaut. Ich hab 's jetzt grade erst bemerkt.«

»Wo hing der Anzug?« fragte Wendler, der sich zudem wunderte, daß die Frau ihren Gatten nur mit dem Familiennamen anredete.

»Im Hausflur, hinter der Tür. Ich wollte ihn ausbürsten, weil der Lieberam ihn gestern zum Kirchgang anhatte.«

Der Kriminalanwärter ließ sich den Anzug beschreiben. Gewissenhaft vermerkte er Farbe und Größe im Anzeigenprotokoll unter der Spalte »Gegenstand«, wo er schon die Anzahl der gestohlenen Lebensmittel und Einweckgläser festgehalten hatte.

Auf der Rückfahrt zur Polizeidienststelle kreisten seine Gedanken um den unbekannten Einbrecher von Klein-Lüben. Diesen zu ermitteln, bestanden kaum reale Chancen. Das 120-Seelen-Dorf im Brandenburgischen Elbtal erschien im Sommer 1946 von Flüchtlingen und Ausgebombten nahezu überlaufen. Höchstens zwanzig Kilometer trennten das Dorf von der britischen Zonengrenze, die seit dem 5. Juli 1946 geschlossen war. Briten und Amerikaner glaubten, sich der Flüchtlingsströme erwehren zu müssen, die nach dem Exodus der deutschen Bevölkerung aus Ostpreußen, Schlesien und dem Sudetenland die Länder der sowjetischen Besatzungszone übervölkerten und nun aus reiner Existenznot weiter westwärts drängten. Fortan endeten alle Straßen vor den Schlagbäumen und die wenigen Züge, die wieder fuhren, auf einem Grenzbahnhof. Die Abriegelung der Grenzen hatte einen lebhaften illegalen Grenzverkehr zur Folge. Wer keine gültigen Reisepapiere besaß, versuchte schwarz die Demarkationslinie zu überschreiten, die im Schnackenburger Zipfel mehrere Kilometer in die sowjetische Zone hineinragte.

Reisende, die in die westlichen Zonen wollten, stauten sich im grenznahen Gebiet. Städte wie Lenzen, Wittenberge oder Bad Wilsnack lebten mit dem Fluch der neuen deutschen Völkerwanderung. Viele, allzuviele, warteten mit Sack und Pack auf ihre Chance. Ortskundige Schlepper boten ihre Dienste an. Bis zu dreißig Kilometer weit schleusten sie ihre Klienten auf nächtlichen Marschrouten durch Niederwald, Gestrüpp und die morastigen Wiesen der Elbniederung. Für die Grenzführer ein einträgliches Geschäft und für manchen Reisenden ein Weg in den Tod. Erst vor zwei Tagen hatten sie bei Mödlich eine unbekannte Frauenleiche gefunden. Erschlagen und ausgeraubt, wahrscheinlich von ihrem Grenzführer, dem sie sich arglos anvertraut hatte. Die Unübersichtlichkeit an der Grenze begünstigte Verbrecher. Wendler war überzeugt, daß der Einbruch in Klein-Lüben auch auf das Konto streunenden Raubgesindels ging, das mit dem Instinkt des Marders ausgestattet, die fetten Reserven auf dem Lieberam-Hof erschnüffelt hatte.

Der Kriminalanwärter überholte ein Ochsengespann. Kurz vor Bad Wilsnack wich er einer russischen Militärkolonne aus, die auf dem Marsch in Richtung Wittenberge war. Seitlich vom Wege spielten Kinder in einem ausgebrannten Wehrmachtspanzer. Die Russen warfen ihnen Schwarzbrot zu.

Als Wendler am Nachmittag seinem Chef in Bad Wilsnack berichtete, ahnte er nichts von dem mittelgroßen untersetzten Mann im dunklen Anzug und blauer Schiffermütze, der nur wenige Kilometer entfernt in einer Havelberger Kneipe einen gestreiften Kammgarnanzug der Größe 50 zum Kauf anbot.

4

Der kalte Glanz der Dezembersonne neigte sich dem Horizont zu. Seit einer Stunde marschierte der Mann auf der Eberswalder Chaussee in Richtung Norden. Vergeblich hatte er in Bernau nach einer Fahrgelegenheit Ausschau gehalten. Dann war er losmarschiert. Jedes Motorengeräusch auf der Landstraße erweckte die Hoffnung, daß ein mitleidiger Fahrer anhalten und ihn mitnehmen würde. Eine der Möglichkeiten, im Nachkriegsdeutschland auf Reisen zu gehen. Doch heute blieb ihm das Glück versagt. Die wenigen Autos, die ihn auf der Chaussee überholten, waren russische Militärfahrzeuge. Private Personenkraftwagen gab es ohnehin kaum noch, und das Benzin war streng kontingentiert.

Der Mann lief mit gesenktem Kopf, um das Gesicht vor der Kälte zu schützen. Die Luft war eisig. Sie meldete den nahenden Winter der Jahreswende 1946/47 an, der zu einem der kältesten dieses Jahrhunderts werden sollte. Zur Kälte gesellte sich der Hunger. Bald füllten Schreckensmeldungen über verhungerte und erfrorene Menschen die Zeitungen.

Noch bevor der Mann Rüdnitz erreichte, rastete er auf einem Kilometerstein. Er schob die blaue Schiffermütze ins Genick, holte ein Blättchen Zigarettenpapier hervor. Im Windschutz seines Oberkörpers häufelte er Schnittabak darauf und rollte einen sauberen Glimmstengel zurecht. Jetzt noch den Kleberand mit der Zungenspitze befeuchten, festdrücken und dann brannte das Stäbchen. Genußvoll sog er den Rauch in die Lungen ein und stieß ihn durch die Nase wieder aus. Die Blicke des einsamen Wanderers glitten an der schier endlosen Reihe von Chausseebäume entlang. Wie Soldaten in Reih und Glied standen sie und reckten die kahlen Äste. Der eine stracks und gerade, der andere krumm, und doch wehte derselbe Wind über allen dahin. Allmählich legte sich die Dämmerung über das Land, und jetzt überwog der Eindruck, als führe die Chaussee in ein Nichts.

In der Ferne stuckerte ein Motor, das Geräusch näherte sich aus Richtung Bernau. Der Mann horchte auf. Ein Scheinwerferpaar erschien hinter der Kurve. Nun sprang er auf die Straße und schwenkte die Arme. Ein klappriger, alter »Büssing« aus der Vorkriegszeit stoppte einen knappen Meter vor ihm. Rechts hinter dem Führerhaus des Lastwagens saß ein stählerner Kessel, in dem Holzkohle zu Generatorgas verschwelte. Auf dem Türblech prangte die Anschrift eines Eberswalder Spediteurs. Erst als der Fahrer die Seitenscheibe heruntergekurbelt hatte und den Kopf aus dem Fenster steckte, wich der Anhalter zur Seite.

»Könnt ihr mich ein Stück mitnehmen?«
»Wo willst du denn überhaupt hin?«
»So weit ihr mich mitnehmt.«
»Wir fahren nach Eberswalde.« Der Chauffeur deutete mit dem Daumen nach hinten. »Am besten, du kletterst auf die Pritsche. Ist kein Platz mehr hier vorn.«

Der Mann schwang sich über die Bordwand. Die Ladefläche war ohne Plane. Leere Fässer und Kisten standen herum. Während er sich nach vorn, zur Rückseite des Fahrerhauses tastete, ruckte der LKW wieder an. Der Mann stolperte, er verlor den Halt und fiel gegen einen menschlichen Körper. Jetzt erst gewahrte er, daß der Lastwagen schon einen Fahrgast hatte. Eine Frau, Anfang dreißig, saß gegen die Holzbeplankung gelehnt, direkt neben dem Generatorkessel, als wolle sie das bißchen Wärme, die der Kessel verströmte, mit ihrem Rücken auffangen.

Der Mann grüßte. »Immer, wenn ich komme, sind die besten Plätze vergeben«, lachte er.

Ingrid Palotta rückte ein Stück zur Seite. »Wir können ja teilen«, meinte sie keß.

Der Mann nahm das Angebot dankend an. »Wohl auf Hamstertor gewesen?« rief er launig, wobei er sich bemühte, Fahrtwind und Motorengeräusche zu übertönen.

»Ach wo, nur 'n bißchen was einkaufen. In zwei Wochen ist Weihnachten. Da mußte ich halt mal raus aus meinem Haushaltsmief. Aber es sieht scheußlich aus, drinnen in der Stadt. Hab Berlin kaum wiedererkannt. Überall Trümmer und Ruinen.«

»Jaja, ziemlich schlimm haben sie unserer Reichshauptstadt zugesetzt«, stimmte er ihr zu. »Eberswalde hat's aber auch ganz schön erwischt.«

»Soll 'ne Heldentat der eigenen Kampfflieger gewesen

sein. Vom Fliegerhorst in Finow.« Der Mann hatte davon gehört.

Als die Russen am 25. April 1945 Eberswalde besetzten, hatten die abziehenden deutschen Fliegerkräfte in der Nacht zum 26. April ein Drittel der Innenstadt im Luftangriff zerstört. Ein völlig sinnloses Unterfangen, der Vorstoß der Russen auf Berlin war zu dieser Zeit längst entschieden.

»Sie sind aus Eberswalde?« fragte der Mann.

»Nee, aus Bad Freienwalde.«

»Dann werden Sie in Eberswalde abgeholt?« setzte er sein Ratespiel fort.

»Keine Spur. Ich weiß nicht mal, wie ich weiterkomme. Wahrscheinlich muß ich die Nacht auf dem Bahnhof verbringen.«

Der Mann hüllte sich in Schweigen. Der LKW passierte Melchow, durchfuhr Spechthausen. Die Dörfer waren abgedunkelt, nicht weil der Luftschutz es erfordert hätte, sondern weil die desolate Lage der Energieversorgung in den Früh- und Abendstunden zu Stromsperren führte.

»Rauchen Sie?« Die Palotta reichte ihm einen Glimmstengel und zündete sich selbst eine Zigarette an. Das flackernde Licht des Sturmfeuerzeuges beleuchtete sein Gesicht. »Ich glaube, Sie kommen mir bekannt vor«, schwatzte sie munter drauflos. »Wahrscheinlich habe ich Sie schon irgendwo gesehen.«

»Schon möglich«, meinte der Mann. »Ich habe oft in Eberswalde zu tun. Ich besitze nämlich einen LKW, wissen Sie.«

»Und da fahren Sie per Anhalter?« kicherte die Frau.

»Naja, im Moment steht der LKW in Neugersdorf. Hab 'ne Panne, verstehen Sie. Ich mußte deshalb nach Berlin, mir ein Ersatzteil besorgen. Brauch' ich nur noch einzubauen. Das geht ruckzuck.«

»Wo, sagten Sie, steht Ihr Lastwagen?«

»In Neugersdorf. Die acht Kilometer mach' ich bequem zu Fuß. Sie werden sehen, in zwei Stunden rollt meine Karre wieder«, erklärte er eifrig. »Das heißt ... Naja, eine Möglichkeit wäre das schon ... Auch für Sie, denke ich ...«

»Was meinen Sie?«

»Ich mache Ihnen nur einen Vorschlag: Falls Sie mit mir nach Gersdorf tippeln wollen, bringe ich Sie anschließend mit dem LKW nach Hause. Spätestens um Mitternacht sind Sie dann in Bad Freienwalde. Ist doch besser, als die ganze Nacht in Eberswalde herumzuhocken.«

Ingrid Palotta überlegte nicht lange. Sie war ein Geschöpf der leichteren Lebensart. Sie nahm die Dinge, wie sie kamen, und hatte auf diese Weise noch immer das Beste aus den Fügungen des Schicksals zu machen gewußt.

»Klingt nicht übel«, antwortete sie rasch. »Ich nehme Ihr Angebot an.«

Der Mann nickte. »In diesen lausigen Zeiten muß man sich doch helfen, wo man kann.«

Der Büssing stuckerte durch Eberswalde. Die Fahrt endete am Kirchplatz vor der Maria-Magdalenen-Kirche. Die beiden Passagiere kletterten von der Pritsche und entlohnten den Fahrer mit einer Handvoll Zigaretten. Während der LKW zum heimischen Fuhrhof rollte, verließen die Wanderer gegen 19.30 Uhr die Stadt in Richtung Süden. Hinter dem Waldfriedhof erstreckte sich ein ausgedehntes Waldgebiet, zu dem Kiefern-, Buchen-, und Mischwaldbestände gehörten. Der Mond hatte sich durch die Wolken gedrängt und erhellte die einsame Landstraße, die schnurgerade nach Trampe führte.

Etwa ein Kilometer hinterm Forsthaus an den Leuenberger Wiesen deutete der Mann auf einen breiten Weg, der nach links von der Landstraße abzweigte. »Neugersdorf liegt weiter östlich«, erklärte er. »Ich gehe immer durch den Wald. Ist 'n prima Sandweg. Oder haben Sie Angst?«

Obwohl ihr schon ein bißchen mulmig zumute war, lachte Ingrid Palotta kurz auf. »Vor Ihnen doch nicht«, sagte sie, denn der Mann war in der Tat einen halben Kopf kleiner als sie selbst. Das gab ihr Sicherheit. Sie packte ihre Umhängetasche fester am Riemen. »Also los, gehen wir!« rief sie entschlossen. »Was soll uns schon passieren?«

Sie verließen die Straße. Der Wald atmete feuchte kalte

Luft. Nur ab und zu strich ein Nachtvogel über den Weg, unterbrach mit seinem flatternden Flügelschlag die Stille. Ingrid Palotta lief dicht hinter dem Mann, als fände sie in seiner Nähe sicheren Schutz. Und so war sie mit keiner Regung auf seinen plötzlichen Angriff gefaßt. Ihr Begleiter, der seit dem Verlassen der Landstraße in ein seltsames Schweigen verfallen war, fuhr blitzschnell herum, faßte nach ihrem Mantel und versuchte sie zu Fall zu bringen. »Komm her, du!« keuchte er. »Jetzt zeig' ich dir, was im dunklen Wald passieren kann!«

Ingrid Palotta geriet ins Straucheln. Sie wich bis zu einem Baum zurück und setzte sich gegen den Widerling zur Wehr. Der Mann riß ihr den Mantel auf, er faßte nach ihren Brüsten. Heftig stieß sie ihn weg. Faustschläge prasselten gegen ihren Kopf.

»Halt stille, oder ich mach dich alle!«

Die Angst verlieh der jungen Frau doppelte Kräfte. Sie nahm ihre Tasche von der Schulter und schleuderte sie dem Mann ins Gesicht. Seine Abwehrbewegung nutzte sie zur Flucht. Wie von Furien gehetzt rannte Ingrid Palotta zur Straße zurück. Ihr Ziel war jetzt das Forsthaus an den Leuenberger Wiesen, von dem sie sich Unterschlupf und Hilfe versprach. Sie mußte lange klopfen, bevor man ihr Einlaß gewährte.

Der Förster und zwei hilfsbereite Männer, die zu den einquartierten Flüchtlingsfamilien zählten, machten sich umgehend an die Verfolgung des unbekannten Mannes. Als sie eine Stunde später unverrichteter Dinge zurückkehrten, brachten sie Ingrid Palottas Tasche mit. Sämtliche Weihnachtsgeschenke, die Flaschen mit dem Parfüm, knapp zweihundert Mark und eine Uhr waren die Beute des Täters geworden.

»Haben Sie denn wenigstens eine Ahnung, wer der Kerl sein könnte?« redete die Frau des Försters mit beruhigender Stimme auf Ingrid Palotta ein. »Der scheint sich ja hier auszukennen.«

»Ich habe ihn bestimmt schon mal gesehen.«

»Hier in unserer Gegend?«

»Ich bin mir nicht sicher. In Eberswalde glaub' ich. Angeblich ist er Fuhrunternehmer. Hat sein Fahrzeug in Neugersdorf untergestellt.«

»Das müssen Sie unbedingt der Polizei erzählen.«

»Ja, eine Anzeige ist wichtig«, schaltete sich der Förster ein. »Wenn die den Schweinehund nicht zu fassen kriegen, richtet der noch mehr Unheil an. Ich ruf die Kreispolizei in Freienwalde an.«

5

Am 7. Januar 1947 überrollte eine zweite Kältewelle das Land. Dem ersten Schneefall folgten ein strahlend blauer Himmel und schneidender Frost. Die Quecksilbersäulen der Thermometer sanken auf minus 25 Grad. Die Straßen glichen arktischen Trümmerlandschaften. Während die Polizei zu einem verzweifelten Kampf gegen Forstdiebstähle und Kohlenklau antrat, blieben die Ermittlungsakten der Bad Freienwalder Kripo in den Schubfächern liegen. In der Sache Palotta schrieb der mit der Untersuchung beauftragte Kriminalassistent einen Aktenvermerk. Die Suche nach einem abgestellten LKW war in Neugersdorf und in Kruge-Gersdorf negativ verlaufen. Danach stellte er die Untersuchung vorläufig ein.

Ende März sollten die Ermittlungen wieder aufleben, da traf eine zweite Katastrophe das Land. Die Tage wurden dunkel vom Regen. Raine und Gräben füllten sich mit Wasser. Dorfteiche verwandelten sich in Seen. Einsame Gehöfte wurden zu Inseln. Bis über Nacht der Notruf kam: Eine vier Kilometer lange Eisbarriere hat sich auf der Oder vor Küstrin angestaut. Am 22. März brachen die maroden Deiche. Siebzigtausend Hektar Land wurden von den Fluten überspült. Bei Bad Freienwalde mußten die Oderdeiche geöffnet werden, um den stärksten Eisdruck zu nehmen. Polizei und russische Militäreinheiten brachten achtzehntausend Menschen auf Kähnen und Schlauchbooten in Sicherheit. Der allgemeine Notstand wurde über die Oderregion verhängt.

Mitte Mai – die Lage im Überschwemmungsgebiet hatte sich weitgehend normalisiert – ging man in der Bad Freienwalder Kriminaldienststelle wieder zur Tagesordnung über. Ingrid Palotta erhielt eine Vorladung und der für Sittendelikte zuständige Kriminalassistent legte ihr einen Stapel Täterlichtbilder vor. Obwohl sie den Unhold sehr genau beschreiben konnte und weiterhin darauf beharrte, ihm schon einmal irgendwo begegnet zu sein, blieb die Aktion ohne Erfolg. Der Ermittlungsvorgang wurde ein weiteres Mal eingestellt. Der schmale Hefter gelangte auf den Stapel ungeklärter Fälle, die im Aktenkeller der Bad Freienwalder Polizei Schimmel ansetzten.

Doch schon am 24. Juni kramte der Kriminalsachbearbeiter den Vorgang erneut aus der Ablage hervor. Anlaß bot eine Fahndungsinformation, die das Kriminalamt in Eberswalde an alle nachgeordneten Kriminaldienststellen abgesetzt hatte.

kriminalamt eberswalde k 1 – tgbnr. 317/47
betr.: fahndung nach bewaffnetem unbekannten taeter tatort: waldgebiet zwischen tuchen und melchow tatzeit: montag, der 23. juni 1947, gegen 16.35 uhr strafbare handlung: vergewaltigung und bewaffneter raub tatbegehung: unbekannt sprach die geschaedigte im waldgebiet an, zwang sie mit vorgehaltener pistole zum gv, entwendete anschliessend goldenen ehering sowie 50 dm aus portemonnaie personenbeschreibung: 35 jahre alt, bartlos, mittelgroß bekleidung: lederjacke, dunkle hose, blaue sportmuetze taeter fuehrte pistole (vermtl. 7,65 mm) und fahrrad mit hellblau gestrichenem rahmen bei sich ka eberswalde, k1, gez. wende, kos

Der Freienwalder Kriminalassistent verglich die Personenbeschreibungen beider Täter. Das Alter der Männer stimmte überein, ebenso die dunkle Hose und die blaue Mütze, die von der Geschädigten Palotta allerdings als blaue Schiffermütze bezeichnet worden war. Dafür fehlten Fahrrad und die Pistole. Aber die konnte der Unbekannte sich ja inzwischen beschafft haben.

Der Überfall bei Neugersdorf lag ein gutes halbes Jahr zurück.

Diesmal verstaute er die Akte nur in seinem Schreibtischfach. Er ahnte, daß er sie bald wieder hervorholen würde, und zwar am 6. September 1947. An diesem Samstag war er zum Kriminaldauerdienst in Bad Freienwalde eingeteilt. Gegen 19.00 Uhr alarmierte ihn ein Anruf der Schutzpolizei. Eine Pilzsammlerin war in der Nähe von Grüntal überfallen und vergewaltigt worden. Der Kriminalassistent klemmte sich die altersschwache Kofferschreibmaschine unter den Arm und trabte zum Polizeirevier.

Die achtundzwanzigjährige Frieda Baumann saß auf einer Bank im Bereitschaftsraum. Sie war noch immer ziemlich verstört, obwohl seit der Tat, die sich bereits in den Vormittagsstunden abgespielt hatte, mehrere Stunden vergangen waren. Sie hatte einige Zeit gebraucht, um das, was man ihr zugefügt hatte, zu verarbeiten und bevor sie zu dem Entschluß gekommen war, Wut und Scham beiseite zu schieben und das Verbrechen der Polizei anzuzeigen. Frau Baumann war ledig. Sie arbeitete als Hilfsschwester in einem christlich geführten Krankenhaus. Ihre Berufserfahrung hatte ihr die Kraft gegeben, die richtige Entscheidung zu fällen.

Der Kriminalassistent stellte sich vor, bevor er der Frau gegenüber Platz nahm. »Wie geht es Ihnen jetzt?« fragte er. »Haben Sie Schmerzen? Ich lasse Sie anschließend zum Arzt bringen.«

Sie hob den Kopf und musterte ihr Gegenüber. »Es geht schon wieder. Aber wenn Sie vielleicht einen Schluck Wasser hätten ...«

Der Kriminalassistent ließ ihr ein Glas reichen. Sie trank hastig, wischte sich mit dem Handrücken über die Lippen. »Danke.«

»Am besten, Sie erzählen mir erst mal alles, was Ihnen passiert ist«, sagte der Polizist.

»Es ging alles so schnell, und für mich kam es so überraschend. Ich fürchte, ich kann Ihnen überhaupt nicht viel sagen.«

»Versuchen Sie es nur.«

»Ja, also ich war im Wald und habe Pilze gesucht. In der Nähe von Grüntal. Es gibt ja jetzt so viele Steinpilze und Birkenpilze. Als ich von einer Kiefernschonung in einen Buchenwald wechselte, stand der Mann plötzlich vor mir. Ich war ziemlich erschrocken. Er lachte und fragte, ob sich die Suche denn lohne. Ich zeigte ihm meinen Korb. Da meinte er, eigentlich wisse er für mich etwas Besseres als Pilze sammeln. Im gleichen Augenblick warf er mich zu Boden und ... lag über mir.« Sie griff nach einem umhäkelten Spitzentüchlein und brach in Schluchzen aus. »Gewaltsam hat ... hat er mich genommen«, stammelte sie. »Als er endlich von mir abließ – ich mußte mich übergeben –, hat der Unmensch auch noch meine Handtasche durchsucht und mir das Geld weggenommen.«

»Wieviel war es denn?«

»Hundertfünfzig Mark.«

»Hatte der Mann vielleicht eine Pistole?«

»Eine Pistole – nein. Wie kommen Sie darauf? Das war kein Russe«, erklärte Frau Baumann. »Der sprach wie die Leute aus der Gegend ... ich glaube ... von Wriezen.«

Der Kriminalassistent spannte das Formblatt »Strafanzeige« ein. Er begann zu tippen. »Können Sie mir den Mann beschreiben? Wie alt? Wie groß? Haarfarbe und so weiter. Aber denken Sie in Ruhe nach. Wir haben Zeit, Frau Baumann.«

6

Das Kriminalamt III in Eberswalde hatte seinen Sitz in der Rudolf-Breitscheid-Str. 36. Chef des Amtes war der Oberkommissar Reimann. Rudi Wende, ein großer, schlanker Mann um die Dreißig, leitete das Kommissariat K1, dem die Untersuchung aller Kapitalverbrechen oblag. Mord und Totschlag gehörten ebenso dazu, wie schwere Brandstiftungen, bewaffneter Raub und Bandenverbrechen. Der Vater zweier

Kinder galt als äußerst gewissenhaft. Seinem Wesen nach war er ziemlich ruhig, es gab Kollegen, die ihn für einen Eigenbrötler hielten.

Am Freitag, den 12. September, saß der Kriminalobersekretär hinter seinem Schreibtisch und wühlte sich durch einen Stapel ungeklärter Aktenvorgänge. Wende hatte sie aus den nachgeordneten Kriminaldienststellen in Bad Freienwalde, Bernau und Angermünde angefordert. Jede Akte begann mit einer Strafanzeige gegen Unbekannt wegen Raub oder Vergewaltigung. Die Häufung dieser Delikte in den Sommermonaten hatte Wende zu denken gegeben. Die Fälle steigerten sich von einfachen Belästigungen bis hin zu tätlichen Angriffen. Die Opfer waren gewürgt oder geschlagen worden. Zuletzt kam die Pistole ins Spiel. Ein Tatbestandsmerkmal, das die Sicherheitsinteressen der Roten Armee ansprach. Der Chef der Kreiskommandantur hatte sich bereits nach dem Fall erkundigt. Nun war der Obersekretär dabei, sich eine Übersicht zu verschaffen. Er klappte die dünne Mappe zu und schob sie nach links, wohin er alle Akten legen wollte, die eine eingehende Untersuchung wert waren.

In der Arbeit der Polizei gibt es keine mystischen Aufklärungsmethoden. Jede Straftat ist eine Abfolge von Ereignissen, die von Zufällen, scheinbar unerklärlichen Einzelheiten oder Unerwartetem bestimmt wird. Die Auslöser sind Menschen, die von Motiven, seien sie noch so merkwürdig und verwunden, beherrscht werden.

Wende fielen die Worte eines Lehrers an der Polizeischule in Biesenthal ein. Der Kriminaldirektor Otto Busdorf, ein Vollblutkriminalist, der sich während der Zeit der Weimarer Republik vor allem durch die Aufklärung jagdlicher Verbrechen einen legendären Ruf erworben hatte und von den Nazis 1933 aus dem Amt gejagt worden war, gab seine Erfahrungen an die Kursanten der Brandenburgischen Landespolizeischule weiter: »Wiederholungstäter verfallen häufig in ein bestimmtes Schema, in der Fachsprache als *modus operandi* bezeichnet. Wägt der Kriminalist gründlich genug ab, wird er diesen inneren Zusammenhang erkennen und daraus die notwendigen Schlüsse ableiten. Aber ich warne Sie: Nichts läuft nach einem vorgeschriebenen Drehbuch ab. Haben Sie sich schon einmal Gedanken darüber gemacht, warum die meisten Polizisten keine Kriminalgeschichten mögen? – Weil sie in den Geschichten eine Vorausplanung sämtlicher Abläufe vorfinden, die bei einer wirklichen, manchmal routinemäßigen, manchmal spektakulären, manchmal aber auch langweiligen Ermittlungsarbeit einfach nicht vorkommt.«

Wende lächelte bei den Gedanken an Otto Busdorf. Nur zu gern schwadronierte der fast siebzigjährige Hagestolz über seine früheren Fälle und belegte sie mit einer Unzahl angegilbter Tatortfotos. 1926 war er in Magdeburg gegen eine Majorität von Vorgesetzten, Kollegen und öffentliche Stimmungsmache zu Felde gezogen. Im Alleingang erbrachte er den Nachweis, daß der jüdische Großindustrielle Haas unschuldig wegen Mordes festgenommen worden war. Als er danach auch noch den wirklichen Täter Schröder verhaften konnte, der ein Hakenkreuz trug, wurde Busdorf von der Rechtspresse verleumdet. In dem Prozeß, den er anstrebte, verurteilte das Gericht den Chefredakteur des Naziblattes »Angriff«, Dr. Goebbels, zu sechs Wochen Haft.

Rudi Wende strich mit der Hand über sein dünnes Haar; er ordnete es säuberlich von der Seite über eine kahle Stelle, die sich zu seinem Leidwesen seit einiger Zeit am Hinterkopf ausbildete, und machte sich wieder an seine trostlose Beschäftigung. Die Arbeit auf dem Papier nahm nach und nach Gestalt an. Er verglich die Tatzeiten, die Tatorte, die Begehungsweisen der Täter und nicht zuletzt die Personenbeschreibungen zu den Tatverdächtigen. Er hatte sich einen strengen Maßstab auferlegt, so daß am Ende seiner Vergleichsreihe von den zwei Dutzend Akten ganze fünf Fälle übrig blieben. Wende notierte als Resümee: *I. Mo 23.6.47 Tuchen–Melchow 35 Jahre alt, bartlos, mittelgroß dunkle Hose, blaue Sportmütze Fahrrad, Pistole II. Mo 18.8.47 Schönholz–Grüntal 35-40 Jahre alt, 1,65 m groß, kräftige Gestalt, volles bartloses Gesicht, braune Augen blaue Hose, dunkles Jackett, blaue Schirmmütze, Fahrrad III. Do 28.8.47 Wald bei Danewitz 40-45 Jahre alt, 1,65 m groß breites Gesicht, breite Nase blauer Anzug, blaue Schirmmütze IV. Sa 06.9.47 Wald bei Grüntal 1,65 m groß, breitschultrig volles Gesicht, dicke Nase graugrüner Anzug, gleiche Sportmütze, schwarze Schuhe V. Mo 08.9.47 Ebersw.-Neugersd. 1,65– 1,70 m groß, volles bartloses Gesicht, brünettes Haar, braune Augen, blaues Jackett, dunkle Hose, blaue Schirmmütze, Fahrrad.*

Nachdem Rudi Wende das Ergebnis seiner Auswertung mit Kriminalsekretär Penzlin abgesprochen hatte, der für die Untersuchung von Sittlichkeitsdelikten im K 4 verantwortlich zeichnete, trug er seine Überlegungen in der wöchentlichen Dienstberatung beim Leiter des Kriminalamtes vor.

»Im Gebiet zwischen Bernau–Eberswalde–Freienwalde treibt seit Ende Juni ein Sittlichkeitsverbrecher sein Unwesen, der beinahe regelmäßig zum Wochenende Frauen überfällt, vergewaltigt und ausraubt. Nach meiner Auffassung sind ihm bisher fünf Fälle zuzuordnen, aber es ist nicht auszuschließen, daß der Täter noch weitere Überfälle ausgeführt hat.«

»Sind Spuren gesichert worden?« fragte Oberkommissar Reimann.

»Nicht die geringsten.«

»Und die Lage der Tatorte läßt keine Schlußfolgerungen zu?«

»Sämtliche Tatorte liegen in Waldgebieten. Es scheint, als verfüge der Täter über eine genaue Ortskenntnis.«

»Also ist es jemand aus unserem Amtsbezirk?«

»Nicht unbedingt«, entgegnete Reimanns Stellvertreter, Kommissar Wolf. »Ich neige eher zu der Ansicht, daß der Mann aus Berlin kommt, um einen bestimmten Ort im Kreis Oberbarnim aufzusuchen.«

»Vielleicht geht er an den Wochenenden auf Hamsterfahrt«, ergänzte Penzlin.

Obersekretär Wende nahm wieder das Wort. »Ja, es spricht einiges dafür. Ich denke mir, er fährt mit der S-Bahn bis Bernau und steigt dort auf ein Fahrrad um, das er in der Nähe des Bahnhofes zu stehen hat. Es gibt dort eine Aufbewahrungsstelle.«

»Sprecht mal mit der Kriminaldienststelle in Bernau«, ordnete Reimann an. »Obersekretär Kaehlke soll einen Mann abstellen, der die Fahrradaufbewahrung im Auge behält. – Sollte es jemand aus unserem Bezirk sein, finden wir ihn vielleicht in der Täterkartei. Eine Aufgabe für Ihr K 7, Cramer!«

Der Leiter des Erkennungsdienstes nickte. »Nur die Sittentäter?« fragte er nach.

»Auf gar keinen Fall. Nehmt euch die komplette Täterlichtbildkartei vor. Jeder Vorbestrafte, der von der Personenbeschreibung her in Frage kommt, ist für uns von Interesse. K 1 entscheidet dann, wer näher überprüft werden muß. – Hat noch jemand eine Idee?«

»Ich schlage einen regelmäßigen Streifendienst an den Wochenenden vor«, erklärte Obersekretär Wende, »das heißt von Sonnabend bis einschließlich Montag.«

Reimann setzte eine skeptische Miene auf: »Hast du bedacht, wieviel Leute wir damit binden?«

»Die Tatzeiten liegen in den späten Nachmittagsstunden oder am frühen Abend. Es genügt, wenn wir uns auf diese Stunden konzentrieren.«

»Dafür brauchen wir aber ein Fahrzeug. Das Gelände, das wir überwachen müssen, ist ziemlich groß«, gab Kommissar Wolf zu bedenken.

»Am besten wäre ein Motorrad«, warf Penzlin ein, von dem man wußte, daß er ein begeisterter Kradfahrer war. »Zur Not kann es für eine Verfolgung im Wald herhalten.«

»Meinetwegen. Wenn unser Benzinkontingent es zuläßt, genehmige ich euch den Einsatz der Seitenwagenmaschine«, entschied der Oberkommissar. »Legt mir einen detaillierten Plan vor. Und für's erste Wochenende setzt ihr mich mit auf die Liste! Ich will mir das Ganze vor Ort selber ansehen.«

7

Am Samstag waren sie zum ersten Mal unterwegs. Kriminalsekretär Penzlin steuerte das betagte D-Motorrad mit Zündappbeiwagen. Rudi Wende hockte auf dem Sozius, während Oberkommissar Reimann seine langen Beine im Beiwagen verstaut hatte. Ein freundlicher Herbstnachmittag lag über dem hügeligen Relief des Barnim. Pilzsucher und Beerensammler tummelten sich in den ausgedehnten Forstgebieten, in denen Kiefernmischwälder, Buchengruppen, Erlenbrüche, Stieleichen und Moorbirken vorherrschten. Eine Landschaft von ausgeprägtem Reiz, die nach dem Abschmelzen der Inlandeismassen auf den Grund- und Endmoränen vor etwa 15 000 Jahren entstanden war.

Die Männer auf dem Krad verschwendeten keinen Blick an die Schönheiten des Landstriches. Kilometerweit fuhren sie kreuz und quer über Landstraßen und Waldwege. Sie nahmen jeden Radfahrer unter die Lupe, kontrollierten die Kennkarten und erkundigten sich nach dem Woher und Wohin. Wo immer sich Gelegenheit bot, suchten sie das Gespräch mit den Bewohnern verstreuter Siedlungen oder sie befragten die Bauern auf den Feldern. Die meisten Männer, die sie überprüften, kamen aus dem Kreisgebiet. Hamsterfahrer aus Berlin seien vor allem in den Vormittagsstunden unterwegs, erfuhren sie von den Landarbeitern.

Reimanns Zweifel am Nutzen der Aktion lebten wieder auf. Die ausgedehnten Wälder mit ihren mannshoch überwachsenen Schneisen, versumpften Wiesen, moorigen Flächen und dem undurchdringlichen Gestrüpp boten zahllose Schlupfwinkel und Verstecke. Eine tüchtige Portion Glück mußte ihnen schon zur Seite stehen, wenn sie ausgerechnet bei einer Streifenfahrt den Vergewaltiger aufstöbern wollten. Mit einem Netz von Posten, unsichtbar über das Land gelegt, ließe sich vermutlich größere Wirkung erreichen. Woher die Männer nehmen? Der Personalmangel im Kriminalamt war unübersehbar. Und bei den Kollegen der uniformierten Polizei sah es nicht besser aus. Man bewarb sich zur Polizei in der Hoffnung auf bessere Lebensmittelkarten. Die hohen Anforderungen im täglichen Dienst oder politische Bedenken sorgten für ständige Fluktuation im Polizeiapparat. Mancher erlag den Verlockungen der Korruption. Wieder andere kamen mit den leiblichen Gefahren, die zum Polizeialltag gehörten, nicht zurecht. Vierzehn Polizisten hatten 1945 und 1946 in Ausübung ihres Dienstes in der Provinz Brandenburg ihr Leben lassen müssen; in Sachsen sogar siebenundachtzig.

Bei einer Rast in der Nähe des neunzig Meter hohen Fuchsberges, der an der Straße zwischen Neugersdorf und Hohenfinow liegt, besprachen sie erneut ihr Konzept. Penzlin und Wende stimmten ihrem Chef zu, da aber niemand eine andere Lösung parat hatte, blieb es bei den vorgesehenen Motorradstreifen an den kommenden Wochenenden.

»Ist Cramer mit der Auswertung der Karteikarten vorangekommen?« wollte Oberkommissar Reimann von Wende wissen.

Der Obersekretär fingerte ein Notizbuch aus seiner Brusttasche. »Laut Cramer treffen die Personenbeschreibungen auf vier Männer aus unserem Bezirk zu. Erstens – Reinhold Kowanzke, vorbestraft wegen Unzucht mit einer Minderjährigen. Der Mann soll in Klobbicke wohnhaft sein. Zweitens – Kurt Lapsch aus Eberswalde. Hat wegen Einbruchsdiebstahl eingesessen. Drittens – Friedo Burtzlaff – ein Flüchtling aus Oberschlesien, der im vergangenen Frühjahr wegen fortgesetzter Felddiebstähle aufgefallen ist.«

»Und der vierte?«

»Ein gewisser Willi Kimmritz.«

Reimann krauste die Stirn. »Kimmritz ... Kimmritz ...«, murmelte er.

»Einbruch und ein Notzuchtdelikt«, meldete Wende sofort. »War aber schon vor elf Jahren.«

Reimann ließ sich nicht beirren. »Da muß noch was anderes gewesen sein. Wartet mal, gleich hab ich's.« Er schlug sich vor die Stirn. »Kimmritz hat in Brandenburg eingesessen. Nach der Befreiung war er Verwalter auf einem Versorgungsgut der Roten Armee. Wurde wegen krummer Geschäfte flüchtig. Im Oktober 1945 haben ihn die Russen gesucht. Den Mann müssen wir uns unbedingt anschauen.«

»Es gibt keine Wohnandresse. Kimmritz ist seit 1945 nicht mehr polizeilich gemeldet.«

»Aber er hat Angehörige?«

»In Bad Freienwalde.«

»Dann überprüft die!« ordnete der Oberkommissar an. »Für heute brechen wir ab. Zurück nach Eberswalde.«

Am Sonntag fuhren Penzlin und Wende allein durch das bedrohte Gebiet. Montag übernahmen die Kriminalangestellten Dittmann und Klay.

Rudi Wende kümmerte sich um die Ermittlungen in Bad Freienwalde. Er sprach mit den Nachbarn der Familie Kimmritz und befragte die Mutter des Verdächtigen. Das Ergebnis seiner Bemühungen mündete in ein Fahndungsersuchen, welches das Kriminalamt Eberswalde am 22. September 1947 bei der Brandenburgischen Provinzialregierung in Potsdam stellte. Zur Begründung schrieb der Obersekretär:
K. ist seit anderthalb Jahren flüchtig. Er hielt sich eine Zeit lang in Legebruch b. Oranienburg auf. Ein Onkel von ihm, M e d i n g, wohnt in Löhme Krs. Niederbarnim. In Berlin unterhält er Beziehungen mit einer Hilde Brand, am Hackeschen Markt oder am Halleschen Tor wohnhaft. Er besitzt einen Schwerbeschädigten-Ausweis, der vermutlich auf einen anderen Namen lautet.

An die Landeskriminalpolizei, Abteilung Fahndung, erging die Bitte, das Ersuchen im Kriminalpolizeilichen Informationsblatt zu veröffentlichen.

8

Keiner der Männer im Kriminalamt Eberswalde konnte sich über einen Mangel an Arbeit beklagen. Die Mitarbeiter in den acht Kommissariaten hatten Dutzende von Akten auf den Tischen. Der Löwenanteil war allerdings im K 2 zu leisten, das für Diebstahl und Hehlerei zuständig war. Oberkommissar Reimann beauftragte deshalb zwei Kriminalangestellte aus dem K5 mit der Überprüfung Friedo Burtzlaffs. Das Kommissariat, anfangs als Organ zur inneren Überwachung der Polizei, der Verwaltungsbehörden und vor allem der Justizmitarbeiter gebildet, unter denen die Sowjets nicht zu Unrecht einen hohen Anteil oppositionell eingestellter Kräfte vermuteten, hatte mit der Übertragung der Entnazifizierungsmaßnahmen, die sich aus dem SMAD-Befehl (Sowjetische Militäradministration) 201 im August 1947 für die deutschen Behörden ergaben, den Charakter einer politischen Polizei angenommen. Die Mitarbeiter des K5, in der Regel gestandene SED-Mitglieder, galten als äußerst zuverlässig. Sie bearbeiteten Delikte, bei denen ein politischer Hintergrund zu vermuten war. Auch der illegale Waffenbesitz gehörte in diese Kategorie.

Oberkommissar Reimann schärfte seinen Männern ein, unbedingt auf die Pistole zu achten, die man bei Burtzlaff vermuten mußte, vorausgesetzt – er war der gesuchte Täter. Die beiden Sachbearbeiter spürten Burtzlaff bei einem Eberswalder Kohlenhändler auf. Der junge Mann war mit dem Abfüllen von Briketts beschäftigt, die er an der Waage in mehrfach geflickte Jutesäcke schaufelte. Der Geruch von Braunkohlenstaub hing über dem Lagerplatz und erschwerte das Atmen.

Burtzlaff unterbrach seine Arbeit. Er stützte sich auf den Schippenstiel, den rechten Fuß auf das Schaufelblatt gestellt, und sah den Kriminalangestellten entgegen. Persönlich kannte er die Männer nicht, doch er witterte ihre Profession von weitem. Burtzlaffs Gesicht war von Staub gezeichnet. Unter der morschen Motorradkappe, die er als Kopfbedeckung über das dunkelblonde Kraushaar gestülpt hatte, sickerten winzige Schweißbäche hervor. Sie hinterließen helle Furchen auf der Haut.

»Herr Burtzlaff?«

»Stimmt. Und Sie sind von der Kripo?« tönte es ihnen in oberschlesischer Sprachfärbung entgegen.

»Wir haben einige Fragen, Burtzlaff. Sie müssen uns begleiten!«

»Nu, nu!« kam die Antwort. »Da muß ich man erst den Chef fragen. Ich kann ja hier nicht so einfach wegrennen.«

»Der weiß Bescheid.«

»Kann ich mich wenigstens noch waschen?«

Die Polizisten begleiteten Burtzlaff zu einem niedrigen Verschlag, wo er eine angerostete Blechschüssel mit Wasser füllte. »Worum geht's denn eigentlich?« erkundigte er sich prustend während der Reinigungsprozedur. »Meine sechs Monate hab ich doch abgesessen, nu. Von einer Verpflichtung zum Wismut-Bergbau hat das Gericht abgesehen. Ich arbeite seitdem auf dem Kohlenplatz. Hab mir nix zuschulden kommen lassen.«

»Wann fängt Ihre Arbeit morgens auf dem Kohlenplatz an?«

»Sobald es hell ist, um sechs. Im Winter etwas später, so um sieben oder halb acht.«

»Und am 8. September?«

Er griff zu einem schmuddeligen Handtuch. »Wenn sie mir verraten, welcher Wochentag ...?«

»Wir reden von einem Montag.«

»Um sechs natürlich, nu. Was sonst?«

»Sie sind am 8. September im Wald bei Gersdorf gesehen worden. Vormittags um zehn.«

Burtzlaff legte das Tuch weg. »Unmöglich!« behauptete er. »Ich habe keinen einzigen Tag gefehlt. Fragen Sie mal den Chef!«

Der Kohlenhändler bestätigte ihnen die Aussage. Er blätterte in einer schmierigen Kladde, tippte auf eine entsprechende Eintragung und erklärte: »Am achten haben wir Kunden in Britz und Chorin beliefert. Da kann der Junge gar nicht weg gewesen sein. Lassen Sie den Friedo in Ruhe. Der spurt bei mir wie 'ne Eins.«

Sie nahmen ihn dennoch mit, um in seiner Behausung nach der Pistole zu forschen. Vergeblich, wie die Gegenüberstellung mit einem der Vergewaltigungsopfer, die sie zum Schluß noch in den Räumen des Kriminalamtes inszenierten. Achselzuckend ließen sie Friedo Burtzlaff laufen.

Oberkommissar Reimann, Wende und Penzlin waren unterdessen mit dem Dienstwagen nach Klobbicke unterwegs. Sie hatten den dreißigjährigen Reinhold Kowanzke im Visier, der wegen einer Unzuchtshandlung aus dem Jahre 1945 in ihrer Kartei erfaßt war. Alter und Personenbeschreibung paßten zu allen Überfällen. Und als weiteren gewichtigen Verdachtsgrund werteten sie die Tatsache, daß Klobbicke inmitten des Dreiecks Melchow–Danewitz–Neugersdorf lag, das die Tatorte umschloß.

In Klobbicke gab es eine Kirche, ein Gasthaus und zwei Dutzend Höfe, die rechts und links der Hauptstraße lagen, aufgereiht wie an einer Perlenschnur.

»Vierzehn, sechzehn, achtzehn ...« Rudi Wende betete die Zahlen herunter. »Du mußt auf die andere Straßenseite rüber«, sagte er zu dem Kraftfahrer. »Das drittletzte Haus dort vorn!« Sie parkten den Wagen unter den neugierigen Blicken der Dorfbewohner. Die Familie Kowanzke, ehemalige Gutsarbeiter, wohnten in einem unansehnlichen Kätnerhaus. Die soeben abgeschlossene Bodenreform hatte sie zu Landbesitzern gemacht. Rund vierzig Prozent des Bodenreformlandes war in Brandenburg an landlose Bauern vergeben worden. Umsiedler erhielten sechsunddreißig Prozent, der Rest war Arbeitern und Kleinpächtern vorbehalten.

Auf dem bescheidenen Hof der Kowanzkes herrschte so etwas wie Aufbruchstimmung. Eine Stimmung, die leider nicht von allen Familienmitgliedern mitgetragen wurde, wie der alte Kowanzke den Besuchern versicherte.

»Zu Reinholden wollen Sie? Da sind Sie hier an der falschen Adresse. Der hat sich schon vor Monaten aus dem Staub gemacht«, grollte der Vater. »Mit der Arbeit hat er nicht viel im Sinn.«

Reimann blickte über den Hof. Eine Handvoll Hühner scharrte auf dem Misthaufen nach Würmern. Aus einem Stallgebäude, das quer zur Scheune stand, ertönte das Klirren von Kuhketten. Irgendwo scheppterte eine Milchkanne.

»Aber Reinhold ist unter dieser Adresse polizeilich gemeldet?« wandte Penzlin ein.

Der Alte nahm die Mütze ab und wühlte in seinem ausgedünnten Haarschopf.

»Im Frühjahr ist der Reinhold zum letzten Mal hiergewesen, bevor das Hochwasser kam. Wollte sich 'n paar bequeme Tage machen. Und ich Esel hab damals gedacht, der Junge sei endlich vernünftig geworden, weil er mit 'ner Freundin anrückte.«

Drüben am Haus ging die Tür auf. Eine jüngere Frau trat heraus. Kowanzkes Tochter, vermutete Reimann. Sie nickte den Männern kurz zu und sagte: »Ja, seine Braut hat er mitgebracht, der Reinhold.«

Der Alte winkte ab: »Wahrscheinlich auch nur so'n Flittchen. Rauchen und saufen konnte das Weibsbild, bloß für die Feldarbeit war sie sich zu fein.«

»Woher stammte die Frau?« fragte Obersekretär Wende.

»Aus Berlin.«

»Berlin ist groß«, gab Wende zu bedenken.

»Aus Lichten ...?« Hanna Kowanzke stockte. »Irgendwas mit Lichten ... hat er gesagt.«

»Lichtenberg?« schlug Oberkommissar Reimann vor, der sich in der Reichshauptstadt einigermaßen auskannte.

Die junge Frau schüttelte heftig den Kopf. »Nein. Lichtenberg war es nicht. Aber so ähnlich ...«

»Vielleicht Lichtenrade?«

»Ja. Lichtenrade.« Und mit einem raschen, wie um Verzeihung bittenden Seitenblick zu ihrem Vater fügte sie hinzu: »In der Hohenzollernstraße 5, hat Reinhold gesagt. Wenn ich mal nach Berlin käme, sollte ich ihn und die Elvira ..., Elvira Schürmann heißt sie ..., in Lichtenrade besuchen.«

Dem alten Kowanzke schwoll der Kamm. »Untersteh' dich, zu diesem Lumpen zu fahren!« knurrte er.

Der Oberkommissar machte ein langes Gesicht. Wieder mal mit Zitronen gehandelt, stellte er betreten fest. Laut sagte er: »Ich glaube, Sie haben uns trotzdem geholfen, Herr Kowanzke. Schönen Dank! Und wenn der Reinhold zufällig hier auftauchen sollte, oder wenn Sie etwas von ihm hören, dann geben Sie uns Nachricht!«

»Hat er wieder was ausjefressen, der Dämlack?«

»Genau das wollen wir mit ihm klären.«

Die Kriminalisten verabschiedeten sich.

Als sie im Auto saßen, meinte Wende: »So ganz und gar ist der Kowanzke für mich noch nicht aus dem Rennen. Vielleicht kommt er tatsächlich nur zum Zweck der Überfälle aus Berlin. Danach verschwindet er wieder.«

Mit Reimanns Billigung nahm Wende telefonischen Kontakt zum Berliner Polizeipräsidium auf. Die Kollegen in der Dircksenstraße versicherten ihm, seine Anfrage an die zuständige Polizeiinspektion weiterzuleiten. Am Mittwoch, dem 8. Oktober 1947, erreichte ihn ein Fernspruch der Polizeiinspektion Berlin-Tempelhof: »Elvira Schürmann am 4. März unter Verdacht der gewerblichen Unzucht in U-Haft genommen. Ihr vermutlicher Zuhälter Reinhold Kowanzke seitdem unbekannten Aufenthaltes.«

Wende beantragte beim Landeskriminalamt in Potsdam, den flüchtigen Mann aus Klobbicke in Fahndung zu stellen.

Vier Tage später, am Sonntag, dem 12. Oktober, ereignete sich ein neuer Überfall im Wald zwischen Lehnitz und Schmachtenhagen. Die Anzeige wurde bei der Kriminalaußenstelle in Oranienburg aufgenommen. Erst am Montagmorgen erhielt die vorgesetzte Kriminaldienststelle Bernau Kenntnis von dem Überfall. Bevor die Meldung das Kriminalamt in Eberswalde erreichte, vergingen weitere Stunden. Der im Dienst so gelassen wirkende Obersekretär Wende sprang fast aus dem Anzug. »Haben Sie meine Weisung nicht gelesen, jeden Raubüberfall und jede Vergewaltigung sofort ans Kriminalamt zu melden?« brüllte er ins Telefon. Sein Ärger war berechtigt und kam aus vollem Herzen, doch der Vorsprung, den der Täter durch die schlampige Dienstauffassung einiger nachgeordneter Chargen gewonnen hatte, war nicht mehr einzuholen.

Wende ordnete an, den Kohlenarbeiter Friedo Burtzlaff erneut zu überprüfen, und er veranlaßte die Zuführung ihres letzten Kandidaten aus der Täterlichtbildkartei, des wegen Einbruchsdiebstahls vorbestraften Kurt Lapsch aus Eberswalde. Ein weiterer Fehlgriff, wie sich bald herausstellte. Lapsch konnte unter höhnischem Grinsen auf ein erstklassiges Alibi verweisen. Am Sonntag hatte er seinen vierzigsten Geburtstag gefeiert. Im Kreise von Gesinnungsfreunden, die sein Alibi ohne zu zögern bestätigten.

Rudi Wende verfluchte wieder einmal den Tag, an dem er sich zur Kriminalpolizei gemeldet hatte; und das nur, um seiner vierköpfigen Familie eine bessere Lebensmittelkarte zu sichern.

Die dritte Hiobsbotschaft versetzte ihm sein Vorgesetzter, der Oberkommissar Reimann. Der Chef des Kriminalamtes befahl, die Motorradstreifen einzustellen. »Tut mir leid«, sagte er, »aber es geht nicht mehr. Unser Benzinkontingent für den Monat Oktober ist ausgeschöpft. Die Landesbehörde weigert sich nachzubessern. Andere Ämter hätten auch mit Schwerpunkten zu kämpfen und forderten keine Kraftstoffnachbesserungen an. Jeder weiß, wie ich darüber denke, Wende. Aber was soll ich machen?«

9

Im Oktober 1947 schrieben die Zeitungen in Ostdeutschland, daß der Parteivorstand der SED einen Appell an den Alliierten Kontrollrat gerichtet habe, in dem die Einsetzung einer deutschen Zentralverwaltung, die Aufhebung der Zonengrenzen, ein Nachrichtenaustausch in ganz Deutschland und eine Volksabstimmung über einen deutschen Friedensvertrag gefordert wurde. Hinter vorgehaltener Hand aber hatte die Sowjetische Militäradministration bereits im Juli 1946 die Weisung ausgegeben, eine Zentralverwaltung für Inneres in der von ihr besetzten Zone zu bilden. Nach dem 8. Mai 1945 wurde Deutschland von den alliierten Siegermächten nach dem Staatsmodell der Weimarer Republik verwaltet. Polizeihoheit war folglich eine Ländersache. Die

Zahl der polizeilich festgestellten Straftaten belief sich 1946 in Ostdeutschland auf 500 446. In einem Lagebericht an den sowjetischen Innenminister führten die NKGB-Generäle Serow und Kruglow für das erste Halbjahr 1946 allein 1 200 Morde, 13 000 Vergewaltigungen und 20 000 Raubüberfälle in der SBZ an. Die Gesamtaufklärung lag bei vierzig Prozent. Ein völlig unbefriedigender Zustand, wie SMAD und SED-Führung peinlich berührt feststellten. Als vermeint-

Berlin-Wilhelmsruh, Kurze Straße 5-6, ehemaliges Verwaltungsgebäude von Bergmann-Borsig, 1946-49 Sitz der Deutschen Verwaltung des Innern in der SBZ. Aufnahme von 1997. Quelle: Archiv des Autors

liche Ursachen erkannten sie »*Mängel in der Zusammenarbeit der Kriminal- und Schutzpolizei, ungenügende Koordination zwischen Justiz- und Polizeiorganen, ganz zu schweigen von völlig ungenügendem Zusammenwirken der Polizeiorganisationen in den Provinzen und Ländern untereinander.*« Gleichsam mit einem Seitenblick auf die 1934 von den Nazis verfügte Neuordnung der Polizeigewalt im Deutschen Reich begann im ostdeutschen Polizeiwesen eine Neuauflage der Zentralisierung. Die Prioritäten waren klar. Während die Deutsche Verwaltung des Innern (DVdI) –

selbstverständlich SED-dominiert – die Verantwortung für die gesamte Polizeiarbeit in der SBZ übernahm, sollten die Finanzetats für das Polizeiwesen in der Zuständigkeit der Länder verbleiben. Zum Sitz der DVdI wurde ein leergezogenes Bürogebäude der BORSIG-Werke in Berlin-Wilhelmsruh, Kurze Straße 5-6, auserkoren. Als Chef der Verwaltung hielt Erich Reschke Einzug. KPD-Mitglied seit 1922, lange Jahre Häftling im KZ Buchenwald, nach seiner Befreiung Chef der Landespolizei in Thüringen. Zu seinen Vertretern avancierten der Polizistenmörder Erich Mielke, der im Juni 1945 aus der westlichen Emigration wieder aufgetaucht war und sofort die Abteilung Polizei und Justiz beim Zentralkomitee der KPD übernommen hatte, und der

Alfred Schönherr – ab 1946 Kripo-Chef in der DVdI. Quelle: Polizeihistorische Sammlung Berlin

langjährige Buchenwaldhäftling Willi Seifert, der inzwischen Erfahrungen im sächsischen Polizeiapparat besaß und für Organisationsfragen zuständig wurde. Der dritte im Bunde hieß Kurt Wagner, KPD-Mitglied seit 1931, nach der Befreiung erster kommunistischer Polizeipräsident in Leipzig. Die politischen Biographien dieses Triumvirats stellten den Einfluß der SED auf die personalpolitischen Entscheidungen bei der Besetzung vakant werdender Führungspositionen in der Kripo sicher. Zum Leiter der Abteilung Kriminalpolizei in der DVdI wurde der siebenunddreißigjährige Elektriker Alfred Schönherr berufen. Seit 1931 KPD-Mitglied. 1935 von der Nazijustiz »wegen Vorbereitung zum Hochverrat« zu langjährigen Zuchthausstrafen verurteilt. 1945 hatte er den Posten des Leiters der Kripo in der sächsischen Stadt Chemnitz inne. Nun stieg er zum Chef der gesamten Kripo in der Sowjetischen Besatzungszone auf. Die von ihm geführte Abteilung in der DVdI wurde in acht Referate aufgegliedert. Ihnen fiel die Aufgabe zu, die Arbeit der Landeskriminalämter auf der jeweiligen Fachlinie anzuleiten und zu überwachen. Damit war in Berlin-Wilhelmsruh eine Zentralstelle für die Zonenkriminalpolizei entstanden, vergleichbar mit dem ehemaligen Zentralamt der Reichskriminalpolizei am Werderschen Markt 5-6 in Berlin. Lediglich der Berliner Polizeiapparat blieb, dem Viermächtestatus der Stadt scheinbar Rechnung tragend, formell von einer solchen Regelung ausgeschlossen.

Das Referat K 1 – Kapitalverbrechen – wurde mit dem Referenten Böhme und den Oberkriminalräten Botenburg und Rockstroh besetzt. Für die Sittlichkeitsdelikte in der Kompetenz des K 4 zeichnete ein Referent Kunze verantwortlich.

Nach der Gründung der DVdI liefen alle Meldungen der Landeskriminalämter aus der Sowjetischen Besatzungszone in der Wilhelmsruher Zentrale zusammen. Referent Kunze war der erste DVdI-Stratege, dem die Häufung von Überfällen und Vergewaltigungen in den Landkreisen des Ober- und Niederbarnim im Herbst 1947 ins Auge fiel. Augenblicklich langte er zum Telefon, um sich mit seinem Pendant im Brandenburgischen Landeskriminalamt in Verbindung zu setzen. Oberkommissar Kötterer, der Dezernatsleiter K4 in Potsdam, war im Groben über die Entwicklung unterrichtet.

»Die Kollegen in Eberswalde haben zwei Tatverdächtige zur Fahndung ausgeschrieben. Es handelt sich um einen Willi

Kimmritz, früherer Wohnsitz Eberswalde, und um Reinhold Kowanzke aus Klobbicke. Die Ermittlungen richten sich außerdem gegen einen gewissen Kurt Lapsch. Bisher gibt es noch keine positiven Beweispunkte. Das Amtsgericht in Lüchow hat inzwischen ...« Knacken und ein Rauschen in der Leitung störten die Verbindung. »Hallo ...? Hören Sie mich noch ...?«

»Sie sind so schlecht zu verstehen!« rief der Berliner ins Telefon. »Bitte, wiederholen Sie!«

»Das Amtsgericht in Lüchow ...«

»Lüchow ...? Welches Lüchow?«

»Kreis Lüchow in der Britischen Zone.« Das Rauschen verstärkte sich wieder. Kötterer nestelte an der Telefonschnur, als läge die Störung an seinem Apparat. »Das Amtsgericht hat Eberswalde die Festnahme des Kowanzke mitgeteilt. Die Übergabe soll in den nächsten Tagen an der Zonengrenze bei Schnackenburg erfolgen.«

»Verstanden!« signalisierte Kunzke.

Kötterer sicherte ihm noch zu, sein Augenmerk auf die Ermittlungsarbeit der Eberswalder Kriminalisten zu richten. Der DVdI würde ein Zwischenbericht vorgelegt werden. Dann brach die Leitung endgültig zusammen.

10

Reinhold Kowanzke war mittelgroß, von untersetzter Statur, ein dünner Haarkranz säumte seine Glatze. Große stechende Augen beherrschten das ovale Gesicht. Kowanzke wirkte bedrückt und kleinlaut. Bei seiner Festnahme hatte ihn der Untersuchungsrichter in Lüchow über die Verdachtsgründe, die in Berlin und in Eberswalde gegen ihn vorlagen, hinreichend aufgeklärt. Kowanzke gestand daraufhin, daß sein Lebensunterhalt zum größten Teil von seiner Braut Elvira Schürmann bestritten wurde, und er gab zu, mehrere Betrugshandlungen auf seinem Kerbholz zu haben. Vehement setzte er sich gegen den Vorwurf zur Wehr, für die

Raubüberfälle in den Forsten um Eberswalde verantwortlich zu sein.

»Wissen Sie, es ist nun mal 'ne verrückte Zeit«, versuchte er die Eberswalder Kriminalisten Wende und Penzlin von der Lauterkeit seiner Aussagen zu überzeugen. Sie saßen in einer Vernehmungszelle des Eberswalder Gerichtsgefängnisses. »Und wenn einer keinen Boden unter die Füße kriegt, so wie ich, dann hält man sich mit allen Mitteln über Wasser.«

»In Ihrem Falle ein Leben als Zuhälter. Sind Ihnen da keine moralischen Bedenken gekommen?«

»Moral?« Kowanzke ließ ein spöttisches Lachen hören. »Haben wir im Krieg nach Anstand und Moral gefragt. Jeder nahm sich, was er brauchte.«

»Aber der Krieg ist vorbei. Wir leben im Frieden!« rief Penzlin.

Der Häftling winkte ab. »Frieden nennen Sie das? Überall Trümmer, Schutt und Ruinen. Der eine geht stehlen, der andere verdient als Schieber klotziges Geld. So ist das nun mal auf dieser Welt eingerichtet. Wer nichts zum Fressen hat, ist am Krepieren. Und ohne warmen Ofen erfrierst du im Winter.«

»Aber die Welt muß nicht so bleiben«, eiferte sich Penzlin. »Wir bauen wieder auf.«

Und Wende sagte: »Um so weniger verstehe ich, daß Sie nicht auf dem Hof in Klobbicke mit anpacken. Die Landwirtschaft hätte Sie doch gut und gern ernährt!«

Kowanzke hob ruckartig den Kopf. »Für den Alten den billigen Knecht auf dem Kossätchen spielen?« murrte er beleidigt. »Nee, danke! Auf eigenen Füßen muß ich stehen. So ist das.«

»Ein Standpunkt, der Sie zu guter Letzt in den Knast gebracht hat«, konstatierte der Obersekretär trocken. »Reden wir also von Ihren Betrugshandlungen.«

»Hab ich doch alles schon zu Protokoll gegeben.«

»Dann halten Sie Ihre Aussagen aufrecht?« Wende blätterte in der Begleitakte. »Vor dem Untersuchungsrichter in

Lüchow haben Sie ausgesagt, daß Sie in achtzehn Fällen Bauernwirtschaften in der Prignitz und in der Altmark aufgesucht haben, und zwar unter dem Vorwand, den Hofbesitzern Landmaschinen verkaufen zu wollen.«

»Trecker und Mähmaschinen. Jawoll.«

»Die Sie aber nie besaßen und auch nicht beschaffen konnten!« warf Penzlin dazwischen.

»Nein, ich hab ja nur so allgemein von den Maschinen geredet. Die Tölpel waren doch selber schuld, bissen sofort an und dann erklärte ich Ihnen, daß ich einen Vorschuß für die Transportkosten haben muß.«

»In dem einen oder anderen Fall haben Sie aber auch eine Vermittlerprovision eingestrichen. – So steht es im Protokoll.«

Kowanzke nickte gelangweilt. »Gebe ich zu.«

»Alles in allem ein paar tausend Mark«, meinte Wende. »Aber das reichte doch nicht aus, um Ihren Ansprüchen gerecht zu werden!«

»Ich habe die meisten Sachen aus der Wohnung in Lichtenrade nach und nach verkloppt. Erst dann ging ich auf Trebe.« Der Häftling sah zum vergitterten Fenster auf, als müsse er die nächsten Worte abwägen. »Ich weiß, worauf Sie hinaus wollen, Herr Kommissar, aber die Überfälle im Barnim könn' Se sich abschminken. Da hab ich nix mit am Hut!«

»Vielleicht nehmen Sie es mir übel«, erklärte Wende ironisch, »aber ich glaube trotzdem nicht, daß Sie uns die Wahrheit gesagt haben.«

Kowanzke schwieg.

Wende sagte: »Möchten Sie hören, warum? Weil die Täterbeschreibungen, die wir von den überfallenen Frauen erhalten haben, auf Ihre Person zutreffen. Sie waren zur Zeit der Überfälle auf Wanderschaft, auf Trebe, wie Sie sagten, und Sie brauchten unbedingt Geld. Ganz zu schweigen von der Tatsache, daß sie sich in den Wäldern um Tuchen und Melchow auskennen!«

Etwas hilflos zuckte Kowanzke mit den Schultern. »Selbst

wenn Sie sich auf'n Kopp stellen, Herr Kommissar, ich bin doch nicht der einzige, der sich dort auskennt. Und die Bescheibung – vielleicht ist der Kerl 'n Doppelgänger von mir?«

Bevor Wende antworten konnte, rief Penzlin ärgerlich aus: »Wir wollen uns nicht erst lange streiten, Kowanzke. Wir stellen Sie einfach den Opfern gegenüber. Gnade Ihnen Gott, wenn man Sie dann als Täter erkennt!«

Die Gegenüberstellung fand am Sonntagvormittag auf dem Gefängnishof statt. Penzlin bot vier geschädigte Frauen auf. Kowanzke stand zwischen anderen Männern an der Mauer. Er wurde von den Frauen gemustert, niemand erkannte ihn.

»Schade«, meinte Oberkommissar Reimann, als er vom Ausgang des Untersuchungsexperimentes erfuhr, »aber es hat keinen Sinn länger im Nebel zu stochern. Schließen Sie den Vorgang Kowanzke ab! Ich unterrichte Potsdam.«

Am 22. November 1947 setzte der Potsdamer Dezernatsleiter, Kriminaloberkommissar Kötterer, das Fernschreiben Nr. 884 ab:

an die deutsche verwaltung des innern in der sowjetischen besatzungszone abteilung k / referat k 4 in berlin-wilhelmsruh kurze str 5/6

betrifft: zwischenbericht zu den sittlichkeitsverbrechen im kreis oberbarnim. wie aus dem abschlussbericht über reinhold k o w a n z k e ersichtlich, stellte sich bei der gegenueberstellung des angeblichen taeters mit den geschaedigten heraus, dass der mittels grossfahndung gesuchte und inhaftierte k o w a n z k e nicht der wirkliche taeter war. ebenso schuldlos an diesen sittlichkeitsverbrechen erwies sich der ausserdem stark verdaechtigte kurt lapsch aus eberswalde. seit den von der eberswalder kriminalpolizei durchgefuehrten verstaerkten massnahmen und der erlassenen grossfahndung sind keine vergewaltigungen oder ueberfaelle in der dortigen gegend mehr vorgekommen. das erweckt den anschein, als ob der taeter aufgrund der polizeilichen nachforschungen sein unwesen vorlaeufig einge-

stellt oder sein taetigkeitsgebiet in eine andere gegend verlegt haette. dessen ungeachtet werden trotzdem die polizeilichen nachforschungen nach dem wirklichen taeter unvermindert fortgesetzt. landesregierung brandenburg ministerium des innern abt. polizei landeskriminalamt gez. hoeding

Trotz aller Beteuerungen wurden die Ermittlungen in Eberswalde nur noch halbherzig betrieben. Der tägliche Arbeitsanfall ließ den Kriminalangestellten kaum Zeit zum Atemschöpfen. Wer brachte da noch die Kraft auf, einem scheinbaren Phantom hinterherzujagen. Doch der Täter hatte weder das Revier gewechselt, noch seine Serie eingestellt. In Eberswalde wußte man nur nichts davon.

11

Am Montag, den 31. Oktober 1947, hatte die vierzigjährige Eisenbahnerwitwe Vera Ballmann im Berliner Südosten einen Stapel alter Kartoffelsäcke gebündelt, sie in ihren Rucksack gestopft und war zum S-Bahnhof Yorckstraße gegangen. Gegen 10.00 Uhr wählte sie den Zug in Richtung Velten. Frau Ballmann warf einen Blick auf die Zeitung, die sie sich am Kiosk gekauft hatte. Der Alliierte Kontrollrat hatte in der Direktive Nr. 63 die Einführung eines »Interzonenpasses« verkündet, mit dem der zum Erliegen gebrachte Reiseverkehr zwischen der sowjetischen und den westlichen Besatzungszonen geregelt werden sollte. Eine weitere Schlagzeile galt dem »Verschwinden von Zivilpersonen und ehemaligen Kriegsgefangenen in der SBZ, die bereits aus westlichen Internierungslagern in ihre Heimatorte entlassen waren.« Unter den von den Russen internierten Zivilpersonen, behauptete der Berichterstatter des »KURIER«, befänden sich »eine große Zahl von Frauen und Kindern«.

Vera Ballmann schlug die Zeitung zusammen. Sie hatte nicht das Glück gehabt, ihren Mann in Kriegsgefangenschaft zu wissen. 1943 war er als Feldeisenbahner eingezogen worden und nur ein halbes Jahr später bei einem Sprengstoffattentat russischer Partisanen auf die Eisenbahnlinie Minsk – Orscha ums Leben gekommen. Mit ihren beiden Kindern lebte sie seither in einer Kreuzberger Kellerwohnung, zusammen mit der kränklichen Schwiegermutter, so daß sie vier Mäuler zu stopfen hatte. Glücklicherweise gab es da noch einen Vetter, der eine Landwirtschaft in Malzahn betrieb. Sein Angebot, bei der Kartoffelernte behilflich zu sein, und dafür ein paar Zentner Kartoffeln mitnehmen zu können, war ihr wie himmlischer Segen erschienen. Ihre Worte »Heut fahre ich zu Onkel Robert und hole uns die ersten Kartoffeln!« hatten ein erwartungsvolles Leuchten in die Augen der halbwüchsigen Kinder gezaubert.

Auf den Bahnhöfen Friedrichstraße, Stettiner Bahnhof und Gesundbrunnen füllten sich die Abteile. Immer mehr Menschen, meist waren es Hausfrauen, drängten herein. Die Rucksäcke, Koffer und Taschen, die sie mit sich schleppten, ließen auf ihre Reisegründe schließen. Bald war man mitten im Gespräch. Die Frauen unterhielten sich ungeniert über die Tauschware, die sie anbieten wollten, oder über Fahrtziele im Berliner Umland. Bei früheren Touren sollten sie sich als profitable Hamsterrouten erwiesen haben.

Vera Ballmann beteiligte sich nicht an dem Gespräch. Sie sah stumm aus dem Fenster. Grau und zerschlagen bot sich die Stadt ihren Blicken dar, doch der Himmel darüber war hell. Der Zug hielt auf der Station Bornholmer Straße. Die Frau, die ihr gegenüber saß, stand auf und drängte zur Tür. Der freigewordene Platz wurde von einem Mann im dunklen Anzug und einer abgetragenen Schiffermütze okkupiert. »Zurückbleiben!« Während die automatischen Türverriegelungen ins Schloß flappten und der Zug erneut anruckte, fühlte Vera sich von dem Mann wie abschätzend gemustert. Ihre Knie berührten einander fast. Sie sah auf und blickte in ein ovales Gesicht. Betonte Wangenknochen und braune Augen, die scheinbar träge und wie verträumt in die Welt blickten. Vera Ballmann fand den Mann, der Mitte Dreißig sein mochte, nicht unsympathisch. Nur seine Morgenrasur, dachte sie, hätte sorgfältiger ausfallen können. Der Mann regte sich unter ihrem Blick, wobei er versehentlich mit dem Fuß gegen Veras Rucksack stieß. Sie hatte ihn auf dem Waggonboden zwischen ihren Beinen plaziert.

Sofort beugte er sich vor. »Oh, Verzeihung!« entschuldigte er sich und lachte sie mit seinen unschuldsvollen Kinderaugen an. »Viel haben Sie ja nicht in Ihrem Rucksack. Bettwäsche oder einen Läufer vielleicht?« vermutete er.

Amüsiert schüttelte sie den Kopf.

»Jaja«, fuhr er fort. »Die Bauern sind wählerisch geworden. Die meisten haben schon 'n Teppich im Kuhstall zu liegen.«

»Ist ja auch keine Hamsterware«, gab Vera Ballmann ihr reserviertes Schweigen auf. »Ich fahre zu einem Verwandten. Dort kann ich mir Kartoffeln holen. Dafür brauche ich die Säcke.«

Sofort deutete er auf ihren Rucksack. »Da sind doch mindestens fünf oder sechs Stück drin«, meinte er zweifelnd. »Wie kriegen Sie die denn alle weg?«

Sie zog die Schultern hoch. »Ich muß eben öfter fahren, was sonst. Irgendwie wird's schon gehen.«

»Wo wohnt denn Ihr Verwandter, wenn man fragen darf?«

Sie drohte ihm mit dem Finger. »Sie wollen mir doch nicht meine Kartoffeln vor der Nase wegschnappen!«

»Sehe ich so aus?« ging er auf den scherzenden Tonfall ein. »Nein, im Ernst, ich hätte vielleicht eine Transportmöglichkeit für Sie.«

Vera Ballmann musterte ihn überrascht. »Die Kartoffeln stehen in Malzahn«, sagte sie rasch.

»Und mein LKW steht im Schmachtenhagener Forst«, erklärte er. »Hab bloß Pech gehabt. 'ne Panne. Mußte mir 'n Ersatzteil organisieren.« Er hob die abgewetzte Ledertasche kurz an, die er als Gepäck bei sich führte. »Jetzt hol ich mir den Bock.«

»Und Sie wollen wirklich …?«

»Klar doch!« versprach er mit treuherziger Miene. »Wenn die Karre wieder rollt, holen wir Ihre Kartoffeln. Erst müssen wir mal nach Lehnitz!«

Die Station liegt auf der Oranienburger Strecke, erinnerte sich die Frau. Wieso saß der Mann dann in einem Zug nach Velten?

Als könne er ihre Gedanken lesen, erklärte er in diesem Augenblick: »In Schönholz steige ich immer um. Also wenn Sie möchten ...?«

Sie nahm sein Angebot an. Erst als der Mann sie am S-Bahnhof Lehnitz immer tiefer in den Schmachtenhagener Wald hineinführte, erwachte leiser Argwohn, der bald in unverhüllte Angst umschlug. Doch die Chancen für einen Rückzug waren längst vertan. Hinter einer Wegbiegung verwandelte sich der hilfsbereite LKW-Besitzer in eine heimtückische Bestie, die mit explodierender Aggressivität über die Frau herfiel.

12

Nur zu gern hätte Vera Ballmann das schreckliche Erlebnis so schnell wie möglich aus ihrem Gedächtnis gestrichen. Schweißgebadet schrak sie in den Nächten auf, wenn der widerliche Kerl in ihren Alpträumen nach ihr greifen wollte. Von Ekel geschüttelt fuhr sie dann empor und quälte sich den Rest der Nacht mit dem ewigen Selbstvorwurf, das Unglück durch eigenen Leichtsinn begünstigt zu haben. Doch das Geschehen im Schmachtenhagner Forst ließ sich nicht so einfach verdrängen. Denn der Mann, der sie unter Brachialgewalt zum Geschlechtsverkehr gezwungen hatte, hatte ihr obendrein die Brieftasche samt Bargeld und allen Personalpapieren geraubt. Nun mußte sie zum Einwohnermeldeamt, um eine neue Kennkarte zu beantragen. Hinzu kam die Sorge, daß sie von dem Vergewaltiger schwanger geworden sein könnte. Für diesen Fall käme zwar eine vom Amtsarzt genehmigte Schwangerschaftsunterbrechung in Frage, doch der Arzt würde zuerst die Frage stellen, ob der Verbrechenstatbestand den Polizeibehörden angezeigt worden war.

Tagelang schob Vera Ballmann die Entscheidung vor sich her. Immer wieder malte sie sich in Gedanken aus, daß die rüden Polizeibeamten über ihre Dummheit Witze reißen könnten. Am Freitag nahm sie allen Mut zusammen und betrat die Wachstube des Polizeireviers in der Gneisenaustraße. Der Diensthabende ließ sich den Sachverhalt kurz erläutern. Ihre Angst erwies sich als unbegründet. Niemand lachte über die Frau oder verstieg sich zu albernen Sprüchen. Statt dessen geleitete der Uniformierte sie zum K-Dauerdienst im Kriminalkommissariat Berlin-Kreuzberg.

Der Kriminalangestellte, ein älterer Mann, dem das Leben zahllose Falten ins Gesicht geschrieben hatte, hörte ihr aufmerksam zu. Dann spannte er einen Vordruck in die altersschwache Conti und begann bedachtsam zu tippen, wobei seine Lippen die Sätze lautlos vorformulierten, die er unter eifrigem Suchen nach den passenden Typenhebeln auf das Formular hämmerte. Seine abgearbeiteten Hände und die breiten Finger verrieten, daß der Kriminalangestellte zu den Neulingen im Polizeiberuf zählte.

»Es wäre gut, wenn Sie mir den Mann jetzt noch beschreiben könnten«, forderte er zum Schluß. »Möglichst genau natürlich.«

Vera Ballmann erwies sich als Zeugin mit einem ausgeprägten Personengedächtnis. Die Beschreibung, die sie ins Protokoll diktierte, klang so überzeugend, daß der Kriminalist an der Schreibmaschine verblüfft ausrief: »Na, bravo. Dann müßten Sie den Mann doch auch wiedererkennen, oder? Wir haben da nämlich im Präsidium so eine Bildersammlung.«

»Den finde ich unter Hunderten von Fotos heraus«, antwortete sie im Brustton der Überzeugung.

»Na prima.« Er rieb sich die Hände. »Da will ich mal gleich mit dem Erkennungsdienst telefonieren.«

Zwei Stunden später standen sie vor den Resten des ehemaligen Polizeipräsidiums am Berliner Alexanderplatz. Große Teile der aus Granit und Sandstein errichteten »Zwingburg der Gerechtigkeit« waren unter den Bombenteppichen alliierter Fliegerangriffe und im Feuersturm sowjetischer Panzer- und Artillerieangriffe zusammengebrochen. Ausgerechnet der Gebäudeflügel zur Dircksenstraße mit dem Polizeigefängnis hatte das Kriegsinferno relativ unbeschadet überlebt. Aus den Zellen für Untersuchungshäftlinge waren im Zuge der Aufräumungsarbeiten Dienstzimmer für die neuformierte Berliner Kriminalpolizei entstanden.

Polizeipräsidium Dircksenstraße 13-14. Quelle: Polizeihistorische Sammlung Berlin

Zur Abteilung »Erkennungsdienst« stieg man in den hofseitig gelegenen Keller hinab. Mehrere hintereinander angeordnete Räume beherbergten das Archiv der Kriminaldirektion. In den Schubfächern der übermannshohen Wandschränke lagerten Tausende von Fingerabdruckbögen, standen sorgsam geordnete Täterlichtbildkarteien, stapelten sich Meldebögen über bekannte und unbekannte Täter – in der Kurzsprache RKP 13 oder 14 genannt –, gab es Fotodokumentationen über aufgefundene unbekannte Tote sowie eine Spitznamenkartei zu Personen aus aller Herren Länder.

Zu den wertvollsten Stücken gehörten ohne Zweifel die vierunddreißig Verbrecheralben, über die der »Erkennungsdienst« im Jahre 1947 verfügte. Von 1906 bis Ende 1946 waren in ihnen alle festgenommenen Verbrecher fotografisch registriert worden. Glücklicherweise war die Sammlung bei der großangelegten Aktenvernichtungsaktion, die die Nazis im Frühjahr 1945 unter dem Decknamen »Thusnelda« angeordnet hatten, übersehen worden. Ein Umstand, der so manchem untergetauchten Schwerstkriminellen in den Nachkriegsjahren zum Verhängnis geriet.

Neugierig und zugleich verunsichert blickte Vera Ballmann auf den Stapel Fotoalben, die der zuständige Sachbearbeiter vor ihr auftürmte.

»Nur keine Aufregung«, beruhigte sie der Kriminalangestellte aus dem Kreuzberger Kommissariat. »Wir können die Suche eingrenzen, das vereinfacht die Arbeit.«

Der Mann vom Erkennungsdienst erklärte es ihr: »Nehmen wir mal an, der Täter war Mitte Dreißig – so wie Sie es beschrieben haben –, also kann er frühestens als Vierzehnjähriger bei der Kripo angefallen sein. Aber das hilft uns auch noch nicht. Erfahrungsgemäß verändern sich Vierzehnjährige noch erheblich, bevor sie das dreißigste Lebensjahr erreichen. Wir beginnen mit dem Album von 1933, da war er ungefähr zwanzig.«

Vera Ballmann schlug den grauen Deckel auf. Der Kreuzberger nickte ihr aufmunternd zu. Von jeder abgebildeten Person gab es drei Porträtaufnahmen auf einem Bildstreifen:

rechte Seite, Vorderseite, halb links. Darunter eine schmale Registriernummer, die der Namensidentifizierung diente.

Vera Ballmann beugte sich über die Fotos und betrachtete sie aufmerksam. Eine Unzahl von unterschiedlichen Physiognomien zog in den nächsten Stunden an ihr vorbei. Ältere Männer, jüngere, blasierte Typen oder abstoßende Verbrechervisagen, denen man das abgrundtiefe soziale Milieu, dem sie entstammten auf den ersten Blick ansah. Was zunächst noch spannend und interessant für Vera Ballmann erschien, ließ schon bald Ermüdung aufkommen. Ihre Aufmerksamkeit ließ nach, sie blätterte die Seiten in immer kürzeren Zeitintervallen um. Der ED-Sachbearbeiter riet zu einer Pause, in der er seine Besucher mit Tee bewirtete.

Dann begann das Blättern erneut. Vera griff zum Jahresband von 1943. Schon nach kurzer Zeit stutzte die Frau. Sie preßte die Lippen aufeinander und hielt den Atem an, während sie mit der Hand verschiedene Partien des abgebildeten Konterfeis abdeckte, um sich Gewißheit zu verschaffen. Ihre Finger zitterten plötzlich, sie vermochte ihre Erregung nicht länger zu verbergen.

»Das ist der Mann!« stieß sie heiser hervor. »Es gibt keinen Zweifel.«

Die Kriminalangestellten blickten ihr überrascht über die Schultern. »Sie irren sich nicht? Überlegen Sie gut. Sie wissen, was von Ihren Worten abhängt. Sehen Sie sich das Bild noch einmal genau an!«

»Nein, ich täusche mich nicht. Dies ist der Mann, der mich im Schmachtenhagener Wald überfallen hat! Vergessen Sie nicht, daß ich Zeit genug hatte, mir seine Gesichtszüge einzuprägen. Ein Irrtum ist ausgeschlossen. Den würde ich unter Tausenden herausfinden!«

Der Sachbearbeiter vom Erkennungsdienst notierte die Registriernummer auf einem Zettel, dann trat er zur Schrankwand, zog einen der vielen Schubkästen heraus und blätterte in den Karteikarten. »Na, bitte. Da haben wir ihn ja. 1943 wegen Einbruchsdiebstahl in eine Berliner Bäckerei festgenommen. Der Mann hat drei Jahre Zuchthaus abgefaßt. Und hier – hoho, Herrschaften, hört euch das an: 1936 vom Amtsgericht Eberswalde wegen Notzucht zu drei Jahren Zett verknackt!«

»Paßt genau in den Streifen«, murmelte der Kriminalist aus Kreuzberg. »Jetzt fehlt mir nur noch der Name.«

Der Mann heißt Kimmritz. Willi Kimmritz. Geboren am 26. Juni 1912 in Wriezen. Als letzte Adresse ist hier die Oranienburger Straße 82 in Berlin vermerkt.«

Noch am gleichen Tage übernahm die Inspektion M/II/4 der Kriminaldirektion Dircksenstraße die weitere Bearbeitung der Strafanzeige. Die Sachbearbeiter des Sittendezernates glaubten, den Fall über Nacht erledigen zu können, aber als sie vor der Adresse Oranienburger Straße 82 standen, starrten sie auf leere Fensterhöhlen. Das Haus war eine Ruine.

Kimmritz' Personalien wurden in das Fahndungsbuch für Groß-Berlin eingetragen. Man hoffte, daß er ihnen bei einer der zahllosen Razzien in die Finger geraten würde. Die Wochen vergingen, die Hoffnungen der Berliner Kriminalisten blieben unerfüllt.

Dann, im Februar 1948, reichte die Berliner Kriminaldirektion den Vorgang an das Brandenburgische Landeskriminalamt weiter. Begründung: Nach Kimmritz werde bereits seit 22. September 1947 in Potsdam gefahndet. Einen Hinweis auf den vermutlichen Aufenthaltsort des Genannten gäbe es nach derzeitigem Erkenntnisstand nicht.

13

Das Jahr 1948, das zum Jahr wichtiger Entscheidungen im Vorfeld der deutschen Teilung werden sollte, begann für Rudi Wende mit einer handfesten Grippe. Zuerst war da nur ein Kratzen im Hals gewesen, und in der Nase juckte es. Pflichtbewußt, wie er nun einmal war, beschloß er, die Symptome zu ignorieren. Manchmal half das ja. Aber dann lag er für zwei Wochen fiebernd und hustend im Bett, bevor er am 20. Januar seinen Dienst im Kriminalamt wieder antrat. Und es schien, als habe der Vergewaltiger nur auf diesen Tag gewartet. Der Obersekretär hatte kaum seinen Mantel abgelegt, da eröffnete ihm sein Stellvertreter: »Hast du es schon gehört? Unser Freund mit der Schiffermütze war wieder unterwegs. Hat gestern nachmittag im Wald bei Lehnitz zugeschlagen.« Oberassistent Walk reichte dem Kommissariatsleiter ein Blatt Papier. »Von der KAST Oranienburg; heute nacht durchgegeben.«

Wende setzte sich und begann den Fernspruch zu lesen. Diesmal war das Opfer eine zweiundvierzigjährige Umsiedlerin, deren Ehemann wegen angeblicher Zugehörigkeit zur Waffen-SS in einem Internierungslager der Roten Armee festgehalten wurde. Vor zehn Tagen war ein Mann in Kleeste von Hof zu Hof gegangen und hatte bei den Bewohnern um Lebensmittel gebeten. Er kam dabei mit der Graz ins Gespräch, die ihm von ihrem Familienschicksal erzählte. Am 18. Januar erschien der Unbekannte erneut bei ihr und erklärte, daß er eine Sprecherlaubnis für den Ehemann besorgen könne. Sie brauche ihm nur zu vertrauen, er würde schon alles regeln.

Am nächsten Tag fuhren sie nach Lehnitz, um von dort aus in das Lager zu gelangen. Die Graz hatte größere Mengen Lebensmittel eingepackt, darunter eine Flasche Schnaps für ihren Mann. Unter dem Vorwand, mit Hilfe der Flasche besser an die Bewachungsmannschaften heranzukommen, ließ der Unbekannte sich den Schnaps geben und ging damit ein Stück in den Wald hinein. Vermutlich trank er dort die Flasche aus und erklärte, als er zurückkam, daß man noch eine Weile warten müsse. Schließlich zwang er die Frau zum Geschlechtsverkehr. Danach griff er nach ihrem Gepäck und verschwand in Richtung S-Bahnhof.

Als Wende die Aufstellung der gestohlenen Gegenstände las, mußte er heftig schlucken.

Der Täter hatte zehn Pfund Wurst, acht Pfund Speck, zwei Gläser Schmalz, ein Glas Butter, zwei Brote, ein Paar Filzschuhe und über hundert Reichsmark erbeutet. Der Obersekretär ließ das Blatt sinken. Abermals war die Tatzeit ein

Montag, und wieder spielte die S-Bahn eine Rolle. »Weiß Reimann schon davon?«

Walk verneinte.

»Wir müssen die Streifen wieder aufnehmen«, sagte Wende. »Ich gehe zum Chef und setz den Einsatzplan durch!«

Oberkommissar Reimann freute sich, seinen Leiter K 1 wieder auf dem Posten zu sehen. Aber als der ihm die Oranienburger Meldung vorlas, verdüsterte sich sein Gesicht. »Bevor der Bursche nicht gefaßt ist«, seufzte er, »wird es wohl keine Ruhe geben. Wir brauchen mehr Spürsinn und vor allem etwas mehr an Phantasie.«

»Lassen wir doch die Streifendienste wieder aufleben.«

»Ja glaubst du denn, ich kann mir die Leute einfach herbeizaubern?«

Wende begann zu rechnen. »Wenn wir uns drei Kollegen von der Schutzpolizei ausborgen, wäre das schon die halbe Miete. Dazu zwei Mann von der Außenstelle in Oranienburg. Den Rest decken wir aus dem eigenen Personalbestand ab.«

Reimann schien allmählich Feuer zu fangen. »Also gut, ich rede mit dem Chef der Kreispolizei. Wir müssen uns auch stärker auf die S-Bahnhöfe konzentrieren, denke ich.« Er kramte einen Schrieb aus der Aktenablage. »Das K 2 hat mir eine Übersicht über die Fahrradaufbewahrungsstellen in S-Bahnnähe vorgelegt. Demnach kommen Oranienburg, Rüdersdorf, Hoppegarten, Neuenhagen, Zepernick, Bernau und Strausberg für unseren Täter in Frage.«

»Mit anderen Worten – wir sollen uns aus den Wäldern zurückziehen?«

»Falls dir nicht etwas Klügeres einfällt ...«

»Na, der Kerl ist doch auf Frauen fixiert. Warum bieten wir ihm keine an?«

»Unsere Frauen als Lockvogel ...?« Oberkommissar Reimann schüttelte heftig den Kopf.

»Keine Frauen«, beteuerte Wende. »Natürlich nicht. Wir stecken einfach ein paar Kollegen in Weiberkleidung.«

Obwohl Reimann von dem Vorschlag nicht sonderlich überzeugt war, gab er grünes Licht für die Aktion. Und so maskierten sich die ausgewählten Männer in den nächsten Tagen in ihren Dienststellen, bevor sie in die zugewiesenen Streifenbezirke zum »Holzsammeln« ausrückten. Eine andere Legende zog im Winter nicht.

Rudi Wende und Kriminalsekretär Penzlin, die die Einsatzkräfte führten, wechselten sich bei den Kontrollfahrten ab. Am Montag der darauffolgenden Woche war Penzlin an der Reihe. Irgendwo zwischen Schönholz und Klobbicke trieb sich Dittmann herum. Als der Kriminalsekretär den Langen vom K 6 in seiner Verkleidung entdeckte, überfiel ihn der große Lachkrampf. »Du siehst zum Schießen aus!« prustete er. »Das Kleid hängt wie ein Sack, der Mantel ist zu kurz. Und wenn ich deinen Hut sehe, dann fallen mir die Vogelscheuchen im Garten meines Vaters ein!«

Dittmann fand die Sache überhaupt nicht lustig. »Idiotischer Maskenball!« knurrte er verbiestert. »Weißt du, was ich mir hier draußen überlegt habe?«

»Nee.«

»Was ist, wenn wir uns alle irren. Wenn der Täter nicht, wie bisher angenommen, von der S-Bahn kommt ...«

»Sondern?«

»... sondern vom Großen Schiffahrtsweg!«

Penzlin verhielt den Schritt. »Du meinst, er fährt als Binnenschiffer auf dem Oder-Havel-Kanal?«

»... und pendelt mit seinem Kahn zwischen Oderberg und Berlin! Die Schiffermütze, verstehst du.«

»Scheiße! Daran haben wir mit keiner Silbe gedacht!« gab der Kriminalsekretär zu. »Vielleicht erklärt deine Theorie sogar, warum der Kerl immer nur montags in unserer Gegend aktiv wird.«

Der Einsatz in Frauenkleidern wurde vom Oberkommissar kommentarlos abgeblasen. »Dittmann, Sie nehmen mit der Wasserschutzpolizei Kontakt auf«, ordnete er während der Frühbesprechung an. »Die Kollegen kennen jeden Schiffer auf dem Kanal. Vielleicht haben sie ja wirklich einen heißen Tip für uns.«

14

»Feierabend!« Der langgezogene Ruf des Kolonnenführers hallte durch den Wald. Das Schnarren der Zugsägen erstarb. Gustav Vogel richtete sich auf und reckte das schmerzende Kreuz gerade. Auch die krachenden Schläge der Äxte verstummten. Wurde auch Zeit, dachte er. Die Sonne hing bereits tief über den Kiefernwipfeln. Ein rundes Dutzend Männer waren es, die auf dem Holzeinschlag am Rauer Berg schafften. »Wollte heute wieder mal kein Ende nehmen«, stöhnte einer der Axtschläger laut, während er sich bemühte, die verkrampften Finger zu lockern. Gustav Vogel wischte das Sägeblatt trocken und strich eine hauchdünne Schicht Maschinenfett darüber, so wie man es ihm beim Reichsarbeitsdienst beigebracht hatte. Die übrigen Männer sammelten das Werkzeug ein.

Eine viertel Stunde später lag der Platz einsam und verlassen. Die Stimmen der gefiederten Sänger dominierten abermals im Revier. Gustav Vogel schulterte seinen Rucksack und marschierte in Richtung Osten. Er wohnte in der Siedlung, die an der Straße zwischen Bestensee und Motzen lag. Die Landschaft zwischen Rauer Berg und seiner Heimatgemeinde wurde vom grauen Betonband der Reichsautobahn Berlin–Dresden zerschnitten. Vogel erreichte den westlichen Fahrbahnrand. Er hatte an ihr mitgebaut, für einen Wochenlohn von zwanzig Mark, damals in den Jahren 1937 und 1938, bevor das erste Teilstück Berlin-Teupitz mit großem Gepränge dem offiziellen Verkehr übergeben worden war. Wer hatte damals geglaubt, daß die Nazis sie schon so bald als Rollbahn für den Krieg im Osten benutzen würden.

Gustav Vogel überquerte die Richtungsfahrbahnen, auf denen ja kaum noch Autos rollten, abgesehen von den Militärtransporten der Russen, und tauchte im gegenüberliegenden Waldstück unter. Er schritt zügig aus. Farnkraut und dürres Gras bedeckten den sandigen Boden. An einer Wegegabelung wandte er sich nach rechts. Das Tageslicht verdämmerte.

Vogels geübter Blick bemerkte dennoch das niedergedrückte Strauchwerk und die aufgewühlte Erdscholle, die in einer Art Schleifspur tiefer in den Wald hineinführte. Holzdiebe, dachte er. Oder war hier gewildert worden? Von Neugier getrieben folgte er der Furche, bis er vor einem ausgestreckten menschlichen Körper stand. Es war eine Frau mittleren Alters. Glanzlose Augen starrten zum Himmel. Fliegen krochen über das Gesicht.

»Heiliger Bimbam!« ächzte Gustav Vogel, als er die dunklen Male am Hals der Frau gewahrte. »Die ist umgebracht worden!« Schreck und Ekel trieben ihn nach Bestensee, wo er den grausigen Fund beim Gemeindeamt anzeigte.

Die Meldung wurde von der Kriminalaußenstelle in Teupitz aufgenommen. Man versprach, einen Angestellten sofort in Marsch zu setzen. Vogel sollte ihn an der Autobahnunterführung zwischen Bestensee und Motzen erwarten. Als der Mann auf dem Motorrad endlich eintraf, war es völlig dunkel geworden. Vogel kletterte auf den Rücksitz der Maschine und dirigierte den Kripomann etwa 500 Meter nordostwärts zum Fundort der Leiche. Dort leuchtete der Polizist den Ort mit dem Kradscheinwerfer aus und beugte sich über den Leichnam. Kein Zweifel, die Frau war erdrosselt worden und sie mußte bereits mehrere Tage hier gelegen haben. Ohne Handtasche und ohne Gepäck. Der Kriminalist untersuchte die Bekleidung der Toten, fand jedoch keinerlei Papiere. Unbekannt also, dachte er. Auch das noch. Bei der Tatortuntersuchung würde größte Aufmerksamkeit walten müssen. So entschloß er sich, den Beginn der Ermittlungen auf den nächsten Morgen zu verschieben.

Am Freitag, man schrieb den 26. März, übernahm das Sachgebiet K 1 der Kriminaldienststelle in Mahlow die Bearbeitung der Leichensache. Der Vorgang bekam die Tagebuchnummer 667/48. Aber alle Bemühungen der Sachbearbeiter des K 1 liefen ins Leere. Deshalb erhielt das Kriminalamt I in Potsdam einen Tag später den telefonischen Kurzbericht: »*Betr.: Leichenfund im Wald zwischen Bestensee und Autobahn am 25.3.1948, vermutlich Lustmord. Am*

25.3.1948 wude der Kriminaldienststelle Mahlow gemeldet, daß der Holzarbeiter Gustav Vogel, wohnhaft Bestensee, Motzener Straße, im Wald zwischen Autobahn und Bestensee eine weibliche Leiche gefunden hat. Die Ermittlungen wurden von Seiten der Mordkommission aufgenommen. Die Leiche hatte keinerlei Ausweispapiere, so daß die Identifizierung derselben nicht möglich war. Anhaltspunkte zur Weiterführung der Ermittlungen sind so gut wie gar nicht vorhanden. Kleiderkarte ist ausgestellt, Fahndung zur Ermittlung der Personalien ist erlassen.«

Unbekannte Tote gehörten zum Polizeialltag in den ersten Nachkriegsjahren. Neben unzähligen Meldungen über Selbstmordopfer beiderlei Geschlechts findet man in den Archiven auch Berichte über Lustmordverbrechen an Frauen und Kindern. Nicht alle konnten aufgeklärt werden; vor allem jene, die erwiesenermaßen dem Konto marodierender Besatzungssoldaten anzurechnen waren. Und zunächst hatte es den Anschein, als würde der Leichenfund von Bestensee eines Tages auch auf dem Stapel unerledigter Akten landen. Niemand ahnte, daß das Verbrechen an der unbekannten Frau erst den Auftakt zu einer unheilvollen Mordserie bildete.

15

Am 8. Mai 1948 feierten die Alliierten den 3. Jahrestag des Sieges über Hitlerdeutschland. Sie begingen ihn mit getrennten Militärparaden. Der gemeinsame Festakt im Alliierten Kontrollrat fiel aus. Die Russen hatten ihre Mitarbeit als Antwort auf die Bizonenpolitik der Briten und Amerikaner am 20. März demonstrativ eingestellt. Die Spannung zwischen den beiden Lagern wurde in Ost und West zunehmend angeheizt. Jede Maßnahme des einen rief Proteste auf der Gegenseite hervor, die wiederum zu neuen Aktionen führten. Der Leitartikeler in der »WELT« orakelte am 8. Mai düster, man stünde »vor der auf historisch absehbare Zeit definitiven Teilung Deutschlands«.

An den weltpolitischen Problemen der Zeit nahm Lotte Alding wenig Anteil. Die Sechsundzwanzigjährige sehnte sich nach den harmonischen Seiten des Lebens, nach Wärme und Geborgenheit. Die Flucht aus Kattowitz hatte sie unbeschadet überstanden. Dafür war ihr die Mutter, von den Strapazen der Flucht geschwächt, buchstäblich unter den Händen weggestorben. In aller Eile hatten sie die Frau am Rande eines Flüchtlingstrecks unter die Erde bringen müssen; nicht einmal für ein ordentliches Gebet langte die Zeit. Danach war Lotte Alding in Altlandsberg gestrandet. Von ihrem Vater hörte sie nie mehr etwas. Es hieß, er sei in Rumänien gefallen. Umso verständlicher war ihre Freude, als sie in der ersten Maiwoche vom Suchdienst des Roten Kreuzes die Nachricht erhielt, daß ihr Bruder Ottmar in einem Umsiedlerlager bei Glöwen aufgetaucht sei. Dieses Glöwen, so fand sie mit kurzem Blick in einen Schulatlas heraus, sollte am Rande der Prignitz liegen, direkt an der Eisenbahnlinie zwischen Neustadt (Dosse) und Bad Wilsnack.

Am Sonnabend, dem 8. Mai, löste sie in Altlandsberg eine Fahrkarte und fuhr mit dem Zug über Berlin nach Glöwen. Die Bahnfahrt zog sich endlos hin, häufig stand der Zug auf der Strecke, so daß es später Nachmittag wurde, als sie endlich ihr Reiseziel erreichte. Weil die Havelberger Streckenführung der Prignitz-Eisenbahn in Glöwen die Fernbahnlinie kreuzte, besaß der Ort zwei Bahnhofsteile. Das verwirrte die junge Frau, die zuerst wie bestellt und nicht abgeholt auf dem Bahnhof herumstand.

»Na, Frollein, Sie sind wohl fremd hier?« wurde sie nach einer Weile von einem Mann im dunklen Anzug und blauer Schiffermütze angesprochen.

»Ja. Ich bin mit dem Berliner Zug gekommen.«

»Na, sieh mal an, da komm ich ja auch gerade her.«

»Zum Umsiedlerlager möchte ich.«

»Dort haben Sie wohl Verwandte?«

»Stimmt. Mein Bruder soll im Lager sein. Können Sie mir sagen, wo ich es finde?«

Der Mann nahm die Mütze vom Kopf und fuhr mit der

Hand über seine Stirnglatze. »Ist zu umständlich, wenn ich's Ihnen erkläre, Frollein. Wird das beste sein, ich bringe Sie hin. Zeit hab ich noch. Mein Zug fährt erst in zwei Stunden.«

»Oh, das ist aber sehr freundlich.«

Bar jeder Orientierung folgte Lotte Alding ihrem neuen Bekannten. Das Lager lag am Südrand der Stadt, der Mann führte sie nach Nordwesten. Als sie später von einem Kriminalisten der Kriminalaußenstelle Havelberg gefragt wurde, wie sie mit dem Mann ins Gespräch gekommen sei, konnte sie es nicht erklären. »Ich unterhalte mich sonst nie mit wildfremden Leuten. Aber der Mann machte so einen anständigen Eindruck. Er bot mir seine Hilfe an. Ich wußte nicht weiter. Nie hätte ich gedacht, daß der so ein gemeines Schwein ist. Erst als er im Wald über mich herfiel«, sie zeigte mit der Hand auf das von Faustschlägen verunstaltete Gesicht, »da ahnte ich, was mir blühte.«

»Nach der Vergewaltigung ist der Täter mit Ihrem Kuchen, den zwei Broten und fünf Eiern verschwunden. Sie wollten die Sachen ins Lager bringen. Richtig?«

»Und die hundert Mark aus dem Portemonnaie hat er mitgenommen«, fügte sie hinzu.

»Ihr Bruder Ottmar hat uns angerufen, aus dem Büro der Lagerleitung«, rekapitulierte der Kriminalist den Rest der Geschichte. Dann schob er ihr das Anzeigenprotokoll über den Tisch und reichte ihr einen Kopierstift. »Wenn Sie mit dem Schriftsatz einverstanden sind, dann unterschreiben Sie bitte!«

»Haben Sie auf dem Bahnhof jemand gefunden?« erkundigte sich Lotte Alding zaghaft. »Der Mann wollte mit einem Zug weg.«

Der Mann von der Kripo winkte ab. »Die Fahndung hat nichts gebracht. Ich fürchte, der Bursche hat sie bloß in die Irre geführt. Wie's scheint, kennt er sich in unserer Gegend aus.«

16

Am 1. Mai 1948 wurde Rudi Wende zum Kommissar ernannt. Selbstverständlich beflügelte die Beförderung den Arbeitseifer des Eberswalder Kriminalisten. Nachdem die Berliner Akte mit dem Fahndungsersuchen Kimmritz endlich eingetroffen war, hatte Wende sich persönlich um den Fall gekümmert. Das Verbrechen an Vera Ballmann hatte verteufelte Ähnlichkeit mit den Überfällen im Barnim. Es war die gleiche Tatmethode. Zwar lag der Tatort etwas weiter weg von Eberswalde, doch dafür glich die Personenbeschreibung in der Kimmritz-Akte sehr stark den übrigen Täterbeschreibungen. Wendes Arbeitseifer trug leider keine Früchte. Willi Kimmritz war unauffindbar. Kommissar Wende, der einen großen Teil seiner Aufklärungserfolge mit Ruhe und Sachlichkeit erzielte, verspürte nur noch Unbehagen, wenn er an die ungeklärten Überfälle in den Kreisgebieten Ober- und Niederbarnim dachte. Eine trügerische Ruhe, so erschien es ihm. Der Unbekannte war eine ziemliche Weile nicht mehr aktiv gewesen. Durchaus möglich, daß er im Zusammenhang mit anderen Straftaten verhaftet worden war, oder er hatte seinen Aktionsradius, weil der Boden zu heiß wurde, in eine andere Besatzungszone verlegt. Andererseits signalisierte kriminalistischer Instinkt dem Kommissar, daß es bald wieder losgehen würde. Das schwülwarme Maienwetter war freilich geeignet, die sexuelle Gier des Mannes mit der Schiffermütze erneut zu entfesseln. Fest stand aber auch, daß sie im Wiederholungsfall mit der bisherigen Methode, ein oder zwei mobile Streifen zum Einsatz zu bringen, keinen Blumentopf gewinnen konnten.

Ein Zufall kam Wende zu Hilfe. Seit einigen Tagen meldeten die Kreispolizeibehörden, in den Wäldern um Eberswalde sei verdächtiges Gesindel aufgetaucht, dessen Überprüfung dringend geboten sei. Man erwäge eine Großrazzia im Zusammenwirken mit der Kriminalpolizei.

»Gar nicht so übel, dieser Vorschlag«, befand Oberkommissar Reimann »Wenn die Herren Schupo-Kommandeure schon mal einen lichten Moment haben, dann sollten wir ihn auch nutzen.« Reimanns Bemerkung widerspiegelte die unterschwellige Rivalität, die in jedem Staatswesen die Beziehungen zwischen Schutzpolizei und Kripo trüben, und kaum Aussicht haben, jemals ausgerottet zu werden.

Seit mehreren Tagen beschäftigte sich der frischgebackene Kommissar mit der Planung für die Großrazzia. Reimann hatte ihn von allen anderen Arbeiten im K 1 entbunden. Um die laufenden Vorgänge – 6 Fälle von Mord und Totschlag – kümmerte sich der Oberassistent Walk. Noch einmal nahm Wende sich die Akten vor, um jeden neuralgischen Punkt im Territorium zu erfassen. Das Kriminalamt III in Eberswalde zeichnete für die Kreise Prenzlau, Templin, Angermünde, Oberbarnim, Niederbarnim und Lebus als zuständig.

Wende fuhr noch einmal zu den einzelnen Tatorten, er sah sich die S-Bahnhöfe und die Fahrradaufbewahrungstellen an, einige Zeit stand er auch am Oder-Havel-Kanal und beobachtete die vorbeifahrenden Lastkähne. Die Hoffnungen, die sie auf die Kontakte zur Wasserschutzpolizei gesetzt hatten, waren im Sande verlaufen.

Am Nachmittag verteidigte Wende seine Planung vor dem Gremium der Polizeikommandeure. Seine Forderung, mindestens sechzig Schutzpolizisten in die Waldgebiete des Oberbarnim zu verlegen, während im Unterbarnim der Personalbestand der Landespolizeischule Biesenthal zum Einsatz kommen sollte, löste einen Aufstand unter den Offizieren aus. Niemand wollte Kräfte aus den eigenen Dienststellen abkommandieren. Erst als Reimann sich mit allem Nachdruck hinter seinen K1-Chef stellte und ein Oberpolizeirat von der Landespolizeibehörde seinen Segen erteilte, gaben die Kreispolizeichefs nach.

Wendes Planung erhielt das Kennwort »AKTION ROLAND«. Ab 14. Mai wurde die Alarmstufe II für alle Polizeiangehörigen ausgelöst. Das hieß Hausbereitschaft für den Personalbestand, jeder Polizist mußte in kürzester Zeit erreichbar sein. Wendes Befürchtungen sollten sich bald bewahrheiten. Am Mittwoch, dem 19. Mai, trafen gleich drei

Überfallmeldungen im Kriminalamt ein. Ersten Angaben zufolge war der Täter äußerst massiv vorgegangen. Oberkommissar Reimann ließ den Decknamen »ROLAND« an die Polizeireviere durchgeben. In weniger als einer Stunde waren die vorgesehenen Kontrollposten besetzt, setzten die Einsatzzüge zum Durchkämmen der Wälder an. Aufgeschreckt von dem jüngsten Geschehen bot der Landrat des Kreises Oberbarnim einen namhaften Geldbetrag an, den die Kripo als Belohnung für die Festnahme des Täters öffentlich ausloben sollte.

Reimann und Wende hatten sich zu den Offizieren im provisorischen Lagezentrum in Bad Freienwalde gesellt. Neben den Uniformen der sowjetischen Berater, deren Hauptauftrag wohl eher in der Überwachung der deutschen Polizei bestand, tummelten sich mehrere Männer in dunkelblauen Polizeimonturen. Ihr selbstsicheres Auftreten und die straffe Körperhaltung, die sie demonstrierten, ließen auf frühere Wehrmachtsoffiziere schließen. Und militärisch ging es auch zu im Stab. Kradmelder sicherten die Verbindungen zu den Handlungsräumen. In Strausberg, Wriezen, Oderberg, Zerpenschleuse und Lanke waren Einsatzstellen der Kriminalpolizei stationiert, die sich mit der Überprüfung aufgegriffener Personen befaßten. Die Zahl der Aufgriffe war beträchtlich. Vor allem obdachlose Streuner verfingen sich im Fahndungsnetz. Holzdiebe, Hamsterfahrer, aber auch flüchtige Straftäter, die in den Ländern der SBZ gesucht wurden. Bei Althüttendorf fiel ihnen am Freitag ein Pferdefuhrwerk in die Hände, dessen Besitzer drauf und dran war, fünf Zentner Rohtabak nach Berlin zu verschieben.

Rudi Wende fühlte sich ziemlich fehl am Platze inmitten der militärischen Führungsmacht. In strategischen Kategorien zu denken, hatte er nie gelernt. Seine Auffassungen von Polizeiarbeit waren ziviler Natur. Sie basierten auf Strafgesetzbuch und Strafprozeßordnung, und sie richteten sich in erster Linie nach kriminaltaktischen Erwägungen. Ungeduldig zerbrach der Kommissar seinen Bleistift. Die Zeit verrann. Nirgendwo kontrollierten die Polizeikommandos einen

Mann, auf den die Beschreibung des gesuchten Vergewaltigers paßte. Dabei hatte Wende sich alle Mühe gegeben, die Polizisten mit einem zusätzlichen Hilfsmittel auszustatten. Er trat an die Wandkarte. Dort hing ein Handzettel in der Größe DIN A 5. Wohl zum hundertsten Male las er den Text, der von ihm selbst entworfen und in einer Eberswalder Druckerei über Nacht hergestellt worden war:

W a r n u n g ! Seit einigen Monaten treibt ein bisher unbekannt gebliebener Sittlichkeitsverbrecher sein Unwesen im Kreis Oberbarnim. Vorsicht ist besonders auf einsamen Feld- und Waldwegen geboten. Drei Frauen, die am 19.5.48 überfallen wurden, beschreiben den Täter wie folgt: **30-40 Jahre alt, etwa 1.70 m groß, breite Gestalt, schwarze Haare, breites dunkles Gesicht, dunkle Augen.** *Er fährt mit einem Fahrrad und führt Pistole bei sich. Bekleidet mit schwarzem Anzug, schwarzen weichen Hut (Anmerkung: trug auch schon blaue Schirmmütze und blauen Anzug). Das Kriminalamt Eberswalde warnt vor dem Verbrecher und bittet alle Personen, die die obenbeschriebene Person erkannt haben, diese sofort durch den nächsten Polizeiposten festnehmen zu lassen. Benachrichtigen Sie sofort bei Erkennen durch die Bürgermeisterei oder über den nächsten Fernsprecher das zuständige Polizeirevier. Der Landrat des Kreises Oberbarnim hat für die Ergreifung des Täters eine* **Belohnung von 1000.- RM** *ausgesetzt. Die Auszahlung der Belohnung geschieht unter Ausschließung des Rechtsweges an jeden, durch dessen Mithilfe der Verbrecher festgenommen werden kann. Kriminalamt Eberswalde Rudolf-Breitscheid-Str. 36*

Wende schlug mit der flachen Hand auf das Blatt. »Wir hätten den Steckbrief öffentlich aushängen müssen«, ärgerte er sich. »In jede Polizeiwache, in jedes Postamt und zu jedem Bürgermeister gehört so ein Ding! Sonst kriegen wir den Schweinehund nie, ganz gleich, ob er nun Kimmritz heißt, oder auf einen anderen Namen hört!«

Oberkommissar Reimann verzog das Gesicht. »Es geht dir

Warnung!

Seit einigen Monaten treibt ein bisher unbekannt gebliebener Sittlichkeitsverbrecher sein Unwesen im Kreis Oberbarnim. Vorsicht ist besonders auf einsamen Feld- und Waldwegen geboten. Drei Frauen, die am 19.5.48 überfallen wurden, beschreiben den Täter wie folgt:
30—40 Jahre alt, etwa 1.70 m groß, breite Gestalt, schwarze Haare, breites dunkles Gesicht, dunkle Augen.
Er fährt mit einem Fahrrad und führt Pistole bei sich. Bekleidet mit schwarzem Anzug, schwarzen weichen Hut (Anmerkung: trug auch schon blaue Schirmmütze und blauen Anzug).

Das Kriminalamt Eberswalde warnt vor dem Verbrecher und bittet alle Personen, die die obenbeschriebene Person erkannt haben, diese sofort durch den nächsten Polizeiposten festnehmen zu lassen.

Benachrichtigen Sie sofort bei Erkennen durch die Bürgermeisterei oder über den nächsten Fernsprecher das zuständige Polizeirevier.

Der Landrat des Kreises Oberbarnim hat für die Ergreifung des Täters eine
Belohnung von 1000.— RM
ausgesetzt. Die Auszahlung der Belohnung geschieht unter Ausschließung des Rechtsweges an jeden, durch dessen Mithilfe der Verbrecher festgenommen werden kann.

Kriminalamt Eberswalde
Rudolf-Breitscheid-Str. 36

Quelle: Bundesarchiv Berlin-Lichterfelde

nicht schnell genug, wie?« meinte er. »Aber unsere Herren Vorgesetzten in Potsdam haben den öffentlichen Aushang untersagt.«

»Das ist doch alles Quark!« schimpfte Wende mißmutig. »Als ob wir es darauf abgesehen hätten, Panik zu verbreiten! Hirnrissig, nenne ich das!«

Die Lamettaträger der Schupo hoben ruckartig die Köpfe. Für Sekunden war es still. Die Polizeiassistentin, die hinter der Schreibmaschine saß, um den Fahndungsfilm zu tippen, sah überrascht von einem zum anderen.

Reimann wiegelte mit einer Handbewegung ab. »Verlier nicht die Nerven, Junge. Meinst du, das bringt uns weiter.« Er trat neben den aufgebrachten Kommissar. »Ist dir schon mal aufgefallen, daß die drei Überfälle vom Mittwoch zeitmäßig dicht aufeinander passiert sind? Zwischen den Tatorten Buchholz, Parsteiner See und Amalienhof liegen aber beträchtliche Entfernungen?« Rudi Wende stutzte. Seine Augen fixierten das Kartenbild. Reimann spann unterdessen seinen Gedanken fort: »Mehrere Kilometer, die man zu den angegebenen Tatzeiten bestenfalls mit einem Auto erreicht. Da stimmt doch etwas nicht.«

»Es gibt keinen Zeugen, der ein Auto gesehen hat. Alle Frauen sprechen von einem Fahrrad.«

»Das ist wahr. Und deshalb frage ich: Haben alle Frauen das gleiche Rad zu Gesicht bekommen?« Reimann sah seinen Kommissar prüfend an.

»Also zwei Täter?«

»Weißt du eine andere Erklärung?«

»Kalkulieren wir mal ein, daß es zwei oder gar drei Täter sein könnten«, griff Wende den Gedanken des Chefs auf, »dann besteht immerhin die Möglichkeit, daß sie sich untereinander absprechen. Die Sache hätte ein System, nämlich Arbeitsteilung wie in einer Bande!«

»Und wir müssen mit weiteren Überfällen rechnen!« führte Reimann die Kette ihrer Schlußfolgerungen auf den Punkt.

Vierundzwanzig Stunden hielten sie die Großrazzia noch durch, dann befahl Reimann, den Einsatz abzubrechen. Fehlender Schlaf und die ungenügende Ernährungssituation zermürbten die Polizeiangestellten. Einige Männer murrten unverhohlen. Angesichts der negativen Stimmung, die um sich griff, hielt Reimann es für klüger, den Bogen nicht zu überspannen.

Nur der lange Dittmann kam dem Rückzugsbefehl mit echtem Bedauern nach. Wende hatte den Oberassistenten für die Dauer des Einsatzes zur Wasserschutzpolizei abgestellt, die den Langen nicht ohne Hintersinn auf eines ihrer Kontrollboote setzte. Die Fahrten berg- und talwärts, das Entern der gestoppten Schleppzüge auf dem Oder-Havel-Kanal und die Kontrollen unter den Schiffern beeindruckten Dittmann. »So möchte ich mal meinen Urlaub verbringen«, sagte er zu den grinsenden Lords und begann seinerseits Versetzungspläne zu wälzen. Pläne, mit denen der Chef des Wasserschutzpostens vielleicht insgeheim rechnete, auch er war gehalten, die Fehlstellen im Personalbestand aufzufüllen.

Streifenboot der Wasserschutzpolizei. Quelle: Polizeihistorische Sammlung Berlin

Dittmanns Frau machte ihm einen Strich durch die Rechnung. Mit einer gehörigen Portion Ironie trieb sie ihrem Mann die Flausen aus. »Ich wußte gar nicht, daß du auf Schlittschuhen laufen kannst, mein geliebter Großer?« lachte sie. Und auf sein verblüfftes »Wieso?« erklärte sie trocken: »Na, bildest du dir ein, die Leute vom Wasserschutz dürfen sich bei meterdickem Eisgang den Hintern in der Stube wärmen?«

17

Die Kunde von der Großaktion »ROLAND« drang bis in die Etagen der DVdI in Berlin. Am 29. Mai interessierten sich die Referenten des K 1 für das Ergebnis der Eberswalder Ermittlungen. Sie konsultierten den Dezernatsleiter K 1 im Landeskriminalamt Potsdam. Aus Gründen, die heute nicht mehr nachvollziehbar sind, wurde dann das Gespräch um 10.40 Uhr über eine Fernschreibleitung geführt:

– – – *guten morgen, herr nowak. hier ist ... herr rockstroh wird später kommen ... hier sind inzwischen boehme und botenburg von k 1. –*

Potsdam antwortete: – *hier kok nowak. guten morgen. –*
Berlin: – *es handelt sich um die sache kimmritz. wie uns heute bekannt wird, sollen inzwischen 44 faelle von vergewaltigungen und raubueberfaellen bekannt geworden sein. da wir aus letzter zeit keine diesbezueglichen meldungen über beschuldigte erhalten haben, interessiert uns besonders, ob k. auch selbsttätig als raeuber aufgetreten ist oder nur fuer notzuchtsdelikte mit anschliessenden eigentumsdelikten in frage kommt? ferner interessiert, ob in letzter zeit neue erkenntnisse bekannt geworden sind und welche besonderen masznahmen eingeleitet worden sind (aktion roland)? –*

Nowak, der den Fernschreibstreifen mitgelesen hatte, diktierte der Telegrafistin:

– *zu fall kimmritz: k. ist im jahre 1947 in einigen faellen als sittlichkeitsverbrecher aufgetreten. die mehrzahl der faelle aus dem jahre 1947 und aus 1948 – insgesamt etwa 44 – lassen auf zwei uns bisher noch unbekannte taeter schliessen. es handelt sich in fast allen faellen in erster linie um notzuchtsdelikte. in verbindung mit dieser straftat wurden den geschaedigten in vielen faellen schmuck und ringe entwendet. man kann hier nicht sagen, ob fuer diese faelle nur kimmritz in frage kommt. die bearbeitung erfolgte bisher bei den kae und durch das k 4 beim lka. es wurden, soweit es mir bekannt ist, mehrere aktionen durchgefuehrt, die aber keinen erfolg brachten. ich selbst habe mich schon seit eini-*

ger zeit entschlossen, nach ruecksprache mit dem chef, herrn hoeding, ab sofort die bearbeitung dieser faelle in verbindung mit k 4 zu uebernehmen. es wird von mir als verantwortlicher leiter ein komm. des kriminalamts potsdam nach eberswalde entsandt. ich selbst bin gerade dabei, dem ref. k1 eine zusammenstellung saemtlicher faelle sowie einen bericht über bisher veranlaszte masznahmen vorzulegen. sobald an ort und stelle in eberswalde der plan zur bekaempfung dieser verbrechen ausgearbeitet ist, werde ich weiteren bericht erstatten. –

Ein wenig Selbstkritik kommt bei hohen Vorgesetzten immer an, dachte Nowak. Nun dauerte es einige Minuten bis die Berliner den Text verdaut hatten. Dann kam der nächste Streifen:

– herr nowak, ich habe eine frage. sind die von ihnen gemeldeten faelle reine notzuchtsdelikte oder sind auch unter diesen faellen reine raubueberfaelle zu verzeichnen? –

Nowak nickte seiner Telegrafistin zu:

– es sind ebenfalls auch einige raubueberfaelle und raeuberische erpressungen hoechstwahrscheinlich von demselben taeter durchgefuehrt worden. –

Seine Antwort war zu knapp ausgefallen, die Berliner hakten nach:

– nach ihren bisherigen feststellungen, ist in dieser angelegenheit lediglich das k4 federfuehrend gewesen. aufgrund ihrer jetzigen mitteilung muss selbstverstaendlich das k1 mit eingeschaltet werden.

was haben sie für vorschlaege zu bringen, um dieser banditen habhaft zu werden? –

Nowak schüttelte unmerklich den Kopf. Sorgen haben die, dachte er vergnatzt. Da er den gesamten Komplex aber auch nicht bis ins letzte Detail kannte, sah er sich gezwungen, zu lavieren:

– die bekaempfung dieser verbrechen und die ermittlung der taeter haben sich bisher aeusserst schwierig gestaltet. in allen faellen tauchen die taeter nur auf einsamen waldwegen in den groszen waldgebieten von eberswalde auf. die

bisherigen aktionen ergaben, dasz sobald ein verstaerkter einsatz von pol.-kraeften erfolgte, die verbrechen schlagartig nachlieszen. sofort nach beendigung einer aktion wurden uns wiederum neue faelle gemeldet. es wird erforderlich, dasz für die jetzt ab montag anlaufende aktion, ein guter kriminalist mit der bearbeitung dieser faelle von uns beauftragt wird. weiterhin werden 5 kriminalisten speziell fuer die bearbeitung abkommandiert. ich kann von hier aus ueber den plan und die masznahmen, die in den naechsten tagen ausgearbeitet und durchgefuehrt werden, noch nichts bestimmtes sagen. es wird natuerlich eine umfangreiche kleinarbeit wie ueberpruefung der troedlerlaeden, goldwarenhaendler und anderes durchzufuehren sein. –

Schon wieder prasselten die Typenhebel des Fernschreibers los:

– herr nowak, ich wuerde ihnen folgenden vorschlag machen. sie haben doch eine ganze reihe tuechtiger weiblicher kriminalangestellter, die fuer eine solche sache geeignet sind. wenn sie nun einmal mit dem leiter des lka, herrn hoeding, diesbezueglich ruecksprache nehmen, waere vielleicht die moeglichkeit etwas eher gegeben, diese brueder zu fangen. weiter haette ich gern den namen des koll., der diese aktion im namen des lka leitet? –

Nowak überlegte fieberhaft. Wen konnte er für die Sonderaktion benennen? Die Auswahl an erfahrenen Kriminalisten war nicht groß. Er entsann sich plötzlich mit Deutlichkeit an einen Kommissar aus dem Kommissariat 4, den er bei der Bearbeitung einer anderen Sache im Kriminalamt Potsdam kennengelernt hatte.

Die Telegrafistin schaltete auf Senden um und harrte auf Nowaks Diktat:

– der einsatz von weiblichen kriminalangestellten ist bereits erprobt worden. wir haben sogar kriminalangestellte in frauenkleider gesteckt und auch bei der jetzt durchzufuehrenden aktion werden wir ebenfalls zu diesen mitteln greifen. mit der durchfuehrung ist bereits der krim.-komm. paul von k 4 des ka potsdam beauftragt worden. –

Kurze Pause, dann abermals aus Berlin:

– *besten dank fuer ihre mitteilung. ich erbitte mir lediglich noch einen kurzen bericht darueber. sonst ist ja alles klar.* –

Nowak konnte aufatmen. Er legte der Telegrafistin die Hand auf die rechte Schulter und diktierte zum Schluß:

– *sie erhalten in der naechsten woche, sobald die neue aktion anlaeuft, ueber die masznahmen, die durchgefuehrt werden, bericht.* – – –

Danach verließ er mit raschen Schritten die Fernschreibzentrale im Landeskriminalamt. In Gedanken beschäftigte er sich bereits mit dem Aktenstapel, der in seinem Arbeitszimmer auf ihn harrte.

Seit nahezu zwei Jahren wurden die Dörfer im Niederen Fläming zwischen Luckenwalde und Luckau von einer Gruppe bewaffneter Russen heimgesucht, die im Auftrage einer ominösen »Kommandantura« Hausdurchsuchungen veranstalteten und wahllos Lebensmittel und Wertgegenstände beschlagnahmten. Proteste der Geschädigten hatten die sowjetischen Behörden mit Achselzucken beantwortet. Sie verwiesen auf die deutsche Polizei, deren ureigenste Aufgabe es sei, der ungezügelten Räuberei ein Ende zu bereiten.

18

Am 31. Mai traf der Potsdamer Kriminalkommissar in Eberswalde ein. Paul war von mittelgroßer Gestalt, eher ein bulliger Typ. Er hatte helle, ein wenig ausdruckslose Augen. Der Kommissar trug Sacko, Breeches und blankgewichste Lederstiefel – eine Standardbekleidung, wie sie in jenen Jahren von vielen Kripo-Leuten bevorzugt wurde. Weshalb das LKA gerade auf ihn verfallen war, blieb dem Kommissar schleierhaft. An seiner Seite erschien Obersekretär Minnack. Nach einem klärenden Gespräch – natürlich fühlten sich die Männer der Eberswalder Kripo, die bereits eine Unmenge

Zeit in die Fahndung investiert hatten, auf den Schlips getreten – übergab man die Akten an die »Sonderkommission Roland«, wie die Ermittlergruppe unter Pauls Leitung fortan hieß. Zur Kommission gesellten sich ferner der Kriminalsekretär Otto Plessow aus Kyritz, die Oberassistenten Hamann und Laubach sowie der Nauener Kriminalassistent Günter Rückheim. Einige Tage später sollte der Potsdamer Oberassistent Albers folgen.

Als dringlichste Aufgabe hatte Obersekretär Minnack die Quartierfrage für alle Kollegen zu lösen. Er und Paul fanden im Dachgeschoß des Kriminalamtes ein schmales Plätzchen, den Rest der Kommission brachte er in einer unbelegten Zelle des Eberswalder Polizeigefängnisses unter. Als Ersatz für ihre Lebensmittelkarten, die nur am Wohnsitz gültig waren, wurden den Kriminalangestellten Reisemarken aus einem Sonderkontingent der Landespolizeibehörde zur Verfügung gestellt.

Zwei Tage brüteten die Männer der Sonderkommission nun über den 44 Akten, in denen alle ungeklärten Überfälle im Nieder- und Oberbarnimgebiet, aber auch mehrere Vorgänge aus der Hennigsdorfer Gegend fixiert waren. Das LKA hatte ihnen den Aktenberg auf den Tisch gelegt. Vielleicht gehörten die unaufgeklärten Verbrechen zu einer Serie, hinter der ein und derselbe Urheber steckte. Pauls Mitarbeiter verschafften sich im ersten Durchgang einen Überblick und lasen die Akten dann ein zweites Mal, nur gründlicher diesmal.

In dieser Phase hielt Kommissar Paul die Erkenntnisse der Eberswalder Kriminalisten vor seinen Kollegen geheim. »Eine Bemerkung gleich zu Anfang: Ich bin kein Freund von bürokratischer Schreibtischarbeit. Im Grunde genommen verabscheue ich sie«, erklärte er den versammelten Männern. »Aber in diesem Fall wünsche ich, daß Sie sich jedes Detail fest einprägen. Informationen sind der Lebenssaft jeder Ermittlung. Der Kriminalist muß sie im Schlaf herunterbeten können. Sie sollen sich eine eigene Meinung bilden, völlig unbeeinflußt. Stellen Sie Ihre Versionen auf. Erst dann werden wir sie mit den Arbeitsergebnissen der Eberswalder Kollegen vergleichen. Und nun an die Arbeit, wenn ich bitten darf!«

Sie siebten die Zeugenaussagen, sämtliche Hinweise, die Aktenvermerke über eingebildete und echte Beobachtungen. Sie begannen nach übersehenen Fingerzeigen zu suchen, nach irgendeiner Kleinigkeit, die aus diesem oder jenem Grunde in der Hektik des Arbeitsalltags untergegangen war.

Zum Glück war in den allermeisten Fällen abzulesen, daß der Täter kein russischer Soldat sein konnte. Er sprach Deutsch ohne jeglichen Akzent, er kannte sich in der Umgebung der Tatorte ziemlich eindeutig aus und er wußte, wenn er seine späteren Opfer ansprach, immer glaubhafte Legenden zu erfinden, so daß die Frauen ihm auch ohne Argwohn in die Falle gingen.

»Es zählt nicht, was wir glauben, es zählt nur, was wir wissen«, begann Heinz Paul am Mittwochabend die Auswertung. »Was wir wissen, das ist zugegebenermaßen wenig, aber doch immerhin etwas. Mit einigem Glück werden wir darauf aufbauen. Sicher stimmen Sie mit mir überein – es handelt sich nicht um einen Einzeltäter, sondern wir stehen mindestens zwei Verbrechern gegenüber, keineswegs dumm und möglicherweise gefährlicher, als wir es uns bisher ausgemalt haben. Während der eine Täter schlägt und würgt, bedroht der andere seine Opfer mit einer Pistole.«

Paul warf einen Blick auf den Oberassistenten Laubach. Der räusperte sich und sagte, weil er sich aufgefordert fühlte: »Der letzte Überfall fand am 22.5. zwischen Buchholz und Groß-Ziethen statt. Das Opfer war eine fünfzigjährige Kräutersammlerin aus Althüttendorf. Der Täter hielt der Frau eine Pistole an den Kopf und nutzte ihren Schreckzustand aus, um ihr den Trauring vom Finger zu reißen. Er hat sie nicht vergewaltigt. Nach der Beschreibung der Zeugin trug der Mann eine Sportmütze. Diese Kopfbedeckung tauchte immer dann auf, wenn der Pistolenmann am Werke war. So am 6. September 1947 bei Grüntal und am 23. Juni '47 zwischen Tuchen und Melchow.«

Fredy Hamann drückte seine Zigarette aus. »Der zweite Täter ist der Mann mit der blauen Schiffermütze«, erklärte er überzeugt. »Er vergewaltigt seine Opfer, egal welchen Alters sie sind. Jüngere Frauen wurden mitunter zwei- oder dreimal mißbraucht. Die Beraubung geschieht nach dem Sexualverbrechen, wobei ihm jede Art von Beute – man muß wohl sagen Zufallsbeute – recht ist. Man hat den Eindruck, als nähme er sie als willkommene Zugabe in Kauf.«

Minnack ergänzte: »Auch dieser Mann ist oft mit dem Fahrrad unterwegs, hat auf dem Gepäckträger aber immer einen Rucksack oder eine Aktentasche. Auf der Brust soll er eine Tätowierung haben. Dieser Mann ist Kimmritz, denke ich. Seine Vorgehensweise im Fall Ballmann stimmt mit der Tatmethode bei fast allen Vergewaltigungen überein.«

»Trotzdem habe ich den Eindruck«, meinte Günter Rückheim zaghaft, »daß es noch einen dritten Täter gibt.« Er blickte in sein schwarzes Notizbuch, das aufgeschlagen vor ihm lag. »Da ist jemand mit einem schwarzen Anzug und einem dunklen weichen Hut beschrieben worden; in drei Fällen sogar.«

Aufmunternd nickte der Kommissar Rückheim zu. »Der Umstand ist mir auch aufgefallen«, räumte er ein. »Wahrscheinlich haben wir es sogar mit drei Tätern zu tun, falls der eine nicht die Kopfbedeckung wechselt, um uns irrezuleiten. Noch etwas spricht für einen dritten Tatverdächtigen: Obwohl sich die einzelnen Tatortbereiche in verschiedenen Komplexen überschneiden, sind drei Schwerpunkte auszumachen. Der erste konzentriert sich um Eberswalde, der zweite um Oranienburg und der dritte im Bereich der Nauener Kriminaldienststelle. – Was meint ihr, wie ziehen wir die Sache auf?«

Der Ideenvorrat seiner Männer hielt sich in Grenzen. Auch die Sonderkommission kochte nur mit Wasser. Weder sie noch die Eberswalder Kriminalisten hatten den Stein der Weisen in der Tasche. Die Kommissionsmitglieder einigten sich darauf, ihre Ermittlungen auf vier Schwerpunkte auszurichten. Absoluten Vorrang erhielt die Fahndung nach Willi

Kimmritz. Kommissar Paul übertrug sie den Oberassistenten Laubach und Albers.

Kriminalsekretär Plessow, ein kleiner stämmiger Mann aus der Prignitz, mit gelangweilt blickenden blauen Augen und dünnem strohigen Haar, erhielt den Auftrag, eine Liste mit der Beschreibung aller geraubten Ringe und Schmuckstücke herbeizuschaffen und mit ihrer Hilfe die Sachfahndung in den Juweliergeschäften, in Leihhäusern, Umtauschstellen und bei allen bekannten Trödlern anzukurbeln.

Günter Rückheim, der jüngste unter ihnen, erhielt den Großen Schiffahrtsweg als Operationsfeld zugewiesen. »Ihre Ausgangsbasis ist Zerpenschleuse. Sie überprüfen jedes Wasserfahrzeug, jeden Schiffseigner und jede Einrichtung, die auch nur im entferntesten mit der Binnenschiffahrt am Oder-Havel-Kanal zu tun hat. Halten Sie sich stets die Schiffermütze vor Augen, Kamerad Rückheim! Später, wenn wir mehr Leute bekommen, machen wir einen zweiten Stützpunkt in Oderberg auf. Und Sie, Hamann, organisieren die tägliche Überprüfung der Fahrradaufbewahrungsstellen an den S-Bahnhöfen.«

Letzter Punkt ihres Maßnahmekataloges sollte die Errichtung eines neuen Kontrollnetzes sein. Nein, keine Suchaktionen in den Wäldern; die Eberswalder Erfahrungen sprachen dagegen. Sieben Stützpunkte wollten sie in sorgfältig ausgewählten Ortschaften errichten, möglichst nahe an den vermeintlichen Gefahrenzonen, um sie mit ein oder zwei Polizisten zu besetzen, die im Ernstfall sofort vor Ort sein konnten. Die Anzahl der Stützpunkte blieb offen, sie würde sich nach der Zahl der Polizisten richten, die Kommissar Paul in der für Mittwoch, den 2. Juni 1948, von der DVdI nach Eberswalde einberufenen Dienstberatung Großaktion »ROLAND« loseisen wollte.

19

Oberkriminalrat Böhme, der Referent K 1 in der Deutschen Verwaltung des Innern, Berlin-Wilhelmsruh, führte den Vorsitz in der Beratung. Das Landeskriminalamt Potsdam hatte die Dezernatsleiter Nowak vom K 1 und Kötterer, K 4, entsandt. Während Kommissar Wende und der Obersekretär Müller die Interessen des Kriminalamtes III Eberswalde vertraten, sprachen Paul und Minnack für die Sonderkommission. Zusätzlich waren die Kommandeure der Schutzpolizei aus Bernau, Freienwalde, Eberswalde und Angermünde zur Beratung befohlen, die sich bis in die Abendstunden hinzog.

Kommissar Paul argumentierte: »Zur Durchführung von Großaktionen sind die Kriminaldienst- und Außenstellen personell zu schwach besetzt. Die meisten Sachbearbeiter bearbeiten zwei bis drei Straftatenbereiche und haben kaum einen Mann, der sie bei anderweitiger Verwendung ersetzen kann. Viele Gemeinden sind ohne Telefon, infolgedessen kann eine schnelle Verbindung zur Übermittlung von wichtigen Durchsagen nicht hergestellt werden; sie findet so auf Umwegen statt ...« Paul überlegte einen Moment und fuhr dann achselzuckend fort: »Die Beweglichkeit der Dienststellen ist sehr schwach. Es sind nur wenige Fahrzeuge und Motorräder vorhanden, zum Teil nicht einmal Fahrräder, um die überaus großen Wegstrecken in den Waldgebieten zurücklegen zu können. Wir haben hundert Quadratkilometer zu überwachen. Für Großaktionen oder Sondereinsätze dieser Art ist die Zuteilung von Kraftstoff viel zu knapp. Infolge Abkommandierung einer hohen Anzahl von Schutzpolizisten zur Berliner Stadtgrenze ist ein konzentrierter Einsatz von Polizeikräften in unseren großen Waldgebieten undurchführbar.«

Rudi Wende, aber auch die Kommandeure der Schutzpolizei nickten zustimmend. Kommissar Paul begann das Stützpunkte-Konzept seiner Sonderkommission zu entwickeln. Er nannte die vorgesehenen Einsatzorte. »In einigen Gemeinden gibt es Selbstschutzgruppen der Dorfbewohner. Wir wollen sie in unser Kontrollnetz einbeziehen.«

»Wieviel Leute brauchen Sie dafür?« fragte Böhme gespannt.

»Einundvierzig.«

Der DVdI-Referent runzelte die Stirn. »Fünfundzwanzig Mann stehen Ihnen sofort zur Verfügung«, entschied er. »Drei Kollegen hat das KA Eberswalde für Sie freizumachen, weitere sieben Männer aus dem LKA-Bereich folgen in den nächsten Tagen. Oberkommissar Nowak«, er wandte sich an den Potsdamer Dezernatsleiter, »Sie veranlassen das Nötige. Sorgen Sie dafür, daß die Kommission ein Fahrzeug erhält!«

Nowak zuckte mit den Achseln. »Vielleicht können wir ein Auto von der motorisierten Staffel in Birkenwerder abziehen. Ich versuche es beim Landespolizeichef.«

»Warum, Kollege Paul, wollen Sie keine Frauen als Lockvogel zum Einsatz bringen?« erkundigte sich Böhme.

»Das haben wir schon probiert«, warf Rudi Wende vermittelnd ein, stieß bei dem Oberkriminalrat aber sofort auf Kritik.

»Völlig unzureichend, was Sie da gemacht haben«, meckerte Böhme. »Männer in Damenkleider zu stecken. Für solche Rollenspiele braucht man Talent. Sie haben doch tüchtige Sachbearbeiterinnen in allen Dienststellen, Herr Nowak. Bringen Sie sie unter Kommissar Pauls Aufsicht zum Einsatz, wenigstens tageweise.«

Als Rudi Wende seine Handzettel ins Gespräch brachte, heimste er sich eine weitere Abfuhr ein.

»Es bleibt bei der Entscheidung. Keine Informationen an die Öffentlichkeit!« Böhme stellte sich hinter die Weisung der Landespolizeibehörde. »Begreifen Sie doch, Mann, die Täter könnten gewarnt werden, und ihren Aktionsbereich in eine andere Gegend verlagern. Dann fangen die Erhebungen wieder bei Null an!«

Wende wurde sichtlich verlegen, sein Gesicht rötete sich, er schluckte heftig: »Es ist doch aber wichtig, alle Frauen und Mädchen über die Presse zu informieren, sie vor diesem Verbrecher zu warnen?«

»Viel wichtiger ist es, daß wir Nachahmungstätern keine

Chance geben. In solchen Fällen passiert das oft. Ich wiederhole also nochmal: die Presse bleibt draußen!«

Es war Kommissar Paul, der zu einem Vermittlungsversuch ansetzte: »Da man in der Bevölkerung sowieso über die Überfälle spricht, könnte man es mit ein bißchen Diplomatie versuchen. Sagen wir mal, ein allgemein gehaltener kurzer Hinweis in der örtlichen Tagespresse, in dem wir zum Ausdruck bringen, daß jedes Sittlichkeitsverbrechen sofort zur Anzeige zu bringen ist und daß die Betroffenen unter allen Umständen einen Arzt aufsuchen.«

In diesem Augenblick wurde die Tür aufgerissen. Ein Uniformierter stürzte herein, puterrot im Gesicht. »Verzeihung«, stotterte er bar jeder militärischen Disziplin, erspähte gleichzeitig Rudi Wende und überreichte ihm einen Zettel. »Fernmündliche Meldung von der Außenstelle Strausberg«, informierte er. »Soeben durchgekommen.«

Auf Böhmes Wink las Wende vor: »*Am 1.6.48 zwischen 20.00 und 21.00 Uhr wurde der Robert Reitmeier, wohnhaft Strausberg, auf dem Wege von Reichenow nach Batzlow (Feldweg) mit seinem LKW von einem unbekannten Radfahrer unter Bedrohung mit einer Pistole 7,65 mm und den Worten ›Geld her!‹ angehalten. – R. gab Vollgas und fuhr davon. Der Radfahrer muß durch das schnelle Anfahren seitwärts umgefallen sein. Beschreibung des Täters: Ca 40 Jahre, wohlgenährt, ca 1.70 bis 1.80 groß. Bekleidung: Blaue Schirmmütze, dunkler Anzug. Führt Fahrrad mit, darauf einen Rucksack, ebenfalls Pistole 7,65 mm.*«

Die Meldung hatte die Wirkung einer Sprengbombe. Der Oberkriminalrat löste die Beratung auf. »Ich glaube, Sie haben jetzt genug zu tun, meine Herren«, erklärte er rasch, stopfte seine Aufzeichnungen in die Aktentasche und eilte zum Wagen, der auf dem Hof samt Fahrer auf den DVdI-Referenten wartete.

Mit der Ermahnung: »Sie halten mich auf dem laufenden, Herr Nowak!« stieg Böhme in den aufgemöbelten Brennabor aus grauer Vorkriegszeit. »Ich muß Ihnen nicht erst in Erinnerung rufen, daß General Scharow den Befehl erlassen hat, die Täter bis zum 6. Juni unschädlich zu machen, tot oder lebendig!« Oberkommissar Nowak nickte nur stumm. Vom Ansehen kannte er den sowjetischen General, der als Offizier für Öffentliche Sicherheit in der Militärverwaltung des Landes Brandenburg fungierte.

20

Noch in der Nacht schreckte eine zweite Überfallmeldung die Sonderermittler auf. Die Hausfrau Gertraude Plicha war auf der Landstraße zwischen Kagel und Kienbaum von einem unbekannten Radfahrer angesprochen worden, der ihr nach kurzem Wortwechsel den Trauring vom Finger riß.

An seinem Marmeladenbrot kauend, sagte Minnack: »Kagel liegt im südlichsten Barnim, noch unterhalb der Küstriner Chaussee, direkt am Liebenberger See. Kienbaum auf dem anderen Ufer. So weit entfernt von Eberswalde ist der Bursche noch nie aktiv geworden.« Der Obersekretär kannte sich in der Gegend aus. Er kam aus der Kriminaldienststelle in Frankfurt/Oder.

»Wir fahren hin«, entschied Paul. »Reden selber mit der Frau.«

Es war ein herrlicher Frühsommertag. Bestes Ermittlungswetter, wie Kriminalisten sagen, wenn sie sich vom Schreibtisch loseisen können. Oberkommissar Nowak hatte Wort gehalten. Gegen sieben Uhr dreißig kurvte eine blankpolierte Adler-Limousine auf den Hof des Eberswalder Polizeigebäudes. Das gepflegte Äußere täuschte über das tatsächliche Alter des Autos hinweg. »Erwarten Sie nicht zuviel von meiner Mühle«, dämpfte der Fahrer die Euphorie des Kommissars. »Ich hab in letzter Zeit mehr Stunden unter dem Wagen verbracht als hinter dem Lenkrad. Keine Ersatzteile!«

»Jammern hilft nicht«, meinte Paul. »Wir müssen nach Kienbaum.«

Sie durchquerten die jahrtausendealte Endmoränenlandschaft des Eberswalder Urstromtales. Kurz hinter Strausberg verließen sie das lichte Grün der Wälder, rollten eine baumlose Landstraße entlang, die sich von den Höhenzügen des Barnim bis ins Lebuser Land hinabsenkte. Eine stattliche Ernte wuchs auf den Feldern heran. Ausgiebig und zur rechten Zeit war der Regen in diesem Jahr gekommen. Hoch stand das Korn Anfang Juni, es schien unter den Stößen eines flüchtigen Windhauches zu atmen.

»Da ist noch eine Sache, die mir sehr zu denken gibt«, sagte Heinz Paul in das Schweigen hinein. »Die Akten belegen, daß die Vergewaltigungen und die Raubüberfälle jedesmal aufhören, wenn wir zu einem Großeinsatz blasen. Ein oder zwei Tage nach Abschluß der Aktionen meldet der Radler sich wieder zurück. Ziemlich merkwürdig, nicht?«

»Sie meinen, es könnte einer aus unseren Reihen sein?« fragte Minnack erschreckt.

»Ich sage niemals nie, kann mir aber auch vorstellen, daß er auf anderen Wegen zu Informationen gelangt. Auf jeden Fall wollen wir den Fakt im Auge behalten.«

Bei Herzfelde erreichten sie die Küstriner Chaussee. Eine Weile fuhren sie auf der ehemaligen Reichsstraße in Richtung Osten, um dann, noch vor Mittag, am Heidekrug nach Süden abzubiegen. Nachdem sie die Ostspitze des Liebenberger Sees umrundet hatten, lag vor ihnen die Gemeinde Kienbaum. Ein Häuflein rotdachiger Bauernhäuser, hingewürfelt zwischen wucherndem Buschwerk und Obstgehölz.

Der Bürgermeister, ein sehniger Alter, dem man den früheren Broterwerb als Landarbeiter ansah, erbot sich, die fremden Kriminalangestellten zum Schloß zu führen. Der Mann hinkte auf dem linken Bein. »Granatsplitter«, entschuldigte er sich. »Hab ich mir beim Volkssturm eingehandelt.«

Paul nickte. »Was für ein Mensch ist Frau Plicha?«

»Haare hat sie auf den Zähnen, die Gertraude. 'ne Frau, die weiß, was sie will. Sie werden es erleben.«

Frau Plicha wirtschaftet in der Gemeinschaftsküche der Flüchtlingsunterkunft, erzählte der Bürgermeister unterwegs. 1947 war sie neben zwölf weiteren Umsiedlerfamilien in den Gutshof eingewiesen worden. Die Gemeinschaftsküche gehe auf ihre Idee zurück. Er, der Bürgermeister, habe ihre Vorschläge nach besten Kräften unterstützt. Die Gutsherrschaft sei ja noch vor der Hochwasserkatastrophe in den Westen getürmt.

Die einundvierzigjährige Gertraude Plicha stand am Herd. Als die Männer eintraten, legte sie den Holzlöffel zur Seite. In der Küche roch es durchdringend nach Kohlrübensuppe.

»Traudchen«, sagte der Bürgermeister, »die Herren sind von der Kripo. Wegen dem Überfall, du weißt schon.«

»Haben Sie den Drecksack endlich?« erkundigte sie sich mit auffallend tiefer Stimme.

Oha, dachte der Kommissar, mit der ist wirklich nicht gut Kirschen essen. »Leider noch nicht«, sagte er. »Wir sind jetzt sehr auf Ihre Hilfe angewiesen. Deshalb möchte ich, daß Sie uns den Überfall nochmal schildern. So genau wie möglich, verstehen Sie.«

Argwöhnisch musterte sie die Besucher. »Was ist da viel zu erzählen, wenn einer 'ner Frau an die Wäsche will. Seid doch selbst Mannsbilder und wißt, wie das zugeht«, tönte es barsch vom Herd herüber.

Der Bürgermeister fuchtelte erschreckt mit den Händen. So viel Respektlosigkeit gegenüber der staatlichen Autorität ging ihm wider den Strich. Schon suchte er nach Worten, um die Frau zurechtzuweisen. Kommissar Paul indessen grinste entwaffnend. »Ganz eingetrocknet sind wir noch nicht«, gab er zu. Sein unkonventionelles »Geständnis« trug erstaunliche Früchte. Frau Plicha brach in helles Gelächter aus. »Sie sind mir schon einer!« prustete sie. »Na schön, was wollen Sie wissen?«

»Wann und wo ist der Überfall passiert?«

Sie band ihr Kopftuch ab, schüttelte das volle braune Haar zurecht. »Gestern mittag, so um halb zwei. Ich war in Kagel drüben, hab Fisch geholt. In der Nähe der Brücke verkauft ab und zu ein Angler was; man muß ihn bloß gut kennen. War schon auf dem Rückweg, als die Sache passierte. Bin über den alten Waldweg gekommen, dachte, daß ich noch paar Pfifferlinge im Unterholz finde. Da stand der Kerl plötzlich vor mir, mit 'nem Fahrrad. Das ließ er fallen und sprang auf mich zu. Ich kann Ihnen ja die Stelle zeigen, wenn Sie wollen.«

»Das wäre nicht schlecht. Wie weit ist es bis zu dem Ort?«

»'n knapper Kilometer. Aber der Herbert muß hier auf's Essen aufpassen.«

Mit einem Seufzer nahm der Bürgermeister den Platz am Kochtopf ein.

Die Äcker von Kienbaum erstreckten sich bis hinunter zum See. Hell schimmerte die lichte Idylle der Wasserfläche durch den gemischten Forstbestand. Sie gingen zu Fuß, begleitet vom Gesang der gefiederten Waldbewohner und dem friedlichen Summen der Hummeln. Es duftete nach Baumharz, nach frischem Heu und wilder Minze.

»Haben Sie um Hilfe gerufen?« nahm Kommissar Paul den Gesprächsfaden wieder auf.

»Fiel mir im ersten Schreck gar nicht ein«, gestand sie. »Hätte vielleicht auch gar nicht viel genutzt. Ist ja keiner im Wald. Ich hab mich gewehrt, lag schon auf dem Boden, da hab ich dem verdammten Schwein den Fisch um die Ohren geklatscht. Der hat lästerlich geflucht. Dachte schon, jetzt macht er mich alle. Da riß er mir noch den Trauring vom Finger und raste mit dem Fahrrad davon. Hier, gleich hinter der Wegbiegung, ist es passiert.«

»Hat der Täter Geld verlangt?« wollte Minnack wissen.

»Geld ... kann mich nicht erinnern. Ging ja alles so schnell.«

Sie erreichten den Ort des Überfalls. Der weiche Boden war aufgewühlt. Schuheindruckspuren, Schleif- und Scharrspuren hatten sich in den Waldweg eingedrückt. Eine Fahrradspur war zu erkennen. Vermutlich Vollballonreifen, überlegte Minnack.

Während der Obersekretär ein Blatt Papier aus seiner Aktentasche nahm und eine flüchtige Skizze entwarf, lediglich das Reifenprofil zeichnete er sorgfältiger nach, entdeckte Heinz Paul ein dunkles Stückchen Metall. Bei näherem Hinsehen entpuppte es sich als Hosenklammer, wie Radfahrer sie benutzen, um das rechte Hosenbeim vorm Mechanismus der Fahrradkette zu schützen.

»Können Sie uns etwas über das Fahrrad sagen? Bauart? Farbe?«

»Ein Herrenfahrrad, dunkel. Mehr weiß ich nicht.«

»Und der Mann hatte keine Waffe?«

»Was für eine Waffe?« fragte Frau Plicha.

»Ein Messer, zum Beispiel, oder ... eine Pistole?«

Sie riß entsetzt die Arme hoch. »Um Gotteswillen, dann hätte der mich ja glatt umbringen können.«

»Ja, Sie haben Glück gehabt. Und jetzt erzählen Sie von dem Mann. Wie sah er denn aus?«

»Mittelgroß und ziemlich stämmig, kariertes Hemd, braune Jacke und 'ne Sportmütze auf dem Kopf. Ich weiß nur, daß er nach Schweiß gerochen hat, ziemlich eklig, kann ich Ihnen sagen.«

»Erinnern Sie sich an seine Sprache? Ein Dialekt vielleicht? Oder war er Ausländer? Das hört man doch, wie einer spricht.«

»Nee, war er nicht«, erklärte sie überzeugt. »Der sprach wie die Leute hier aus der Gegend.«

»Ein Einheimischer, meinen Sie.« Kommissar Paul zog ein Bild aus der Tasche. »Könnte es der gewesen sein?«

Die Aufnahme war eine Reproduktion des Kimmritz-Fotos, die aus dem Berliner Polizeipräsidium stammte.

»Glaub ich nicht.« Frau Plicha war sich ziemlich sicher.

»Wenn ich Sie richtig verstanden habe«, meinte Minnack, »hat sich der Überfall zur Mittagszeit zugetragen? Angezeigt haben Sie den Vorfall aber erst gegen Abend?« Er schlug sein Notizbuch auf. »Um einundzwanzig Uhr dreißig, um exakt zu sein.«

Gertraude Plicha schaltete auf Abwehr. »Sie glauben mir anscheinend nicht? Denken, ich spinne?« fauchte sie den Obersekretär an. »Der Herbert war den ganzen Tag nicht im Amt. Den könn' Sie fragen. Hat sich auf so 'ner Bürgermeistertagung rumgedrückt. Wenn man die Staatsmacht braucht, ist nämlich nie einer da!«

Kommissar Paul griente erneut. Er war die paar Schritte bis zum Seeufer gegangen und blickte zum anderen Strand hinüber, zu den Wiesen und Feldern, die sich vom Rand der Wasserfläche bis zum Horizont erstreckten, und er sah die hellen Tupfer in der Ferne, die zu den Strohhüten der Frauen gehörten. Auf den Wiesen im Lebuser Land begann die Heumahd. Ein Fischreiher stieg aus dem Schilfdickicht am Seeufer auf und glitt im sanften Bogen über das Blau des Himmels.

Mit leisem Bedauern wandte der Kommissar sich ab. Er schaute auf seine schwarzen Langschäfter, die staubig geworden waren vom Marsch auf dem trockenen Waldweg. Nun war er wieder der Chef der Sonderkommission, die einen gefährlichen Serientäter zu suchen hatte. Und heute wollten sie noch nach Batzlow, um den Kraftfahrer zu hören, der den Überfall von Reichenow gemeldet hatte. Paul dachte über die Besonderheit dieser Anzeige nach – zum ersten Mal hatte sich der Räuber ein männliches Opfer ausgesucht. Ein Fakt, der überhaupt nicht ins Gesamtbild paßte.

21

»Tschüß, Mutti!« Margot Bösang angelte ihre Kostümjacke vom Garderobenhaken und ging zur Wohnungstür.

»Du willst nochmal weg?« staunte Frau Martens. »Hast du eine Verabredung, Kind?«

»Allerdings.« Die dunkelblonde Margot lachte spitzbübisch. Sie kannte die Ängste ihrer Mutter, die sie gleich in einem längeren Vortrag vom Stapel lassen würde. »Aber eine dienstliche!«

»Ich weiß nicht, Mädel, seit du bei der Kripo bist, hab ich mehr Sorgen als früher. Wärst du doch bloß bei den Verkehrsreglern geblieben. Da hattest du eine Uniform, ein festes Paar Schuhe, und wenn ich daran denke, daß du dich dauernd mit diesen Sittenstrolchen herumärgern mußt ...«

Margot zog die Wohnungstür hinter sich ins Schloß.

Gerade mal fünfundzwanzig Lenze zählte sie und gehörte doch schon zum Millionenheer der Kriegswitwen in Deutschland. Das mörderische Schlachtengetümmel im Osten hatte ihren Mann verschlungen. Seit dem 1. Mai 1946 arbeitete die junge Frau bei der Polizei in Bernau. Eher zufällig hatte sie in einem Gespräch gehört, daß man bei der Polizei jetzt auch Frauen einstellen würde. Margot hatte ihr letztes Paar Schuhe gemustert, das sie an den Füßen trug. Sie waren reif für den Müll, den sie zum Teil im Ofen verbrannte, das Ersatzleder wie Pappe, von schlechter Qualität, wie das Fleisch, der Kaffee, die Butter und die Kleidung in der auf Ersatzbasis produzierenden deutschen Nachkriegswirtschaft. Entschlossen und ohne Scheu war Margot in die Polizeiwache marschiert. »Stimmt es, daß man bei der Polizei eine höhere Lebensmittelkarte bekommt?« lautete ihre Frage.

Der grauhaarige Wachtmeister nickte verblüfft. »Willste dir bei uns melden, Kleene? Bist in Ordnung.«

Schon wenige Tage später regelte sie den Verkehr vor dem Rathaus in Bernau. Bis einem ihrer Vorgesetzten auffiel, daß Margot für das Reglerpodest ein bißchen zu klein geraten war. Ohne lange Vorrede holte er sie von der Kreuzung herunter und veranlaßte ihre Versetzung zur Gesundheitspolizei. Fortan kontrollierte sie die im Volksmund als »Bäckerbücher« bekannten roten Kontaktkarten der Frauen, die in der HWG-Kartei* erfaßt waren. Sie veranlaßte Vorführungen beim Gesundheitsamt, um mögliche Geschlechtskrankheiten behandeln zu lassen. Die sittliche Verwahrlosung war nach dem Krieg besonders hoch. An Litfaßsäulen und in den Werbeprogrammen der Kinos warnten grellbunte Plakate mit der unheilverkündenden Frage: »Kennt Ihr euch überhaupt?« vor Gonorrhöe und Syphilis. Die Polizeiassistentin Margot Bösang war mit ihrer neuen Tätigkeit zufrieden. Immer wieder landeten andere Fälle auf ihrem Tisch; bald kannte sie sämtliche Prostituierten in Bernau, wußte, welche der Frauen

---

*) HWG – für Personen mit »häufig wechselndem Geschlechtsverkehr«

nach Berlin »anschaffen« fuhr und wer um welche Zeit in dieser oder jener Budike anzutreffen war. Ihr Aufgabengebiet bedingte die Zusammenarbeit mit der Kriminalpolizei. Aus dem kollegialen Umgangston zur Oberassistentin

Kriminaloberassistentin Margot Bösang. Quelle: Archiv des Autors

Wiziak, die in der Bernauer Kriminaldienststelle Sittendelikte bearbeitete, wurde bald eine freundschaftliche Partnerschaft.

Margot Bösang hatte das Gebäude der Kriminaldienststelle erreicht. Sie betrat den Flur. Auf den Bänken, die sonst wartenden Zeugen vorbehalten waren, und in den Büros saßen Männer und Frauen in Zivil, die auf ihre Einsatzbefehle warteten. Margot meldete sich beim Leiter der Dienststelle. Kriminalobersekretär Kaehlke war Ende Dreißig. Der hochgewachsene schlanke Mann, dunkelhaarig und stets gut gekleidet, schaute nur kurz auf. »Ach, die Bösang«, sagte er, zupfte an seinem Schnurrbart und blätterte im Einsatzplan. »AKTION ROLAND! Dein Revier ist die Bernauer Heide. Du weißt ja Bescheid. Der zweite Lockvogel ist eine Kameradin von der Schutzpolizei. Bleibt auf jeden Fall auf der Wandlitzer Chaussee. Die Männer, die euch absichern, liegen schon im Wald.«

Karl Kaehlke war seit einem viertel Jahr ihr Chef. Sein sicheres Auftreten und seine ruhige Art, andere Menschen zu überzeugen, hatten letztendlich zu ihrem Übertritt in die Kriminalpolizei geführt. Als die Kollegin Wiziak aus familiären Gründen die Bernauer Kriminaldienststelle verließ, sollte Margot auf die freigewordene Sachbearbeiterstelle im K 4 rücken. Die aber weigerte sich partout; Tränen flossen, nicht so sehr, weil sie sich vor der Arbeit einer Kriminalangestellten fürchtete, sondern weil sie schlicht und einfach keine Garderobe für die in Zivil arbeitende Kriminalabteilung besaß. Bei der Gesundheitspolizei trug man Uniform. Sie wolle keine Karriere machen, behauptete sie steif und fest und lehnte jedes Versetzungsangebot ab. Erst als Kaehlke mit ihr sprach, gab sie, von seiner Persönlichkeit beeindruckt, nach. Ein paar Wochen später hatte sie sich eingearbeitet, war zur Kriminaloberassistentin befördert worden und konnte nur noch über ihre Bedenken lächeln.

Auf dem Flur fand Margot ihre Partnerin. Die einundzwanzigjährige Schutzpolizistin – nicht verheiratet, nicht geschieden, nur verlobt, wie sie ausdrücklich betonte – hatte sich ein bißchen auf Krawall zurecht gemacht. Sie trug einen weißen Pullover, der ihre Rundungen betonte, dazu einen kurzen Rock, und schlenkerte mit ihrer Damenhandtasche.

»Mein Gott«, kicherte Margot, »du könntest Männer verführen!«

Der Fahrer der Kriminaldienststelle setzte die Frauen an der Autobahnbrücke ab. Vor ihnen lag die Wandlitzer Chaussee, die acht Kilometer durch die Bernauer Heide führte. Das erste Stück liefen sie gemeinsam. Auf halbem Wege, zwischen den Gaststätten »Waldkater« und »Anglersruh«, die vorwiegend von Männern frequentiert wurden, trennten sie sich, um jede auf sich allein gestellt, ihrem Lockvogelauftrag nachzugehen.

»Hast du eigentlich Angst?« fragte Margot Bösang, bevor sie losmarschierte. Obwohl es bereits ihr dritter »ROLAND«-Einsatz war, konnte sie sich eines unbehaglichen Gefühls nicht ganz erwehren. Im Gegensatz zu den Männern, die am Waldrand lauerten und ihnen im Ernstfall zu Hilfe kommen sollten, trugen die Frauen keine Pistolen.

»Das Schwein soll nur kommen«, sagte die andere entschlossen. »Ich hab mir 'n Tütchen Pfeffer eingesteckt. Den kriegt er ins Gesicht, wenn er mich angrapscht!«

Auf der Straße blieb es einsam. Nur einmal ratterte ein LKW mit Soldaten der Roten Armee vorüber. Die Muschiks sangen, es war ein Lied, aus dem die Sehnsucht nach ihrer fernen Heimat sprach. Welch friedlicher Eindruck, aber Margot kannte auch eine gute Handvoll Frauen, die nicht darüber sprechen konnten, daß sie von einem Russen belästigt oder vergewaltigt worden waren. Sie stellte sich die Frage, was sie in solcher Lage getan hätte? Wäre sie zum Arzt gegangen, um ihr Unglück zu beichten? War die ärztliche Untersuchung schon peinlich genug, so sollte sich die betroffene Frau zudem noch eine Bescheinigung ausstellen lassen, auf der Tag, Zeit und Inhalt der Mitteilung an den Doktor sowie der von ihm erhobene Befund vermerkt waren.

Bei der nächsten Begegnung fragte sie ihre jüngere Kollegin. »Quatsch«, entgegnete die burschikos. »Ich würde in dem Schlamassel auch nicht die Wahrheit sagen. Ich hätte behauptet, daß es ein Deutscher war, vielleicht sogar der Kimmritz.«

Das gebar die Überlegung, wie viele der Überfälle, die man Kimmritz zuschrieb, in Wirklichkeit nur vorgetäuscht sein mochten, um die Unterbrechung einer ungewollten Schwangerschaft zu erzwingen. »Die Erfahrung lehrt, daß alles schnell Schule macht«, schloß die andere etwas altklug den Gedankenaustausch ab.

Margot wanderte ihren Streckenabschnitt zurück, und sie gestand sich ein, daß sie im Herzen Verständnis für die Frauen hegte, die in ihrer Not versuchten, nach einem Strohhalm zu greifen.

In langen Schatten kroch die Dämmerung aus dem Wald. Buschgruppen und einzelne Bäume verwandelten sich in bedrohliche Gestalten, die auf sie lauerten, um jeden Moment über sie herzufallen. Ihr Einsatz als Lockvogel freute sie plötzlich nicht mehr. In ihrer Beklommenheit wünschte sie sich, Kaehlke hätte sie für die Observation der Fahrradaufbewahrung am Bahnhof Bernau eingeteilt. Die Oberassistentin Bösang wich zur Straßenmitte aus und erschrak. Von der Einmündung eines Waldweges bewegte sich ein Radfahrer auf sie zu. Sie griff nach ihrer Handtasche, um sie notfalls als Schild hochzureißen.

Der Radfahrer lachte verhalten. »Hast du etwa Angst vor mir, Margot?«

Gott sei dank – Entwarnung! Die Stimme kannte sie. Sie gehörte einem Kollegen, der für ihre Rückendeckung sorgte. »Du hast mir vielleicht einen Schreck eingejagt«, bekannte sie erleichtert.

»Entschuldige, war keine Absicht.« Er deutete auf die Uhr. »Wir machen Schluß für heute. Wenn du willst, nehme ich dich auf dem Rad mit.«

22

Der 6. Juni 1948 war ein Sonntag. Am Nachmittag entlud sich ein Gewitterschauer über den Dächern von Eberswalde, die schwülwarme Wetterfront blieb. Kommissar Paul litt unter Durst. »Was ist, Kollege Minnack, gehen wir auf ein Bier? Ich spendier uns ein Glas.« Minnack nickte bereitwillig, nahm die Windjacke vom Haken und folgte dem Kommissar.

Sie verließen das Polizeigebäude in der Rudolf-Breitscheid-Straße 36, schlenderten die Eisenbahnstraße hinunter, bis sie im Bahnhofsviertel auf ein Lokal stießen, das wohl noch aus der Zeit der letzten Rollwagenkutscher stammte; unter dem Namen der Restauration, der in Reliefschrift an der roten Backsteinfassade über den breiten, bogenförmig geschnittenen Fenstern zu lesen war, prangte in Halbrelief »Ausspannung – Fourage – Logis«. Seit Jahrhunderten kreuzten sich die Handelsstraßen Berlin–Stettin und von Hamburg nach Breslau in Eberswalde.

Paul und Minnack betraten die Gaststube. Lebhaftes Stimmengewirr schlug ihnen entgegen, Gesprächsfetzen, ab und an ein lautes Lachen. Sie nickten einen Gruß zur Theke hinüber und sahen sich in dem von Tabaksqualm verdusterten Raum um. Der hemdsärmelige Wirt musterte die neuen Gäste. Er rollte seinen Zigarrenstumpen zwischen den Lippen und wies mit einer stummen Kopfbewegung auf die letzten freien Plätze an einem Sechsertisch.

Dort wurde Skat gespielt. Paul und Minnack klopften zum Gruß auf die Eichenholzplatte. Das Gespräch der Männer verstummte, als die Fremden sich niederließen. Nach einiger Zeit – Paul und Minnack hatten ihre Gläser mit dem dünnen dreiprozentigen Gerstensaft gehoben und den Spielern zugeprostet – flackerte die Unterhaltung wieder auf. Ein Biertischgespräch unter Männern, eingestreut zwischen Mischen der abgewetzten Blätter, Spielansage und Abwerfen der Karten. Hitlers Leibarzt Karl Brandt, der vor vier Tagen in Landsberg gehenkt worden war, kam ebenso darin vor, wie Marschall Sokolowskis offizielle Erklärung, die Sowjetische Zone werde nicht vom übrigen deutschen Staatsgebiet losgelöst, um sie – wie der Rundfunksender RIAS orakelte – als 17. Sowjetrepublik der UdSSR anzugliedern.

»Sagt, was ihr wollt, ich trau den Russen nicht übern Weg«, äußerte ein stiernackiger Bursche im gestreiften Fleischerhemd. »Ich sage an: Achtzehn – zwanzig – zwei – vier ...« Und wieder flogen die Karten.

Paul bestellte eine zweite Runde Bier. Während sie tranken, ging das Spiel zu Ende.

»Mein Schwager, der bei der Polizei ist, hat neulich beim Geburtstag erzählt, daß sie jetzt Jagd auf einen Frauenvergewaltiger machen. Muß 'ne ziemlich schwere Sache sein.«

»In der Zeitung steht aber nischt«, grinste der Stiernackige.

»Vielleicht woll'n Sie 'n auch gar nicht kriegen«, vermutete der Dritte am Tisch. Der schmächtige Bursche steckte in einer umgeschneiderten Panzerfahrerkluft.

»Warum?«

»Weil's 'n Russe sein könnte.«

»Nee, ich sag euch, das muß ein Deutscher sein.«

Paul und Minnack markierten Desinteresse, obwohl es sie vor lauter Spannung kaum noch auf dem Stühlen hielt.

»Erinnert ihr euch an das Bralitzer Volksfest vom vergangenen Jahr? Da wurde 'ne Frau überfallen. Die hat's in Eberswalde der Polizei gemeldet, hat ihnen auch gesagt, wo sie suchen müssen. Wißt ihr, was die Polente unternommen hat?« Er schnippte mit dem Finger. »Nicht soviel!«

»Woher weißt'n das?« fragte der Schmächtige.

»Hat meine Frau vom Schlächter mitgebracht. Die Kunden haben sich's erzählt. Beim Anstehen.«

»Vielleicht war's einer von den Polypen selber?«

»Soll mich auch nicht kratzen«, brummte der Stiernackige. »Wer gibt Karten?«

Paul und Minnack tranken noch ein drittes Bier. Dann zahlten sie und verließen die Gaststätte.

»Etwas ähnliches habe ich doch erst neulich von Ihnen gehört«, konstatierte der Obersekretär.

Paul sagte: »Wann dieses Fest in Bralitz stattfand, läßt sich bestimmt feststellen. Klemmen Sie sich dahinter, Minnack, gleich morgen früh. Und danach kontollieren Sie im Schupo-Revier die Eintragungen im Tätigkeitsbuch.«

Am Montag ging dann alles ziemlich schnell. Schon um neun Uhr kam der Kriminalobersekretär mit der Nachricht zurück, daß im Juli 1947 eine Frau Rosemarie Henze auf der Eberswalder Polizeiwache vorstellig geworden war, und zwar in der Absicht, eine Vergewaltigung anzuzeigen.

»Und?«

»Der Diensthabende hat ihr nicht geglaubt, die Frau stand unter Strom, behauptet er. Sie hatte mächtig einen getütert, und – das war vielleicht der Hauptgrund – bei der Henze handelt es sich um eine stadtbekannte HWG-Person.«

»Nebbich«, murrte der Kommissar. »Auf jeden Fall sehen wir uns die ›stadtbekannte Person‹ jetzt mal aus der Nähe an. Haben Sie die Adresse?«

Rosemarie Henze, die »schöne Rosi«, wohnte in der Altstadt. Ein dreistöckiges Bürgerhaus, muffig, die Wände im Treppenhaus voller Risse und an der Decke Schimmelflecke. Sie klopften im Dachgeschoß an die einzige Tür.

»Immer herein!«

Die »schöne Rosi«, drall, mittelblond und nicht gerade häßlich, bewohnte ein Einzelzimmer. Sie hockte auf dem verbeulten Sofa in der Nähe des Fensters und bemühte sich um ein Loch in ihrem Seidenstrumpf.

»Ach, du lieber Himmel, wer seid Ihr denn?« staunte sie. »Ich freß 'n Besen, wenn Ihr nicht von der Plempe seid. Zeigt mal eure Blechmarken, Jungens!« Wohl oder übel taten sie ihr den Gefallen. »Und was verschafft mir die Ehre?« Rosi schlug die Beine übereinander, verzog den hübschen Mund zu einem ironischen Lächeln.

»Jetzt halten Sie endlich die Luft an!« polterte der Kommissar gereizt. Er plumpste auf den einzigen freien Stuhl im Raum und atmete schwer. Auf dem Tisch standen die Reste eines verspäteten Frühstücks. Im Aschenbecher qualmte ein Glimmstengel vor sich hin. Eine amerikanische »Camel«, wie Minnack, der an der Tür stehengeblieben war, mit Kennerblick registrierte.

Paul sagte: »Sie waren im letzten Jahr auf dem Volksfest in Bralitz?«

»Ist ja wohl nicht verboten«, entgegnete sie spitz.

»Jemand soll Sie nach dem Fest vergewaltigt haben. Die Sache interessiert uns.«

»Oh, wie unanständig!« Rosi stand auf, nahm die Zigarette aus dem Ascher und tat einen langen Zug. »Erst haben mich eure Leute rausgeschmissen, weil ich 'ne Anzeige machen wollte, und jetzt rennt ihr mir die Bude ein. Na, wie find ich denn das?«

»Hören Sie, die Sache ist uns sehr ernst«, erklärte Minnack. »Wir verstehen Ihren Ärger. Die Kollegen haben leichtfertig gehandelt. Bei dem Lebenswandel, den Sie führen, aber auch zu verstehen.«

»Versuchen Sie bloß nicht, Moral zu predigen!« fauchte sie zurück. »Mein Scheißleben geht nur mich etwas an.«

»Mag sein. Aber da draußen läuft so ein Lump durch die Gegend, der Frauen überfällt, sie ausraubt und vergewaltigt, und das geht jeden anständigen Menschen etwas an! Sie könnten uns wahrscheinlich helfen, Fräulein Henze!«

»Ich habe keine Angst vor Männern«, sagte sie nachdenklich, »aber der war wirklich ein brutales Schwein! Ich hasse den Kerl!«

»Erzählen Sie, was Ihnen passiert ist!«

Frau Rosemarie Henze, so schrieb Minnack später ins Protokoll, hat am Tattag das Volksfest in Bralitz besucht. Auf der Festwiese wurde sie von einem Mann angesprochen, der sie ins Bierzelt einlud. Dort spendierte er eine Runde Likör nach der anderen, offenbar in der Absicht, die Frau betrunken zu machen. Gegen 23.00 Uhr lockte er die Henze vom Festplatz weg und fiel mit brachialer Gewalt über sie her, um sie mehrfach zu vergewaltigen. Durch Faustschläge auf den Kopf erzwang er den Mundverkehr, wobei er unablässig die gemeinsten Schimpfworte von sich gab. Nach Frau Henzes Beschreibung war der Mann etwa fünfzig Jahre alt, eher klein und sehr stämmig. Seine linke Schulter hing etwas herab. Stechende Augen. Bekleidet war er mit einem braunen Jägerhut, abgetragenem Sommerjackett und einer dunklen Hose. Frau Henze erinnerte sich, daß er ein Fahrrad am Festplatz abgestellt hatte, und daß sie im Bierzelt Leuten aus Schiffmühle begegnet war, von denen sie den Eindruck gewann, daß sie ihren Begleiter wahrscheinlich kannten. Sie rissen Witze über ihn.

Die beiden Sonderermittler einigten sich rasch: Diese Spur war nicht nur heiß, sie brannte lichterloh. Vom Jagdfieber gepackt fuhren sie spornstreichs nach Schiffmühle. Das langgezogene Straßendorf lag am Flußbett der Alten Oder, etwa fünf Kilometer nordöstlich von Bad Freienwalde entfernt. Eine Milchbank stand vor dem ebenerdigen Klinkerbau, der dem Bürgermeister als Amtssitz diente. Neben der Eingangstür das schwarze Aushangbrett mit einem Plakat, das zur Bekämpfung des Kartoffelkäfers aufrief. Darunter die Mitteilung des Bürgermeisters, jeder Haushalt habe eine Person zu stellen, die beim Absammeln der Larven und Käfer von den Kartoffelstauden mittun müsse.

Das Büro war spartanisch eingerichtet. Schäbige Regale, ein Rollschrank und ein protziger Schreibtisch, nachgemachte Renaissance. An der Wand das unvermeidliche Stalinporträt und ein Bild des Brandenburgischen Ministerpräsidenten, Dr. Karl Steinhoff. Ein ältliches Fräulein, grauhaarig und dünn, blickte hinter der Schreibmaschine auf.

»Der Bürgermeister ist nicht da«, trompetete sie.

»Stört ganz und gar nicht«, erklärte Paul. »Uns genügt Ihre Hilfe.« Er begann den Mann zu beschreiben, den sie unbedingt sprechen wollten.

»Und er soll hier in Schiffmühle wohnen?«

»Wir nehmen es an.«

»Naja, so richtig sicher bin ich mir nicht, aber der Beschreibung nach könnte es sich um unseren Nachtwächter handeln, den Hans Hörick.«

»Nachtwächter?« echote Minnack. »Gehört der zur Selbstschutzgruppe?«

»Freilich. Hörick teilt unsere Leute zur Flurstreife ein, gegen Felddiebe und so.«

Sie holen den Nachtwächter aus dem Bett. Während der zu Fettleibigkeit neigende Bursche sich ächzend und schnaufend aus den Federn wälzte, und nach Hemd und Hose angelte, musterte Heinz Paul die armselige Einrichtung der Junggesellenbude. Hörick, der den angewiderten Blick des Kommissars bemerkte, reagierte mürrisch: »Ist halt so, wenn man allein lebt. Bin in Breslau aufgewachsen, hab seit der Flucht keine Familie. Komm aber trotzdem zurecht.« Sein graues, gekräuseltes Haar lag wie ein Heiligenschein um den kahlen Hinterkopf. Was denn eigentlich los sei, wollte er dann wissen. Der Kommissar bedeutete, daß sie ein paar Fragen mit ihm zu klären hätten, nein, nicht hier in Schiffmühle, er müsse sie schon nach Eberswalde begleiten. Zunächst aber wollten sie sein Fahrrad sehen. Im Schuppen stand ein dunkles Herrenrad, ziemlich verdreckt, mit Vollballonreifen. Minnack kniete nieder und musterte das Profil. Ein unmerkliches Nicken verständigte den Kommissar.

Hörick ergab sich in sein Schicksal. Er zog seine Jacke an und stülpte den speckigen Jägerhut über den Schädel. »Habt ihr mal 'ne Zigarette?« fragte er, während ihn die Männer zur Limousine führten.

Im Polizeigebäude in Eberswalde schob man ihm einen Stuhl hin. Hörick nahm Platz, scheinbar ohne besondere Neugier, doch im Innern war er stark beunruhigt, wie das gelegentliche Zucken seiner Wangenmuskeln verriet. Hörick versuchte es zu verbergen, indem er das Gesicht auf die rechte Handfläche stützte.

Obersekretär Minnack, der das Verhör übernahm, ließ das Bralitzer Volksfest zunächst unerwähnt. Was der Herr Hörick denn in den Nachtstunden so alles mache, wollte er von ihm wissen.

»Zur Nachtzeit? Na, Sie wissen doch, daß ich als Nachtwächter angestellt bin. Da muß ich viel unterwegs sein.«

»Und wo überall?«

»In ganz Schiffmühle. Auf der Dorfstraße, an der Kirche,

im Gemeindeamt und auch bei den Deichen an der Alten Oder.«

»Mit Ihrem Fahrrad?«

»Wissen Sie doch. Ich bin eben ein ›reitender‹ Wächter.« Er lachte breit. Minnack fiel der stechende Blick auf.

»Sie sind aber auch außerhalb mit Ihrem Fahrrad gesehen worden!«

»Außerhalb?«

»Ja. Sie fahren viel umher. In andere Dörfer, durch die Wälder!«

»Ich weiß nicht, warum das für Sie wichtig ist?«

Minnack krauste unwillig die Stirn. »Sind Sie nun, ja oder nein?«

»Sagen Sie mir doch endlich, was Sie von mir wollen?« begehrte der Nachtwächter auf.

»Ich will, daß Sie meine Fragen beantworten!«

Hörick lenkte ein. »Na gut. Es kommt schon mal vor, daß ich ein Stück fahre. Wozu hat man denn ein Rad?«

»Sehen Sie, es geht doch«, nickte Minnack. »Nun sagen Sie mir bitte auch, welche Gegend von Ihnen bevorzugt wird?«

»Wozu? Was soll das?«

»Herr Hörick!« Der Kriminalobersekretär klopfte energisch auf den Tisch. »Sie wurden im Schönholzer Forst gesehen, am Liebenberger See, im Gamengrund und auch am Tobbenberg!«

Höricks Blick rutschte zur Seite.

»Ich höre nichts!« stieß Minnack mit deutlicher Schärfe nach.

»Also gut ... ich war dort.«

»Nur an bestimmten Tagen?«

»Nein. Wieso?«

»Was suchten Sie überhaupt in der Gegend?«

Der Nachtwächter geriet ins Schwitzen. Winzige Schweißperlen bedeckten seine fliehende Stirn. Die nächste Frage traf ihn noch ärger. »Sie sind vorbestraft, Hörick?«

Minnack gründelte im Trüben. Ein Strafregisterauszug aus

der Breslauer Gerichtsbarkeit lag ihm nicht vor. Aber das mußte er dem Nachtwächter ja nicht unbedingt auf die Nase binden.

»Wegen Diebstahl und ... und wegen Mißbrauch einer Minderjährigen«, räumte Hörick nach langem Zögern ein.

Der Obersekretär nickte, als habe er das längst gewußt. »Und Ihr Verhältnis zu Frauen heute?«

»Naja, ab und zu ist man schon mit einer zusammen.« Ein schiefes Lachen.

Minnack stieß den rechten Zeigefinger über den Tisch. »So wie im Juli des vergangenen Jahres, als Sie auf dem Volksfest in Bralitz eine junge Frau vergewaltigt haben!«

Höricks Kopf schnellte zurück. Dunkelrot im Gesicht krächzte er: »Nein ... nein, das hab ...«

Minnack ging zur Tür. Er drückte die Klinke herunter und winkte Rosemarie Henze über die Schwelle, die seit einer halben Stunde auf ihren Auftritt wartete. »Das ist das Schwein!« sagte sie. »Der Mann hat mich vergewaltigt!«

Der Nachtwächter atmete laut und stoßartig. Er stierte auf die junge Frau, dann in Minnacks Gesicht und wieder zurück auf die Henze.

»Wollen Sie immer noch leugnen?«

Der Mann auf dem Stuhl schüttelte den Kopf. »Ich geb's zu«, sagte er leise, »aber schicken Sie erst die Frau raus!«

Minnack schloß die Tür hinter der Zeugin. Er nahm seinen Platz am Schreibtisch wieder ein und begann weitere Fragen zu stellen, den Tatort und diverse Details des Verbrechens betreffend, die nur dem Täter und der Geschädigten Henze geläufig sein konnten.

Minnack schaltete das Deckenlicht ein. »Und nun«, meinte er gemütlich, »reden wir über die Sache vom vergangenen Montag. Da waren Sie am Liebenberger See.«

Hans Hörick, obwohl angeschlagen, wollte erneut auffahren, aber der Obersekretär erstickte den Protest schon im Ansatz. »Moment, Hörick, sagen Sie jetzt nichts. Bevor Sie antworten, sehen Sie sich diese Skizze an.« Er reichte ihm das Blatt mit dem aufgezeichneten Reifenprofil und klärte ihn über den Zusammenhang zwischen der bei Kienberg gesicherten Spur und dem Fahrrad des Nachtwächters auf. Dann ließ er den Mann schmoren.

Hörick sah sich vor eine verzwickte Entscheidung gestellt. Für ihn stand viel auf dem Spiel. Verlegte er sich weiterhin aufs Leugnen, dann konnten sie ihm die Tat auch im Rahmen einer Gegenüberstellung nachweisen, gab er den Überfall aber sang- und klanglos zu, dann würden sie keine Ruhe geben, würden ewig weiterbohren, und davor hatte er Angst. Der Nachtwächter schielte zu Minnack hinüber, der gelassen hinter dem Schreibtisch thronte, und die Reihen seiner Zahnkronen mit einem Bleistift abklopfte.

»Na, was ist? Haben Sie es sich überlegt?«

»Da bleibt mir wohl nichts weiter übrig«, mümmelte Hörick ergeben, wie jemand, der nach reiflicher Überlegung zu dem Entschluß gelangt ist, seine Karten offenzulegen. Mit dürren Worten schilderte er dann den Überfall. Eigentlich wollte er nur den Sexualverkehr mit der Frau, aber als die ihm den Fisch ins Gesicht klatschte, hatte er ihr den Ring vom Finger gerissen. »Gewissermaßen als Rache, Herr Kriminal.«

»Wo haben Sie den Ring?«

Die Frage nach dem Versteck barg höchste Brisanz für Hörick. »Ich glaube, ich habe ihn verschenkt«, mauerte er deshalb.

»An wen, das wissen Sie natürlich nicht«, spottete Minnack. »Auch gut, Hörick. Ich schenke Ihnen die Antwort bis morgen.« Es ging auf Mitternacht und der Obersekretär fühlte sich ausgelaugt und ziemlich am Ende seiner Substanz. »Morgen früh lasse ich zuerst Ihre Bude umkrempeln, dann unterhalten wir uns weiter!«

Als Paul und Minnack ihn am Mittwoch gegen elf Uhr erneut in die Mangel nahmen, verlor Hörick sehr schnell den letzten Rest von Selbstsicherheit. Sie legten ihm eine Handvoll Ringe auf den Tisch. Die Durchsucher hatten sie in einem Schornsteinversteck auf dem Dachboden des alten Hauses gefunden.

»Hübscher Goldschatz, den Sie sich angelegt haben«, erklärte der Kommissar sarkastisch.

Und Minnack, inzwischen ausgeruht und von neuerlichem Tatendrang beseelt, ergänzte: »Hier sind übrigens die Akten, die zu den Ringen gehören. Jede Akte ein Überfall und in den meisten Fällen auch eine Vergewaltigung. Ich denke, Sie haben uns viel zu erzählen.«

Hörick hatte in der Tat das Spiel gründlich verloren, und weil er das wußte, rückte er endlich mit der Wahrheit heraus, rückhaltlos. Die Kriminalisten waren dennoch überrascht, als er ihnen fast dreißig Fälle schilderte, von denen die meisten sich bereits 1947 zugetragen hatten. Er gab den Überfall vom 18. August zwischen Schönholz und Grüntal zu, nannte den 8. September bei Neugersdorf, und erwähnte weitere Tatzeiten und Tatorte, zu denen es nicht einmal Anzeigen oder einfache Meldungen in den Akten der Polizei gab.

Ingrid Palotta wurde aus Bad Freienwalde herbeigeholt. Als sie vor Hörick stand, schüttelte die Zeugin ratlos den Kopf. »Den kenne ich nicht«, erklärte sie fest. Bevor sie jedoch das Zimmer verließ, blieb sie vor einem Kimmritz-Foto stehen, das Minnack als Fahndungshilfe an die Schranktür gezweckt hatte. »Der da!« rief sie. »Ja, ich bin absolut sicher, der war's!«

Noch in den Abendstunden erließ der Untersuchungsrichter Brassel beim Landgericht in Eberswalde einen Haftbefehl gegen den Mann aus Schiffmühle. Die Mitarbeiter der »Sonderkommission ROLAND« gerieten in eine Hochstimmung. Die legte sich bald, als sie die Liste der aufgeklärten Straftaten mit dem Berg ungeklärter Überfälle und Vergewaltigungen verglichen. Sie hatten einen beachtlichen Teilerfolg erzielt – die »AKTION ROLAND« lief weiter!

23

Zerpenschleuse liegt, wie ein alter Reiseführer besagt, am südlichen Eingang zur idyllischen Landschaft der Schorfheide. Seinen Namen verdankt der Ort einem alten Schleusenbauwerk, das zu Beginn des 17. Jahrhunderts beim Bau des ersten Finow-Kanals errichtet worden war, um die durch Berlin fließende Havel mit dem mächtigen Oderstrom zu verbinden.

Völlig unberührt von den Geschehnissen in Eberswalde nahm Günter Rückheim seine Fahndungsaufgaben in Zerpenschleuse wahr. Der Stützpunkt der Wasserschutzpolizei hatte sein Domizil in einer grauen Holzbaracke, unweit der Stelle, wo Oder-Havel- und Finowkanal einander kreuzen. Es war gegen Mittag. Der Kriminalassistent stand am Bollwerk in Erwartung eines Schiffsverbandes, der auf dem Kanal in Richtung Berlin fuhr. Bis Kreuzbruch waren Einwegfahrten vorgeschrieben, so daß der Schiffsverkehr alle sechs Stunden die freigegebene Richtung wechselte. Ein Umstand, der einer polizeilichen Überwachung des Fahrzeugverkehrs durchaus entgegenkam. Das faulig riechende Wasser gluckste an der Spundwand, es bildete dunkle, geschwätzige Strudel, trug die abgerissenen Schilfbüschel und das vorjährige Laub in kleinen schwimmenden Inseln davon.

Der Oder-Havel-Kanal. Auch Großer Schiffahrtsweg genannt, repetierte Rückheim heimatkundliches Wissen aus der Schulzeit. 1914, nach zehnjähriger Bauzeit, unter dem bezeichnenden Namen »Hohenzollern-Kanal« in Betrieb genommen. Gesamtlänge 64,4 Kilometer, 33 Meter breit und 3 Meter tief. Bekanntestes Bauwerk: das 1934 eröffnete Schiffshebewerk bei Niederfinow.

Die Sonne ließ die hölzernen Bohlen am Landesteg knarren, das flache Streifenboot des WS-Postens dümpelte an seiner Vertäuung. Rückheim hob das Glas an die Augen. Weiter entfernt, noch hinter der Kanalbiegung, rollten die dumpfen Töne eines Schleppersignals heran. Der Bootsführer und sein Rudergänger traten aus der Wachbaracke.

»Auf geht's! Leinen los!«

Zu dritt sprangen sie in das Boot, legten ab und nahmen Kurs stromab, oder auch »talwärts«, wie der Fachbegriff in der Binnenschiffahrt lautete. Soviel Sprachkenntnis hatten die »Lords« vom Wasserschutz Rückheim inzwischen beigebracht.

Um die Konvois während der Polizeikontrollen nicht zum Stoppen zu zwingen, fuhren die Streifenboote den Schleppzügen entgegen. So ersparten sich die Polizisten den gröbsten Ärger. Jede Stunde Liegezeit fraß am Verdienst der Partikuliere und der Kahnschiffer.

Die träge Eisenkarawane kam in Sicht. »MS Blankenheim«, entzifferte Rückheim am Bug des Schleppers. Dahinter lagen die Kähne, aufgereiht wie Perlen an einer Schnur, furchten sie in gerader Linie das dunkle Wasser. Auf den Kähnen bewegte sich nichts. Nur der Schaum am Vordersteven brodelte und die Wäsche flatterte auf den Leinen. Die Rudergänger saßen still an den blank gegriffenen, hölzernen Steuerrädern, hielten Kurs am Tau. Der Schleppzug kroch der »MS Blankenstein« nach wie eine schwarze Schlange.

Das WS-Boot schwoite herum. Sie umfuhren den Konvoi. Wieder in Höhe des Schleppers angelangt, nahm der Bootsführer die Flüstertüte. »Polizeikontrolle!« rief er. »Wir kommen an Bord!«

Kapitän Scheidel, der jeden Stromkilometer auf dem Kanal und jede Niete am Eisenrumpf seines Schiffes kannte, beobachtete mißvergnügt das Manöver. Das Polizeiboot kam längsseits, Millimeterarbeit für den Rudergast, bis der Bootsführer und Günter Rückheim den Schlepper entern konnten. Sie stiegen zur Brücke auf, wo Scheidel die Ankömmlinge, eine Hand am Steuerrad, die andere am Maschinentelegrafen, mit den Worten »Dampfer klar und Kähne flott!« empfing, um danach in eine Schimpfkannonade auszubrechen, die seinem Ärger Luft verschaffte. »Dreimal Schockschwerenot und Klabautermann! Wollt ihr uns schikanieren? Stromauf, stromab, eure verdammten Kontrollen. Was sucht ihr bloß?«

Wasserschutzpolizei an Bord. Quelle: Polizeihistorische Sammlung

Rückheim hielt ihm das Fahndungsfoto unter die Nase. »Diesen Mann!«

»Nie gesehen! Der is' nich an Bord!«

»Sie erlauben, daß wir uns überzeugen.«

Sie kontrollierten die Papiere der beiden Decksleute. Kapitän Scheidel hatte sie in Oderberg aushilfsweise angeheuert, weil die Stammbesatzung nicht rechtzeitig vom Hochzeitsurlaub zurückgekehrt war. Das erklärte seinen Unmut. Rückheim warf einen Blick in den Maschinenraum, wo der Maschinist mit einer Ölkanne am schweren Dieselmotor hantierte. Die Pleuel wuchten und dröhnten. Durch die offene Greting fiel Sonnenlicht in den überhitzten Raum. Das verschmierte Gesicht, das ihm fröhlich entgegengrinste, kannte Rückheim schon von früheren Kontrollen. Ein Rundgang durch die engen Kabinen und die Überprüfung des Frachtraumes – die Ladepapiere waren in Ordnung – schlossen die Polizeiaktion ab; keine viertel Stunde hatte sie gedauert.

Rückheim und der Wasserschutzpolizist gingen von Bord. Kapitän Scheidel sandte ihnen einen kräftigen Fluch nach;

obwohl jeder wußte, daß die Polizei auf dem Strom unumgänglich war, liebte man sie nicht, und noch viel weniger ihre wachsamen Augen.

Die Kontrolle der vier Frachtkähne nahm eine weitere dreiviertel Stunde in Anspruch. Die Ladungen bestanden vorwiegend aus Schrott für das Stahlwerk in Brandenburg und aus Ziegelsteinen, Kalk und Zement mit der Adresse des Osthafens Berlin. Es gab nichts zu beanstanden, Frachtpapiere sowie die Ausweise der Besatzungen waren in Ordnung.

Wieder im Boot blickte Rückheim dem Schleppzug nach, dem dünnen Rauch, der aus dem schwarzen Schornstein des Schleppers quoll, hörte das endlose Wuchten der Maschine leiser werden und hatte das schwache Tosen des Schraubenwassers noch immer im Ohr, obwohl es längst keiner mehr hören konnte.

»Zurück zum Stützpunkt!« befahl der Bootsführer seinem Rudergast.

24

Kriminaloberassistent Laubach war mit dem Zug nach Bad Freienwalde gekommen. Mit einem Rucksack auf dem Rücken unterschied er sich in nichts von anderen Reisenden, die am Samstagnachmittag unterwegs waren, um Lebensmittel zu organisieren. Der junge Mann marschierte die Bahnhofstraße hinauf, überquerte die Stadtbrücke und bog am Rathaus nach links in die Wriezener Straße ein, von der – so hatten es ihm die Kollegen der Kriminaldienststelle Bad Freienwalde am Telefon erklärt – die Hagenstraße abzweigte.

Vor dem Haus mit der Nummer 15 spielte eine Schar Kinder. Laubach kannte das Spiel. Er hatte es als Kind selbst gespielt. Mal mit dem rechten Fuß, dann mit dem linken und zuletzt mit beiden Beinen hüpften sie über eine Kreidezeichnung, die kreuzförmig auf das Pflaster gestrichelt war. Laubach wandte sich an ein aufgewecktes Bürschchen.

»Weißt du, ob die Frau Kimmritz zu Hause ist? Die wohnt doch hier in dem Haus?«

Die Kinder unterbrachen ihr Spiel. »Meinen Sie die olle Berta? Freilich wohnt die hier.«

»Geh mal hinein und sag Frau Kimmritz, daß ich sie gern sprechen würde.«

»Sind Sie 'n Heimkehrer?«

»So was ähnliches.«

»Dann haben Sie bestimmt Zigaretten, oder wenigstens Machorka?«

Laubach drohte ihm lachend mit dem Finger. »Was willst denn du mit Tabak?«

»Na, tauschen.« Der Junge stieß die Haustür auf. Laubach folgte langsam, während sein Bote bereits die Treppe zum Obergeschoß hinaufpolterte. Laubach hörte eine Altfrauenstimme lamentieren: »Geht denn das schon wieder los? Soll man den gar nicht zur Ruhe kommen? Ach, meine Nerven, ich werd noch verrückt.«

»Die ist krank und schimpft«, flüsterte der Kleine, als Laubach das Ende der Stiege erreicht hatte. Der Oberasstistent nickte dankend und ging zur Tür. Eine Greisin stand dort, die Hände gegen den Rahmen gestützt: »Wollen Sie bei mir schnüffeln?« knurrte sie gereizt. »Die Arbeit können Sie sich sparen. Hier ist keiner.«

Laubach legte heimlich die Finger an die Lippen. »Nicht so laut«, bat er. »Muß nicht jeder wissen, daß Sie Besuch haben.«

Sie trat einen Schritt von der Schwelle zurück, blickte finster von unten herauf und fragte, noch immer voller Biß: »Sie sind nicht von der Polizei?«

»Sehe ich so aus?« Laubach nahm den Rucksack von der Schulter. »Ich bin Albert«, sagte er.

»Albert? Kenn ich nicht.« Sie schlurfte zum Küchentisch zurück.

Laubach beobachtete die ausgezehrte, gebeugte Gestalt, die gichtknotigen Hände. Das Leben hat der siebenundsechzigjährigen Frau kein leichtes Los beschert, dachte er, und ein Anflug von Scham keimte in ihm auf, weil er hier war, um sie aus dienstlichen Gründen hinters Licht zu führen. »Na, der Albert aus Brandenburg. Willi muß doch von mir erzählt haben«, ereiferte er sich. »Wir lagen in einer Zelle.«

»Dann sind Sie 'n Bekannter von Willi?«

»Neunzehnhundertfünfundvierzig haben wir uns aus den Augen verloren. Willi sagte, wenn ich mal ins Oderbruch komme, dann soll ich ihn unbedingt besuchen. Und jetzt bin ich da!«

Ächzend hockte sie sich auf dem Stuhl zurecht, strich das strähnige Haar aus ihrem Gesicht und begann zu jammern: »Sie sehen ja, wie mir's geht. Krank und elend bin ich, aber keiner kümmert sich um einen. Hab vierzehn Kinder zur Welt gebracht, Herr. Hab mich abgerackert und krumm gearbeitet für die Bälger. Und was mein Alter war, der Emil, der hat sich nicht für die Kinder interessiert, hat bloß das Geld in der Kneipe verjuxt.«

»Hilft Ihnen der Willi nicht?«

Sie winkte verächtlich ab. »Willin hab ich ewig nicht mehr gesehen.«

»Früher, als wir noch in Brandenburg saßen, da wollte er, wenn wir erst frei sind, mit dem Fahrrad durch die Lande ziehen. Albert, hat er zu mir gesagt, mit dem Rad unterwegs, ist das schönste Gefühl. Da bist du frei und ungebunden. – Wann war er denn das letzte Mal hier?«

Laubach fing einen listigen Blick aus wäßrigen Greisinnenaugen auf. Hatte er sich zu weit vorgewagt? Mißtraute sie ihm?

»Sechsundvierzig kam er mal auf zwei oder drei Tage zu Besuch. Brachte eine Braut mit. Willi hat erzählt, daß sie seine Sekretärin ist.« Sie lächelte versonnen, wie ältere Menschen es tun, wenn sie in angenehmen Erinnerungen kramen.

Übergangslos schwärmte sie von ihrem Sohn: »Stellen Sie sich vor, Herr, zum Gutsverwalter hat's der Willi gebracht, obwohls in der Schule nur bis zur siebten Klasse reichte. Mit dem Schreiben ging's nicht so, da haperte es. Aber dafür hat er jetzt eine Sekretärin.« Sie nickte glückselig. »Nicht wahr, ein guter Junge ist unser Willi.«

Laubach blickte ihr erstaunt ins Gesicht. Er stellte fest, daß sie weinte. Sie zerfloß fast vor Rührung.

»Naja, der Willi war schon immer auf Draht«, heuchelte er Anerkennung. Er war sich bewußt, daß er der alten Frau nicht widersprechen durfte. Er mußte ihr sogar recht geben, wenn er, wie das Ziel seines Auftrages lautete, Kimmritz' Aufenthaltsort in Erfahrung bringen wollte. »Arbeitet er noch auf dem Gut?«

Frau Kimmritz seufzte. Plötzlich verhärtete sich ihre Miene und sie sagte laut: »Aber dann haben ihn die Russen gesucht. Weil sie Schiebereien gemacht haben auf dem Gut. Willi war viel zu gutmütig, sage ich Ihnen. Deshalb wollten sie ihm alles in die Schuhe schieben, Herr. Eine Mutter fühlt das. Gewissenlos und verdorben sind die Menschen.«

Laubach überlegte rasch. Was bezweckte die Alte? War ihr Jammern echt, oder spielte sie ihm etwas vor? »Mein Gewissen sitzt im Magen, und das plagt mich nur, solange ich nichts zu fressen habe«, versuchte er es mit Schnoddrigkeit. »Vielleicht weiß seine Braut, wo Willi abgeblieben ist? Wie heißt sie eigentlich?«

»Hab ich vergessen.« Frau Kimmritz blickte kurz auf und schloß wieder die Augen. Laubach merkte, daß sie unsicher geworden war. Argwöhnisch blinzelnd erklärte sie: »Warum läßt man eine kranke Frau nicht in Ruhe? Was soll ich denn noch sagen? Oder finden Sie es nicht gemein, wenn die Polizei dauernd nach ihm sucht? Überall wird erzählt, daß der Willi ein Verbrecher ist, daß er die Frauen im Walde überfällt, um sie zu vergewaltigen.«

»Soweit ich mich erinnere, hat Willi in zwei Wochen Geburtstag ...«

»Am 26. Juni, Herr. Sechsunddreißig wird er dann.«

»Ich möchte ihn überraschen. Ich denke, er würde ganz schöne Augen machen, wenn ich plötzlich zum Geburtstag vor ihm stehe. – Treffe ich ihn bei seiner Schwester?«

Laubach erhielt keine Antwort. Berta Kimmritz schwieg,

die Augen geschlossen. Sie erweckte den Eindruck, als wäre sie am Tisch gerade eingeschlafen. Als Laubach nach geraumer Weile seine Frage wiederholte, zog sie die Augenbrauen finster zusammen: »Ich weiß nichts, Herr!« brummte sie unwillig. »Ich habe schon alles gesagt. Ich lasse mich nicht aushorchen. Gehen Sie doch endlich, ich bin krank und will jetzt niemanden mehr sehen. Ich will allein sein. Gehen Sie, schnell!«

25

Während Laubach die Wohnung verließ, um in der Nachbarschaft weitere Erkundigungen einzuziehen, wobei er in Erfahrung brachte, daß Willi Kimmritz Verwandte in Letschin haben sollte, lenkte Kriminalsekretär Otto Plessow seine Schritte zur »Tauschzentrale« in Oderberg. Ein neuzeitlicher Name für das frühere »Leihhaus«-Gewerbe. Nicht jedes Geschäft ging reel und sauber über den Ladentisch. Die Tauschzentralen waren ein Unternehmenszweig, der überall im Land mit der Not der Menschen spekulierte. Ein obskurer Kommissionshandel, bei dem Schmuck, Kleidungsstücke, Feuersteine und manche anderen lebenswichtigen Gebrauchsgegenstände die Besitzer wechselten. Die Kommissionäre verdienten an einer sogenannten Handelsspanne, und wenn die Prozente stimmten, vergaßen sie bisweilen, nach der Herkunft der Ware zu fragen.

Das breite Schaufensterglas war mit Such- und Tauschanzeigen vollgeklebt. Wer etwas kaufen oder eintauschen wollte, durfte hier gegen eine Wochengebühr von drei oder fünf Mark sein Inserat aushängen.

Plessow öffnete die Ladentür. Unter dem aufgeregten Scheppern eines Glockenspiels trat er über die Schwelle. Auf dem Ladentisch stand eine alte, mit Metallornamenten verzierte Registrierkasse. Dahinter weitete sich der Raum zu einem kleinen Saal, vollgestopft mit Stellagen und alten Regalen.

Der Inhaber der Tauschzentrale, ein untersetzter Mann in mittlerem Alter, tauchte aus einer Ecke auf. Er trug ein dunkles Samtjackett und zum weißen Hemd eine rotweiß gepunktete Fliege. Hinter starken Brillengläsern im Nickelrahmen lugten abschätzende Augen auf den vermeintlichen Kunden. »Sie wollen etwas versetzen, werter Herr? Es sind schlechte Zeiten für Geschäfte«, erklärte er und deutete mit ausholender Armbewegung auf das Sammelsurium an Kleidern, Jacken, Anzügen und Mänteln im Hintergrund. Plessows Blicke erfaßten getragene Schuhe, Zylinder, Puppen, Bestecke, eine angerostete Schreibmaschine und übereinandergestellte Truhen und Kommoden. Von der Decke hingen Lampen herab, vom Kronleuchter bis zur Petroleumfunzel. Es roch muffig.

Der Kriminalsekretär aus Kyritz schüttelte den Kopf. Er zückte seine Dienstmarke, mit dem verblüffenden Erfolg, daß die Beflissenheit des Gebieters über den zusammengeschleppten Trödelkram zunahm. Er kam um den Tisch herum und schloß die Ladentür ab. »Womit kann ich der Polizeibehörde behilflich sein?«

Plessow reichte ihm die Liste mit der Beschreibung aller Schmuckgegenstände. »Haben Sie einen dieser Ringe oder die Damenuhren in Kommission genommen?«

Der Geschäftsmann überflog die Liste, stutzte, drehte sich zu einem respekteinflößenden Panzerschrank der Traditionsfirma van Gelderen zu und schleppte eine Schatulle heran, in der die wertvolleren Sachen lagerten. Unter Ringen, Armbändern, Broschen, Ketten und allerlei Uhren wählte er einen goldenen Trauring aus und legte ihn vorsichtig auf den Tisch. »Ich glaube, das ist etwas für Sie. Steht auf Ihrer Liste, Herr Kommissar, die Position 23.«

Plessow überzeugte sich. Der Ring trug die Initialen »W.S. und J.S. 24.2.18« Werner Splettenbach hatte ihn am Tage der Hochzeit seiner Ehefrau Johanna geschenkt. Am Montag, dem 15. Dezember 1947, war ihr das gute Stück auf den Hohensaatener Wiesen von einem Unbekannten geraubt worden.

»Ich muß den Ring beschlagnahmen«, erklärte Plessow. »Er stammt aus einer Straftat. Sie bekommen eine Quittung.«
»Selbstverständlich, Herr Kommissar. Man will sich ja keine Laus in den Pelz setzen.« Er breitete die Arme aus. »Ich habe die Behörden immer unterstützt!«
»Dann möchte ich jetzt den Pfandschein sehen«, meinte Plessow kühl. »Den Rest kontrollieren wir nachher.«
Der Inhaber brachte einen prallgefüllten Leitz-Ordner. Von Zeit zu Zeit am Mittelfinger der rechten Hand leckend, blätterte er in der Papierwust, nahm einen Bogen heraus und legte ihn dem Kriminalsekretär vor.
Plessow glaubte seinen Augen nicht zu trauen. Als Pfandgeber war der Name Johanna Splettenbach eingetragen, dazu die volle Adresse in Hohensaaten und darunter die Unterschrift mit dem Datum der Pfandbeleihung: 15.12.1947. Der Tag des angezeigten Raubüberfalls!
Otto Plessow stieg auf sein Motorrad und fuhr nach Hohensaaten. Frau Splettenbach – ihr Mann war noch in Gefangenschaft – half den ortsansässigen Bauern bei der Heuernte. Plessow winkte die verstörte Frau an den Wiesenrain, wo sie ihm mit hochrotem Kopf gestand, daß sie den Ring selber ins Pfandhaus getragen hatte. »Ich habe mein Wirtschaftsgeld verloren. Es war vor Weihnachten. Ich wußte nicht ein, noch aus und habe den Ring versetzt. Meiner Schwiegermutter erzählte ich, daß ich überfallen wurde. Man hört ja, daß so viel passiert. Sie hat es dann einem Neffen erzählt, der als Wachtmeister bei der Polizei in Oderberg ist.« Sie zog ein Taschentuch aus ihrer Schürze und begann zu schluchzen. »Ich schäme mich ja so.«
Plessow, der Tränenbäche auf den Tod nicht ausstehen konnte, brummte ungehalten, daß die Sache vermutlich ein Nachspiel haben werde, immerhin handele es sich hier um die Vortäuschung einer Straftat. Er hatte eine Stinkwut im Leib, als er den Kickstarter seines Motorrades trat. Nicht nur auf die Frau, die es geschafft hatte, die Polizei so billig an der Nase herumzuführen, sondern vor allem auf die Oderberger Kollegen, die der harmlosen Pute auf den Leim gekro-

chen waren. Selbst der jüngste Polizeianwärter in Kyritz, davon war er überzeugt, wäre bei einer ernsthaften Prüfung des Sachverhaltes über die Widersprüche gestolpert.

26

Vor dem 14. Polizeirevier in der Berliner Brunnenstraße stand ein Doppelposten. Seit in den Monaten April und Mai wild um sich schießende Gangsterbanden das Berliner Straßenpflaster unsicher machten, sah sich die Polizei zu verstärkten Sicherheitsvorkehrungen gezwungen. Erst im August sollte die Festnahme Horst Haases und seiner Komplizen gelingen. Sie hatten ihre Verbrechen in geraubten Schupo-Uniformen verübt. Zehn Monate später, am 3. Juni 1949, zerschlug die Ostberliner Polizei die Gladow-Bande während eines Feuergefechtes in der Schreinerstraße.

Am Mittwoch, den 16. Juni 1948, trat gegen 16.00 Uhr ein zwölfjähriger Junge an die Posten heran und sagte mit ratlosem Gesicht: »Meine Mutti ist nicht nach Hause gekommen. Sie ist einfach weg.«

Der Wachtmeister wollte ihn trösten. »Sie wird schon wieder auftauchen, Kleiner. Mach dir keine Sorgen. Bestimmt ist sie bloß bei Verwandten.«

»Nein. Die ist schon fünf Tage weg. So lange war das nie.«

Der zweite Posten setzte eine bedenkliche Miene auf. »Vielleicht ist es besser, wenn er das dem Diensthabenden erzählt.« Er drückte die Eingangstür neben dem Schild mit dem Polizeistern auf und schob den Jungen in den Wachraum. »Wahrscheinlich 'ne Vermißtenanzeige«, meldete er dem Hauptwachtmeister. »Der Junge meint, daß seine Mutter verschwunden ist.«

Der Diensthabende schien über den Zugang wenig begeistert. Über den Rand seiner Hornbrille musterte er das dunkelblonde Bürschchen in den kurzen Hosen. Ein viel zu großes Männerhemd und ein gestopfter Westover vervollständigten seine Bekleidung. Große dunkle Augen standen in einem schmalen Gesicht. Könnte auch meiner sein, dachte der Hauptwachtmeister plötzlich voller Mitgefühl. »Wie heißt du denn?«

»Imlau.«

»Und wo wohnst du?«

»In der Borsigstraße 8. Das ist um die Ecke, nur vier Straßen weiter.«

Der Hauptwachtmeister kannte das alte Mietshaus, das von den Bombenangriffen schwer getroffen, aber nicht vollends zerstört war, so daß man es noch bewohnen konnte. »Dann erzähl mal!« forderte er den Jungen auf. »Wie heißt deine Mutti, und wann hast du sie das letzte Mal gesehen?«

»Frieda Imlau. Und am Freitag, als ich früh zur Schule gehen wollte, da hat sie mir erzählt, daß sie zu den Bauern fährt, um etwas zu essen zu holen. Sie sagte, daß sie mit Willi fährt.«

»Wer ist denn Willi? Woher kennst du ihn?«

»Ein Bekannter von Tante Else. Manchmal war sie bei uns zu Besuch. Willi hat ein paar Tage bei uns gewohnt, bevor er mit Mutti zum Hamstern fuhr. Als ich mittags aus der Schule kam, war Mutti schon fort. Das Essen stand auf dem Tisch und ein Zettel lag daneben, auf dem stand, daß sie gegen Abend wieder zurück ist. Wenn sie aber nicht kommt, soll ich mir keine Sorgen machen, dann will sie gleich fünf oder sechs Tage wegbleiben und bei den Bauern arbeiten.«

Das Stichwort Hamstern stellte den bebrillten Hauptwachtmeister vor eine schwierige Entscheidung. Nach den Dienstvorschriften der Berliner Polizei galt eine Person, die länger als fünf Tage abgängig war, zweifelsohne als »vermißt«, doch in den »kriminaltaktischen Richtlinien zur Vermißtenanzeige« war unter Absatz zwo, Ziffer vier, eindeutig formuliert: »Als Vermißte gelten nicht – Personen, die geäußert haben, eine Hamsterfahrt anzutreten.«

Andererseits war das, was der Junge zu berichten wußte, so mysteriös, daß der Diensthabende beschloß, den Dauerdienst der Abteilung K. in der Dircksenstraße zu konsultieren. Die Zentrale wies an, von einer Vermißtenanzeige vorerst abzusehen, anstelle derselben aber ein ausführliches Protokoll aufzunehmen, dessen Inhalt man später immer noch auf das Anzeigenformular übertragen könne.

Nach dem Telefongespräch kratzte sich der Hauptwachtmeister am Hinterkopf. Nun blieb ihm die Schreibarbeit doch nicht erspart. So, wie der Junge es ihm erzählt hatte, schrieb der Diensthabende ins Protokoll: *Mutti ist des öfteren schon mehr als 1 Tag weg gewesen, wenn sie bei Bauern war, und sie hat mir dann auch immer gesagt, dass sie mehrere Tage weg bleiben würde, denn sie fuhr da immer nach Meyenburg. Den Zettel, den ich an dem Freitag zu Hause vorfand, habe ich nicht mehr in meinem Besitz, ich weiss aber genau, dass das Muttis Handschrift war. Am Abend, als ich mit einigen Freunden vom Sportplatz* (kam), *begegnete ich vor der Haustür dem mir bekannten Willi, von dem ich wusste, daß er morgens mit meiner Mutti auf das Land gefahren war. Dieser erzählte mir, dass Mutti in Oranienburg auf mich warte und ich sollte mit der S-Bahn sofort nach dort kommen, da Mutti sehr schwer zu tragen habe. Ich ging sofort in die Wohnung, schnitt mir einige Scheiben Brot ab und fuhr dann mit der S-Bahn vom Stettiner Bhf. nach Oranienburg. Willi ging mit mir bis zum Stettiner Bhf., kaufte sich eine Fahrkarte, genau wie ich, zeigte mir den Zug, mit dem ich fahren sollte, und ging von mir weg mit den Worten, dass er jetzt arbeiten gehen müsse. In O. wartete ich 2 S-Bahnzüge ab und suchte vergebens nach meiner Mutti, die im Wartesaal sein sollte. Nachdem ich nun 2 S-Bahnzüge in O. abgewartet hatte, die aus Berlin kamen und ich Mutti nicht fand, fuhr ich mit dem 3. S-Bahnzug zurrück nach Berlin. Ich weiß heute noch genau, dass dies um 21.50 Uhr war, als ich von O. nach Berlin zurückfuhr. Ich ging dann wieder nach der Wohnung meiner Mutti und wunderte mich, als ich diese aufschliessen wollte, dass die Tür nur zugeschnappt war, obwohl ich vorher, ehe ich nach Oranienburg fuhr, ganz bestimmt die Wohnung zugeschlossen hatte. Als Willi mir sagte, dass ich nach Oranienburg fahren solle, und dass Mutti dort auf mich warte, ging ich allein in unsere Wohnung, um mir die Schnitten zu holen. Unterdessen wartete Willi vor der Haustür auf mich, und ging, wie schon mal gesagt, mit mir dann zur Bahn. Ausser der unverschlossenen Wohnungstür fiel mir noch weiter auf, als ich die Wohnung meiner Mutti betrat, dass ein Stuhl in der Wohnstube umgefallen war und dass der Stubenschrank geöffnet war. Desgleichen war ein Sessel, der bei uns vor dem Fenster in der Wohnstube stand, vom Fenster weggezogen. Ich konnte mir nicht denken, wie diese Unordnung während meiner Abwesenheit in der Wohnung meiner Mutti zustande gekommen ist.*

Als der Diensthabende zum Schluß wissen wollte, ob aus der Wohnung etwas fehle, zeigte sich der Junge überfragt.

»Hast du wenigstens Verwandte in Berlin?«

»Nein, nur meinen Onkel in Malchow.«

Dann die besorgte Frage: »Hältst du es noch ein paar Tage allein in der Wohnung aus?«

»Ist ja nicht das erste Mal. Und Frau Peters, unsere Nachbarin, paßt auf mich auf. Die hat mich zu Ihnen geschickt.«

Der Hauptwachtmeister kramte sein Vesperbrot hervor. Er reichte es dem Jungen und gab ihm zehn Mark. »Sieh zu, daß du dir was zu essen kaufst«, sagte er. »Morgen oder übermorgen wird dich ein Kollege von der Kripo aufsuchen, dann erfährst du, wie es weitergehen soll.«

27

Berlin war um die Jahresmitte 1948 zu einem überaus heißen Pflaster geworden. Für den, der wachen Sinnes die politische, militärische und wirtschaftliche Entwicklung in der Viersektorenstadt beobachtete, zeichnete sich ab, daß die divergierenden Interessen der Alliierten Siegermächte einer Spaltung Deutschlands entgegendrifteten. Als die Westmächte am 7. Juni 1948 die »Empfehlungen der Londoner Konferenz« über das weitere Schicksal des deutschen Volkes in der Presse veröffentlichten, wurde deutlich, daß die Gründung eines westdeutschen Staates tatsächlich auf der Tagesordnung stand. Für die 1947 von den Briten und Amerikanern ins Leben gerufene Bizone war unter Beteiligung der Franzosen die Umgestaltung zur Trizone vorgesehen. Eine Währungsreform hob sich am Horizont ab, wie eine schwarze aufsteigende Gewitterwand. Zugleich war zu vermuten, daß die Einbindung der Berliner Westsektoren in das »Vereinigte Wirtschaftsgebiet« immer wahrscheinlicher wurde. Die Taktik der politischen und wirtschaftlichen Nadelstiche hielt unvermindert an. Handelsboykott, Blockade auf den Verkehrswegen und monströse Propagandaschlachten prägten das Bild des Kalten Krieges. Neben der Zusammensetzung des Abgeordnetenhauses gehörte die Kontrolle über die Berliner Polizei zum heftig umstrittenen Zankapfel. Der Amtssitz des Polizeipräsidenten in der Elsässer Straße lag im Machtbereich der sowjetischen Stadtkommandantur. Die Polizeiführung wurde durch Oberst Markgraf, den die Russen hofierten, und seinen Stellvertreter Dr. Stumm, repräsentiert. Der promovierte Vizepräsident, mit Sachbearbeitererfahrung aus einer mehrjährigen Tätigkeit in der Berliner Politischen Polizeiabteilung vor dem Jahre 1933, gehörte der SPD an und stand den Westmächten nahe.

Mit der Einführung von Sektorenassistenten beschnitten die Westmächte den Einfluß des Präsidiums auf die Polizeiinspektionen, Reviere und Wachen in den jeweiligen Sektoren. Politisch motivierte Entlassungen von Polizeiangehörigen setzten in allen vier Sektoren ein. Auf den Posten des ersten Kripochefs im Nachkriegsberlin war der Kommunist Heinz Wagenschütz gelangt. Als er seinen Mitarbeitern ernsthaft ins Stammbuch schrieb, daß die kriminalpolizeiliche Arbeit nicht mehr als »veraltete sture Paragraphenfuchserei« aufzufassen sei, sondern auf der »Grundlage des Volkswillens« erfolgen müsse, da »Recht und Unrecht in der Tat selbst begründet seien« und es ausschließlich darauf ankäme, »Denken und Fühlen der Massen zu erkennen und dementsprechend zu handeln«, drängten die Westalliierten auf Ersatz durch den Fachmann Paul Kuckenburg. Diesen löste wiederum Franz Erdmann ab, der

1948 das Kommando in der Kripo-Zentrale Dircksenstraße übernahm.

Die Folgen des unaufhörlichen Machtgerangels in den Führungsetagen schlug sich nicht zuletzt in der Kriminalstatistik nieder. »Die Zahl der Morde und Überfälle ist stark angestiegen«, vermeldeten die Zeitungen in Ost und West. Am 4. Mai 1948 nahm Oberst Markgraf vor der Presse Stellung. Er nannte vierzig Mordtaten für das I. Quartal; weitere dreizehn Verbrechen – so seine Ausführungen – seien im April hinzugekommen. Etwa achtzig Prozent aller Tötungsdelikte erfolgten im Zusammenhang mit Schwarzhandels- und Schiebergeschäften. Der Schwarze Markt sei eine tödliche Seuche, bei dessen Bekämpfung die Polizei Unterstützung von allen ehrlichen Berlinern erwarte.

Rund zweitausend Menschen galten zu dieser Zeit in Berlin als vermißt. So kann es nicht verwundern, daß man sich in der Vermißtenzentrale erst nach Tagen an den unzureichenden Angaben im Imlau-Protokoll stieß. Viele Fragen waren offen. Lag bei der vermißten Person vielleicht ein Hang zu liederlichem Lebenswandel vor? Bestand eine gewisse Furcht vor Schande, wie außereheliche Schwangerschaft? Spielten unsittlicher Lebensunterhalt oder Gewerbsunzucht eine Rolle? Wie sah es mit Miets- und Beköstigungsschulden aus? Unter Punkt 5 des Formularbogens »Anzeige über vermißte Person« wurde nach den Vermögensverhältnissen gefragt. Punkt 6 forderte Angaben über die Lebensgewohnheiten, über den Verkehr in Lokalen aller Art und zu Auskunftspersonen aus dem Umfeld der Vermißten.

Der Kriminalangestellte aus der Vermißtenzentrale, der sich zu den notwendigen Recherchen in die Borsigstraße bemühte, fand in der Nachbarin die ideale Auskunftsperson. Die Frau plapperte unaufhörlich. Sie lieferte ihm eine zufriedenstellende Personenbeschreibung der verschwundenen Frieda Imlau, und sie hatte obendrein beobachtet, wie die Vermißte am 11. Juni das Haus mit einem brauen Koffer und einer schwarzen Einholetasche verließ.

Kriminaltaktische Richtlinien zur Vermißtenanzeige

Eine formularmäßige Vermißtenanzeige ist stets sofort bei Bekanntwerden des Verschwindens einer Person aufzunehmen, wenn feststeht oder Tatsachen vorliegen, welche die Annahme rechtfertigen, daß der Verschwundene einem Verbrechen zum Opfer gefallen ist.

Schon vorher ist, auch ohne daß eine formgerechte Vermißtenanzeige aufgenommen worden ist, im Zuge des sogenannten ersten Angriffs fernmündliche Nachfrage zu halten beim:
1. Dauerdienst der Zentrale der Abt. K,
2. Gefängnisverwaltung, ob festgenommen,
3. Vermißtenzentrale, ob bereits als vermißt gemeldet,
4. Aktenverwaltung, ob schon einmal vermißt gewesen,
5. Leichenschauhaus, ob als unbekannte oder bekannte Leiche in Verwahrung genommen,
6. Sachbearbeiter für Verbrechen gegen die Menschlichkeit, ob als Naziaktivist bekannt ist,
7. Fahndungsbuch — Dienststelle —, ob Festnahmeersuchen bereits vorliegt.

Sind alle sieben Anfragen erfolglos verlaufen, ist eine formgerechte Vermißtenanzeige spätestens innerhalb von 48 Stunden aufzunehmen. Erfahrungsgemäß steht fest, daß viele Vermißtenanzeigen sich dadurch selbst erledigen, daß der Vermißte wieder auftaucht oder Nachricht über seinen Verbleib gibt.

Als Vermißte gelten nicht — eine Anzeigeaufnahme erübrigt sich daher —
1. Personen, die zur Strafverbüßung Sitzzettel erhalten haben;
2. Personen, die aus Gründen der Strafverfolgung einen besonderen Anlaß haben, sich verborgen zu halten;
3. Personen, die vorgeben, eine Kneiptour zu unternehmen;
4. Personen, die geäußert haben, eine Hamsterfahrt anzutreten;
5. Personen, die erklärt haben, zu einer Familienfeier fahren zu wollen;
6. Personen, die auf Reisen gehen;
7. Personen, die mit Fernfahrern auf einer Fahrt nach außerhalb gesehen worden sind;
8. Jugendliche, die mit Ermächtigung des gesetzlichen Vertreters befugt sind, ihren Aufenthalt selbst zu bestimmen wie Studenten und Dienstanfänger;
9. Personen, die aus offenkundig berechtigtem Anlaß durch Beauftragte der Besatzungsmächte festgenommen sind.

Über Kinder und Jugendliche, die länger als eine Nacht sich dem Elternhause fernhielten, ist stets eine Vermißtenanzeige aufzunehmen.

Richtlinie zur Bearbeitung von Vermißtensachen im Jahre 1948. Quelle: Archiv des Autors

Wer die Tante Else ist, die bei Imlaus gelegentlich verkehrt?

»Namen und Anschrift kann ick Ihnen nicht sagen, Herr Kriminalinspektor, aber daß sie drüben im Wedding wohnen tut und daß man ihr ›Kognak-Else‹ ruft, dett weeß ick.«

Mit Erschrecken vernahm der Kriminalangestellte dann, daß sich der kleine Imlau noch immer allein in der Wohnung aufhielt. Nach der Rückkehr in die Dienststelle schaltete er unverzüglich das Jugendamt für den Stadtbezirk Mitte ein. Bis zur endgültigen Klärung der Situation wurde der Junge dem Käthe-Kollwitz-Heim in der Gipsstraße zugeführt.

»Aber wenn Mutti zurück ist, darf ich doch wieder nach Hause?« brachte er verschüchtert über die Lippen, als er sah, wie die Wohnungstür hinter ihm zugeschlossen wurde.

28

Kommissar Paul wartete vergebens auf Kriminaloberassistent Albers. Das Landeskriminalamt hatte ihm den jungen Mann als Unterstützung für die Sonderkommission zugesagt. Erst nachdem er sich zum wiederholten Male bei den Dezernatsleitern Nowak und Kötterer beschwert hatte, setzte Potsdam den Kriminalangestellten in Marsch.

»Sie fahren nach Berlin, Kollege Albers. Melden Sie sich in der Dircksenstraße bei Kriminaldirektor Erdmann. Angeblich ist Kimmritz nirgendwo aufzutreiben. Auf Grund früherer Recherchen wissen wir aber, daß er Kontakte nach Berlin unterhält. Seine geschiedene Ehefrau hat eine Hilde Brand erwähnt, die am Hackeschen Markt oder am Halleschen Tor wohnen soll. Mehr wissen wir nicht. Machen Sie die Frau ausfindig und kriegen Sie heraus, ob Kimmritz bei ihr untergekrochen ist!«

Albers, der bei seinen Vorgesetzten den Ruf genoß, ein überaus findiger Bursche zu sein, rüstete sich für die Reise mit einem Stadtplan aus. Berlin ...! Während der Bahnfahrt in die Innenstadt begriff er bald, wie wenig dieser Plan ihm nützen würde. 750 000 Tonnen Sprengstoff hatten die Reichshauptstadt in ein graurotes Meer aus Steinen und Betontrümmern verwandelt. Er sah Straßenzüge, in denen nur noch die wackligen Fassaden von Mietshäusern, Geschäften und ehemaligen Hotels standen. Komplette Hauswände waren wegrasiert, so daß sich der Blick wie in alle Räume eines riesigen Puppenhauses auftat. Da und dort noch ein unversehrtes Haus, manchmal ein ganzer Häuserblock. Die Fahrbahnen waren inzwischen beräumt, doch vielen Ortes mäanderten die Straßen wie Flußläufe zwischen Ufern aus Geröll dahin. Unkraut und vergilbendes Gras wuchsen darauf.

Albers sah aber auch, den Überlebenswillen der Berliner. Hinter toten Fassaden pulsierte das Leben. Viele freie Plätze trugen sorgfältig gepflegte Kartoffelpflanzungen. In allen Stadtteilen waren Enttrümmerungskolonnen am Werk, die zu achtzig Prozent aus Frauen bestanden. Alt und jung rückten den Ruinen mit Spitzhacken oder Schaufeln zu Leibe. Eine Arbeit, die nicht ungefährlich war. Tückisches Geröll konnte nachrutschen und manchmal stürzte ein Mauerrest ein. Auf Feldbahnloren schoben die Frauen die Gesteinsbrocken zu Sammelplätzen, wo andere mit krummen Rücken und mörtelstaubgrauen Gesichtern wiederverwendungsfähige Ziegel aus dem Schutt gewannen.

Der Zug endete am Stettiner Bahnhof. Albers ging im Strom der Reisenden durch die Sperre. Er erwischte eine Straßenbahn, die ihn in die Nähe des Alexanderplatzes beförderte. Bahnen und Doppelstockbusse überquerten oder umrundeten den Platz wie früher. Vom imposanten Handelszentrum standen aber nur noch das Skelett und die zerrissenen Fassaden. Leere Fensterhöhlen gähnten trostlos. Und das ehemalige Warenhaus Tietz war ein zerschossenes Wrack. Dahinter das glaslose Stahlgerippe des S-Bahnhofes, in dessen Umfeld der Schwarze Markt untergekrochen war.

In einem Anflug von Leichtsinn erstand Albers im Vorbeigehen fünf Camel, für die er vierzig Reichsmark hinblätterte. Die Berliner Kriminalpolizei erstellte regelmäßig

Berlin-Alexanderplatz 1948/49. Quelle: NBI 20/87

Listen der Schwarzmarktpreise. Demnach kostete ein Brot zwischen 35 und 40 RM, für ein Pfund Butter zahlte man 380 Mark, wer einen Zentner Kartoffeln zum Überleben brauchte, hatte 350 RM zu berappen, und für ein Pfund Fleisch wurden 80 Mark verlangt. Dabei lag der Durchschnittsverdienst eines Arbeiters im Monat bei 220 Mark.

Wenige Schritte vom Alex entfernt betrat Albers den Südflügel der Ruine des Polizeipräsidiums, Dircksenstraße 13 bis 34. Er meldete sich im Vorzimmer des Kriminaldirektors, wo er sich mit seinen Papieren und einem Dienstauftrag legitimierte.

Erdmann sagte: »Sie sind der Kollege von der Sonderkommission ROLAND in Eberswalde, nicht wahr? Die DVdI hat Sie avisiert. Es geht um die Fahndung Kimmritz? Am besten, Sie bemühen sich gleich zur M/II/4. Die Kollegen wissen Bescheid.«

In der Kriminalinspektion M wurden Tötungsdelikte und Sittlichkeitsverbrechen bearbeitet. Ein Teil der Männer befaßte sich mit dem »Berufsverbrechertum«. Die sogenannten »Sittenmollis« in der M/II/4 behandelten den Besucher aus der Provinz mit freundlicher Herablassung. Ein Charakterzug vieler reichshauptstädtischer Kriminalbeamter, über den sich schon der weitgereiste Kriminalkommissar Ernst Engelbrecht im Jahre 1926 mokierte: »*Leider neigt der Berliner Kriminalbeamte aber noch immer dazu, ... seine Tätigkeit höher zu bewerten, als die der ›Landpolizei‹, der Kriminalbeamtenschaft in den Polizeiämtern.*«

Albers Gesprächspartner, ein Kriminalassistent, Anfang der Zwanzig, führte ihn in sein enges und muffiges Dienstkabuff. Albers nahm auf dem einzigen freien Stuhl Platz, der sonst Zeugen und Beschuldigten als Sitzmöbel diente. Ohne Umschweife kam der Berliner zur Sache: »Ich habe mir die Duplikatakte zur Vergewaltigung Ballmann aus dem Archiv geholt und durchgelesen. Bin also in groben Zügen über den Burschen informiert, den wir zwei suchen sollen. In der Oranienburger Straße ist nichts zu machen. Da steht bloß noch der Keller der Hausruine.«

»Aber was ist mit der Hilde Brand? Der Name stand in unserem Fernschreiben.«

»Ja, ich weiß. Die vom Hackeschen Markt oder am Halleschen Tor. Da haben wir genauso schlechte Karten. Übrigens, möchten Sie ...«

»Bleiben wir beim Du!« unterbrach Albers.

»Abgemacht. Ist mir auch lieber so. Also – möchtest du einen Kaffee? Echte Bohne, spendier ich nur zu feierlichen Anlässen.«

Albers nickte. Er sah zu, wie der andere eine Blechbüchse aus dem Schreibtisch holte, zwei Löffel Kaffeepulver in die Tassen gab und heißes Wasser darüber goß.

»Der Hinweis stammt von Kimmritz' Ex-Frau«, informierte er weiter. Der frischgebrühte Kaffe verströmte ein so fabelhaftes Aroma, daß Albers den Wunsch auf eine Zigarette verspürte. Weil er der Versuchung nicht länger widerstand, spendierte er schließlich zwei Glimmstengel. »Original Camel, auch echt«, blinzelte er, den blanken Schalk in den Augen.

Der Kriminalassistent stellte seinem Gast die Tasse hin.

»Zwei Tage lang habe ich mich in der Hauptmeldekartei des Präsidiums unbeliebt gemacht. Ergebnis gleich Null.«

»In der Gegend muß es einen Kanal geben«, ergänzte Albers. »Das wissen wir auch von der Frau. Leider ist ihre Erinnerung getrübt, so daß sie nicht sagen kann, wo das war und wie der Kanal heißt.«

»Durchaus glaubhaft. Am Halleschen Tor fließt nämlich der Landwehrkanal. Nur gibt es dort keine Hilde Brand.«

Sie rauchten und schlürften ihren Kaffee. Albers starrte sinnend auf den schwarzen Sud in seiner Tasse, als gelte es dort, die Lösung des Rätsels zu entdecken. »Hilde Brand, Hilde Brand«, murmelte er versonnen vor sich hin.

Der Berliner Kollege stutzte. »Mensch, sag das noch mal!« forderte er ungestüm. Albers kapierte nicht gleich. »Mann, so begreif doch! Deine Hilde Brand heißt gar nicht Hilde Brand, sondern Hildebrand. Es ist ein Familienname, verstehst du. Wir müssen in der Kartei unter H suchen!« Wie elektrisiert sprang er auf und rannte aus dem Zimmer.

Albers wappnete sich in Geduld. Als der Berliner Kriminalassistent nach einer geraumen Zeit wieder auftauchte, schwenkte er einen Stapel Karteikarten. »Alles Frauen mit dem Familiennamen Hildebrand«, triumphierte er. »Jetzt wollen wir überlegen, bei welcher wir anfangen.«

Sie gingen die einzelnen Adressen durch, zogen den Stadtplan zu Rate, bis der Berliner auf eine Kartenblatt tippte und voller Überzeugung sagte: »Hedwig Hildebrand in der Ratiborstraße, wenn du mich fragst. Das ist am Landwehrkanal und zum Kottbuser Tor ist es auch nicht weit. Abgemacht?«

Der Fahrzeugpark war ausgebucht. Sie nahmen die S-Bahn bis zur Warschauer Straße, überquerten zu Fuß die notdürftig reparierte Oberbaumbrücke und marschierten durch den Görlitzer Park bis zur Ratiborstraße.

»Bist du schon lange dabei?« fragte Albers seinen Berliner Kollegen.

»Zwei Jahre. Seit ich aus der Gefangenschaft zurück bin. In der glorreichen Wehrmacht hab ich doch nur ›Richtung halten – Stellung halten – Schnauze halten!‹ gelernt. In den ersten Wochen räumte ich Schutt weg, hab Wasserleitungen repariert, beim Brückenbau geholfen, na, was man eben so macht, um eine Lebensmittelkarte zu bekommen. Bis ich einen Bekannten traf, der mich zur Kripo holte. – Und du?«

»Bei mir lief es ähnlich, nur daß ich Werkzeugmacher von Beruf bin. Ein halbes Jahr Revierdienst bei der Ordnungspolizei, dann ein bißchen Polizeischule und die Versetzung zur K.«

»Bist du gern Polizist?«

Albers zog die Schultern hoch. »Wie man's nimmt«, meinte er. »Manche Fälle sind interessant. Ich mag es gern, wenn man gezwungen ist, mit Köpfchen zu arbeiten. Aber Leichen bergen, noch dazu, wenn es sich um Kinder handelt, oder das Elend in den Krankenhäusern, das durch gepanschtes Penizillin vom Schwarzen Markt verursacht wird, das geht mir schon an die Nieren. Da wünsche ich mir manchmal, ich stünde noch an meiner Werkbank.«

Sie bogen in die Ratiborstraße ein. Ihr Ziel war ein dreistöckiges Mietshaus. Hohe Fenster, die Fassade von Geschoßeinschlägen zernarbt. In der Toreinfahrt hing ein »stiller Portier«. Sie studierten die Namen der Mieter. Hedwig Hildebrand wohnte im Hinterhaus, zwei Treppen, links.

»Warte mal.« Der Kriminalassistent hielt Albers am Ärmel fest. »Vielleicht ist es besser, wenn ich allein in die Wohnung gehe. Ich könnte sagen, daß ich ein Schieber vom Alex bin und mit Kimmritz ein Geschäft machen möchte. Ich locke ihn aus dem Haus und auf der Straße nageln wir ihn gemeinsam fest. Abgemacht?«

»Einspruch, euer Ehren. Ich bin fremd in der Stadt. Die Gefahr, daß Kimmritz dich zufällig erkennt, trifft bei mir nicht zu.«

Wenige Augenblicke später stand Albers in der Wohnung der Frau Hildebrand. »Entschuldigen Sie«, sagte er leutselig, »mein Name ist Albers. Nein, nicht Hans Albers, gnädige Frau. Ich bin sozusagen hier ..., weil ich mit Herrn Kimmritz etwas besprechen möchte. Ein Geschäft, sozusagen ...«

Die Frau war um die Dreißig, rotblond. Die selbstgeschneiderte Kleiderschürze paßte zu ihrem Typ, der Typ der soliden Hausfrau eben. Sie schüttelte den Kopf, daß ihre Locken flogen. »Da sind Sie bestimmt falsch. Ich kenne keinen Herrn Kimmritz!«

»Kimmritz. Willi Kimmritz«, wiederholte Albers mit flinker Zunge. »Ich bin ... naja, wie soll ich sagen, gnädige Frau, gewissermaßen ... Geschäftsmann. Ich handle mit Dingen, die schwer zu haben sind, Sie verstehen.« Er zwinkerte ihr geheimnisvoll zu. »Mich findet man am Alex. Dort habe ich auch den Tip bekommen, daß Kimmritz bei Ihnen einwohnt und daß er an einer gewissen Ware interessiert ist, die ich ihm beschaffen kann.«

»Alles gut und schön, aber ehrlich, ich habe keine Ahnung von Ihrem Herrn Kimmritz!«

»Sie müssen sich nicht verstellen, Frau Hildebrand. Ich weiß, daß die Polypen hinter Kimmritz her sind. Wenn mein Geschäft ihm nicht gefällt, hat sich die Sache erledigt. Wenigstens anhören sollte er sich meinen Vorschlag.«

Beinahe ärgerlich schlug die Frau die Hände zusammen. »Der einzige Willi, den ich kenne, heißt Willi Kimmel.«

»Mitte Dreißig, etwa so groß wie Sie? Trägt einen dunklen Anzug und meistens eine blaue Schiffermütze?«

»Die Größe stimmt und auch das Alter«, sagte sie nachdenklich. »Aber Willi Kimmel ist kein Schieber und vor der Polizei muß er sich auch nicht verstecken. Bei Siemens-Askania arbeitet der.«

»Vor dem Krieg hat er in Eberswalde gewohnt?« versuchte Albers weitere Assoziationen in ihr zu wecken.

»Nee! Willi Kimmel nie. Der wohnt schon immer in der Wiener Straße. Da liegt ein Irrtum vor. So sicher wie das Amen in der Kirche!«

Albers trat den geordneten Rückzug an. Unter zahlreichen Entschuldigungen verabschiedete er sich von der »gnädigen Frau Hildebrand«, um seinen Berliner Kollegen auf der Straße mit der neuen Situation zu überraschen.

»Wiener Straße, das ist gleich ums Eck'«, versetzte der

Kriminalassistent. »Mein Vorschlag: Wir gehen zum Polizeirevier – liegt auch hier im Dreh – und sehen uns das Lichtbild auf dem Antrag für Kimmels Personalausweis an. Dann wissen wir, woran wir mit dem Mann sind.«

Die Fotos der beiden Willis stimmten nicht überein. Während Kimmel ein schmales, kantiges Gesicht und blondes Kraushaar hatte, zeigte die Kimmritz-Aufnahme eine ovale Kopfform, hohe Stirn und einen spärlichen dunklen Haarkranz.

Noch am gleichen Abend trat Albers gezwungenermaßen die Heimreise an. Mit leeren Händen und um Hoffnungen ärmer meldete er sich beim Chef der »SOKO ROLAND« zurück.

29

Am Donnerstag, dem 17. Juni 1948, schreckte eine Alarmmeldung Kommissar Pauls Männer auf. Der Dauerdienst der Kriminaldienststelle Bad Freienwalde teilte mit, daß in den Waldgebieten südwestlich der Kreisstadt zwei Frauen überfallen wurden. »Die Meldung stammt vom Bürgermeister in Steinbeck.«

»Wann ist das passiert?« rief Paul durchs Telefon.

»Zwischen neunzehn und zwanzig Uhr?«

»Und die Tatorte liegen ...?«

»Zwischen Sternebeck und Steinbecker Forst.«

»Moment.« Der Kommissar orientierte sich vor der Landkarte. »Welche Maßnahmen sind eingeleitet?« fragte er zwischendurch.

»AKTION ROLAND ist ausgelöst. Und zwar im Gebiet Leuenberger Landstraße bis Haselberg, dann über Frankenfelde zur Siedlung Herzhorn, weiter auf der Strausberger Landstraße über Prötzel bis zum Abzweig Kähnsdorf. Auf der Linie Wilkendorf – Gielsdorf – Hirschfelde bis zur Eberswalder Chaussee, auf der sich der Ring dann über Tiefensee bei Leuenberg schließt.«

Paul überflog das Gebiet mit einem Blick. »Das sind hundert Quadratkilometer«, meinte er skeptisch. »Reichen die Kräfte aus?«

»Nach meinem Alarmplan ROLAND sind die Selbstschutzgruppen im Einsatz.«

»Danke.« Der Kommissar legte den Hörer auf, hob sofort wieder ab und wählte die Nummer der Fahrbereitschaft im Eberswalder Kriminalamt. »Hier Kommissar Paul. Wir brauchen einen Wagen nach Leuenberg und Tiefensee. Großaktion ROLAND!«

Der Chef der SOKO stieg in den Fond des Wagens. Minnack nahm neben dem Fahrer Platz. Es war noch nicht völlig dunkel, als sie Eberswalde in südwestlicher Richtung verließen. Das gleichmäßige Brummen des Motors bewirkte, daß der Kommissar ins Sinnieren geriet. »Nach meinem Alarmplan ...«, hatte der Kollege in Bad Freienwalde behauptet, aber Paul hatte bisher nur ein einziges Mal Gelegenheit gehabt, Kriminalbeamte im Einsatz zu sehen, denen alles nach einem sorgfältig vorbereiteten Plan gelang. Der leitende Kommissar hatte alle Wägbarkeiten bedacht, den Zeitpunkt der Festnahme, das Wetter, die Fluktuation auf den Straßen, das voraussichtliche Verhalten des Täters und so weiter. Ja, ein einziges Mal hatte er so eine mustergültige Operation gesehen – im Kino ...

In der Praxis ging es anders zu. Denn alles war nie vorauszusehen. Es gab immer Überraschungen, Zufälligkeiten, die wie Riffe im Meer des Alltags, auch den besten Lotsen, den besten Plan, zum Scheitern bringen können. Paul und Minnack sollten es auch in dieser Nacht erleben.

Der Polizeiwachtmeister in Leuenberg befand sich auf seinem Posten. In Begleitung eines älteren Landarbeiters aus der örtlichen Selbstschutzgruppe, der einen handfesten Knüppel trug, patrouillierte er hinter dem Dorfrand einige hundert Meter in Richtung Haselberg. Weiter draußen, im Wald, seien noch zwei Streifen eingesetzt, meldete der Wachtmeister.

Sie sprachen auch mit diesen Männern, ermahnten zur Vorsicht und gaben Ratschläge für das taktische Verhalten bei den Kontrollen von Passanten. In Haselberg, Frankenfelde und Prötzel stießen sie auf weitere Selbstschutzposten. »Ohne besondere Vorkommnisse«, meldeten die Männer.

Paul und Minnack setzten die nächtliche Kontrollfahrt fort. Seltsam, daß sie auf der gesamten Südflanke keine einzige Streife entdeckten. War der Einsatz bereits abgeblasen? Hatte man den Täter geschnappt, und sie wußten nur nichts davon, weil der Meldefahrer sie unterwegs verfehlt hatte?

In Tiefensee steuerten sie den Polizeistützpunkt an. Das winzige Wachlokal neben dem Bürgermeisteramt war verschlossen, die Fenster abgedunkelt. Paul und Minnack klopften lange, bevor sich etwas hinter der Tür rührte.

»Wer ist da?« fragte eine verschlafene Männerstimme.

»Kommissar Paul und Obersekretär Minnack!«

Der Schlüssel wurde gedreht. Vor ihnen stand der Polizeiwachtmeister. Er trug Stiefelhosen und ausgetretene Filzlatschen, die Hosenträger baumelten malerisch herunter.

»Mann, sind Sie wahnsinnig?« donnerte Kommissar Paul beim Anblick dieses unvergleichlichen Vertreters der Staatsmacht. »Wissen Sie nicht, daß ›Großaktion ROLAND‹ ausgelöst wurde?«

Der Polizist schluckte. »Wegen der beiden Frauen wohl, aus Steinbeck?«

»Was sonst?« tobte der Kommissar. »Warum sind Sie nicht im Einsatz? Wo sind Ihre Hilfskräfte?«

Der Wachtmeister erholte sich von seinem ersten Schreck. »Kamerad Kommissar«, wählte er die vorschriftsmäßige Anrede, »das muß ein Irrtum sein. Der Kreispolizeichef hat die Festlegungen der ›AKTION ROLAND‹ außer Kraft gesetzt!«

Kommissar Paul war einem Herzanfall nahe. »Außer Kraft gesetzt ...?« japste er konsterniert.

»Schon vor drei Tagen. Ich kann nichts dafür, wenn die Selbstschutzkräfte nicht mehr alarmiert werden, Kamerad Kommissar. Von dem Überfall habe ich Kenntnis, bin allein aber machtlos.«

»Zeigen Sie mir das Telefon!« schnauzte Paul. »Und ziehen Sie sich gefälligst vernünftig an!«

Als die Fernsprechvermittlung sich meldete, verlangte der Kommissar eine Verbindung nach Bad Freienwalde. »Kreispolizeiamt!« tönte es aus dem Hörer. Paul sagte: »Ich muß den Leiter Ihrer Dienststelle sprechen, sofort!«

Es knackte ein paarmal in der Leitung, dann die Stimme des Polizeichefs, die äußerst grantig nach dem Grund der nächtlichen Ruhestörung fragte.

Paul ging sofort in die Offensive: »Hier ist Kommissar Paul. Ich leite die Sonderkommission ROLAND und bin von der Landespolizeibehörde mit allen Vollmachten ausgestattet. Soeben erfahre ich, daß die Maßnahmen der ›AKTION ROLAND‹ vor drei Tagen ausgesetzt wurden. Wie man mir sagte, auf Ihre Veranlassung.«

»Nicht auf meine, Kommissar. Das ist ein ausdrücklicher Befehl der sowjetischen Kreiskommandanten. Dagegen kann ich nicht an.«

»Zum Teufel, warum?«

»Kann ich auch nur vermuten. Entweder er nimmt Anstoß, daß seine Zivilbeschäftigten zu häufig in die Kontrollen geraten sind, oder er hält unsere Selbstschutzstreifen für eine Art Untergrundarmee, so wie der Wehrwolf, verstehen Sie. Jedenfalls hat er die Streifen verboten. Tut mir leid, Kommissar. Gute Nacht!«

Mit einem kräftigen Fluch warf Paul den Hörer auf die Gabel. Er informierte Minnack. Ein Anflug von Depressivität beschlich die beiden Kriminalisten.

Der Wachtmeister, inzwischen mit Uniform und umgeschnallter Dienstpistole Nullacht angetan, meldete sich vorsichtig zu Wort: »Wenn ich mir eine Bemerkung erlauben darf, Kamerad Kommissar. Ich habe mir zu den Überfällen so meine Gedanken gemacht.«

»So, haben Sie?« warf Minnack sarkastisch ein.

»Ja, wenn ich Ihnen das erklären darf. Ein Einheimischer, denke ich mal, kommt als Täter nicht in Frage. Der muß ja immer gewärtig sein, daß jemand ihn erkennt. Aber jetzt, im

Frühjahr und Sommer, sind die Holzarbeiter aus Berlin im Forsteinsatz. Die schlafen im Chausseehaus am Blumenthalsee und in der alten Försterei ...«

Paul sah ihn nachdenklich an. »Der Gedanke ist nicht übel«, meinte er. »Kommen Sie mit, Herr Kollege. Wir holen uns die Frauen aus Steinbeck und dann sehen wir uns die Unterkünfte an!«

Der akute Brennstoffmangel hatte die Baumbestände im Nachkriegsberlin so gut wie ausgerottet. Vom Brandenburger Tor bis zum S-Bahnhof Tiergarten erstreckte sich ein riesiger Kahlschlag. Auf Weisung der Alliierten Stadtkommandantur hatte das Hauptamt für Städtische Brennstoffversorgung einen Rahmenvertrag mit dem Landesforstmeister in Brandenburg ausgehandelt. Der Vertrag sicherte den begrenzten Holzeinschlag in den brandenburgischen Forsten zu. Arbeitskräfte und Transportmittel waren von den Berlinern zu stellen. In jedem Frühjahr warben nun die Arbeitsämter Männer an, die für Wochen oder gar Monate als Holzfällerkolonnen in die Wälder der Mark und des Barnim zogen. Rauhe Kerle waren darunter, so daß Paul und Minnack, als sie die Männer im ersten Morgengrauen von ihren Strohlagern hochjagten, eine Vielzahl grober Redewendungen an den Kopf geworfen bekamen.

Sie riefen die Männer einzeln auf den Hof hinaus, wo sie im Frühlicht die Personalpapiere kontrollierten. Das etwas umständlich anmutende Prozedere verschaffte den Frauen genügend Zeit, sich jeden Kandidaten aus dem zusammengewürfelten Haufen anzusehen.

»Nummer einundvierzig. Das war der letzte«, meldete der Polizeiwachtmeister.

Paul und Minnack blickten fragend auf ihre Zeugen. Die Antwort war stummes Achselzucken.

Unwillig fielen vereinzelte Regentropfen. Dann begann es zu nieseln. Kommissar Paul schlug den Kragen seiner Jacke hoch und stakste zum Auto.

Am Freitagvormittag lief eine weitere Überfallmeldung bei der Sonderkommission ROLAND auf, die den Mißerfolg der Fahndungsmaßnahmen vom Vortag erklärte. Kommissar Paul schrieb in seinem Bericht an die DVdI: *Auf Grund dessen, dass am 18.6.1948 eine weitere Meldung eines Überfalles im Raum von Sonnenburg, nördlich von Haselberg gelegen, einlief, wurde festgestellt, dass der Täter sich nicht, wie vermutet, in dem Steinbecker Forst aufhielt, sondern nach Norden entwichen war, ehe der Sperrgürtel Steinbeck–Haselberg gelegt werden konnte. Das ist darauf zurückzuführen, dass die Polizei-Posten bei Entgegennahme der Meldung nicht die Geschädigten darüber befragt hatten, in welcher Richtung sich der Täter entfernt hat. Ausserdem kann gesagt werden, dass der Sperrgürtel Steinbeck–Haselberg zu dicht am Tatort (Waldgelände bei Schiesstempel) lag und nicht in Betracht gezogen wurde, dass bis zur Auslösung der Aktion bereits Stunden verstrichen waren und der Täter zu Fuss ca. 8 km zurückgelegt haben konnte ...*

30

Der 20. Juni 1948 brachte die angekündigte Währungsreform in den drei westlichen Besatzungszonen. Unter den gegebenen Umständen beschwor sie die reale Gefahr herauf, daß die entwerteten Reichsmarkbeträge massenhaft in die Sowjetische Besatzungszone hineinschwappen könnten. Um diese tödliche Gefahr für die marode Wirtschaft in der Ostzone abzuwehren, ordnete Marschall Sokolowski die zeitweilige Schließung der Zonengrenzen für den Personenverkehr und strenge Kontrollen im Güter- und Schiffsfrachtverkehr an. Eine Maßnahme, die bei nüchterner Betrachtung legitim erscheint, unter den Bedingungen des Kalten Krieges jedoch das Geschrei von der »russischen Bedrohung« wesentlich beeinflußte. In aller Eile wurde eine ostdeutsche Währungsreform zurechtgeflickt. Vorbereitung und die Organisation banden starke Polizeikontingente in den Ländern der Sowjetischen Besatzungszone und in Ostberlin.

Im Kriminalamt Eberswalde verfolgte man die von Tag zu Tag beunruhigender klingenden Nachrichten in den Zeitungen. Jeder interessierte sich für die internationale Lage. Unter den Kriminalangestellten bildeten sich kleine Diskussionsgruppen, derweilen drohte die Ermittlungsarbeit in der Sonderkommission ROLAND zu erliegen. Doch dann, am 23. Juni, gab es einen neuen Hoffnungsschimmer.

Der Kommissariatsleiter K 4, Kriminalsekretär Penzlin, trat an Kommissar Paul heran. »Da ist eine Sache, die euch interessieren könnte. Unsere Leute in Angermünde haben die Anzeige einer Frau Hurtig auf dem Tisch. Die alte Dame ist siebenundsechzig und behauptet, am 13. Juni im Wald bei Pinnow vergewaltigt worden zu sein. Der Täter scheint bekannt. Ein gewisser Theodor Schorz. Allerdings bestreitet er die Tat. Wollt ihr euch den Mann ansehen?«

Paul nickte sofort. Der kleine Ausflug nach Angermünde tut uns nicht weh, dachte er, und vielleicht – man weiß ja nie – bietet sich hier eine Chance, das Renommee der Sonderermittler aufzupolieren. Er ließ Minnack und Albers kommen. Seine Mitarbeiter telefonierten bei allen erdenklichen Ämtern und Behörden herum, um die Adressen ehemaliger Häftlinge aufzutreiben, die im Zuchthaus Brandenburg eingesessen hatten. Die Befreiung der Zuchthäuser und Konzentrationslager im Zuge des Vormarsches der Roten Armee hatte den unerfreulichen Nebeneffekt, daß neben den politischen Häftlingen auch Schwerkriminelle auf freien Fuß gekommen waren, die sich bald zu neuen Banden zusammenschlossen und einander Unterschlupf gewährten. In diesen Kreisen nach Kimmritz zu fahnden, lag auf der Hand.

In Angermünde erwartete man sie ungeduldig. Kriminalanwärter Rudlof mühte sich seit Stunden mit einem Tatverdächtigen, den er aus Liebenwalde herbeigeschafft hatte. Rudlof war noch jung, er hatte soeben den Kriminalanwärterlehrgang in Biesenthal absolviert, und steckte voller Tatendrang.

»Der ist stur wie ein Panzer«, schimpfte er auf seinen Verdächtigen. »Dabei ist der Fall sonnenklar. Die Frau wurde am Sonntagmorgen zwischen Pinnow und Mürow überfallen. Ein Schrankenwärter an der Schwedter Eisenbahnstrecke gab uns den Hinweis, daß ein Beiwagenmotorrad in aller Herrgottsfrühe den Bahnübergang aus Richtung Pinnow passiert hat. Das Krad gehört Theodor Schurz aus Liebenwalde.«

»Liebenwalde liegt an der Havel«, unterbrach Albers. »Fünfzig Kilometer westwärts.«

»Schorz' Schwiegervater wohnt in Pinnow. Bei dem war er zu Besuch!«

»Leiten Sie daraus Ihre Beweiskette ab?« fragte Minnack.

»Die Hurtig hat ihn erkannt!« trumpfte Rudlof auf. »Trotzdem streitet er ab. Bin gespannt, ob Sie ihn jetzt weichkochen, Kamerad Kommissar.«

»Erst müssen wir ja mal mit ihm reden«, brummte Paul, dem jede Art von Vorschußlorbeeren zuwider war.

Er und Albers betraten die Vernehmungszelle. Der Tatverdächtige, ein Mann zwischen dreißig und vierzig, saß auf seinem Holzstuhl. Als die Tür geöffnet wurde, blickte er auf. Ein blasses Allerweltsgesicht mit glatt zurückgekämmten blonden Haaren. In den Händen knetete er ein blaue Schirmmütze; bei flüchtigem Betrachten konnte man sie durchaus als Schiffermütze deuten.

Pauls Interesse erwachte. »Haben Sie mit der Flußschifffahrt zu tun?«

»Ich bin Kraftfahrer bei 'nem Fuhrunternehmen. LKW-Transporte, Möbelspedition und so.«

»Sie kommen viel herum? Nehmen unterwegs auch Anhalter mit?«

»Klar. Ist nicht so langweilig.«

»Auch Frauen?«

»Wenn sich's ergibt.«

»Sie wissen, wessen man Sie verdächtigt?«

»Würden Sie sich an der alten Hexe vergreifen?«

»Das Opfer hat Sie wiederkannt!«

»Wahrscheinlich hat ihr der Teufel ins Gehirn geschissen!« fauchte Schorz erbost. Er zerrte an seiner Mütze.

»Sie wohnen in Liebenwalde, wurden am Sonntagmorgen aber in Pinnow gesehen!« sagte Albers.

»Bei meinem Schwiegervater. Hab ich ja zugegeben.«

»Nachdem man Ihnen die Aussage des Schrankenwärters vorgehalten hat!« konterte der Oberassistent. »Warum?«

»Was – warum?«

»Was war der Grund für Ihre Fahrt nach Pinnow?«

»Das werden Sie vielleicht nicht verstehen. Ich hab 'ne Wiese gepachtet an der Havel bei Neuholland. Die wollte ich mähen. Meine Sense war stumpf, also hab ich sie am Sonnabend zu meinem Schwiegervater gebracht. Der versteht was vom Dengeln. Weil's schon spät war, blieb ich in Pinnow und bin erst Sonntag früh los. Um acht, das können Sie ja nachprüfen, hab ich an der Havel gemäht. Dafür gibt's Zeugen. Die Nachbarn waren beim Heuwenden!«

Paul blätterte in der Anzeige. Tatzeit: 7.30 Uhr, stand auf dem Blatt. Der Kommissar hatte plötzlich das Gefühl, daß hier einiges nicht im Lot war. Warum hatte Schorz den Aufenthalt in Pinnow solange bestritten, bis man ihm das Gegenteil bewies. Und wie konnte er, wenn er das Verbrechen tatsächlich in Pinnow begangen hatte, eine halbe Stunde später im fünfzig Kilometer entfernten Havelland bei der Grasmahd sein? Doch die Geschädigte hatte ihn als Täter bezeichnet. Widersprüche, die nach einer sorgfältigen Überprüfung verlangten. Man durfte hier nichts übers Knie brechen.

Mit der Erkenntnis beendete Paul das Verhör. Sie nahmen Schorz mit nach Eberswalde und steckten ihn in die Polizeihaftanstalt. Achtundvierzig Stunden hatte die Kommission Zeit, bevor ein Haftrichter über das weitere Schicksal des Kraftfahrers befinden mußte.

Minnack und Albers machten sich in Liebenwalde an die Arbeit. Die Nachbarn bestätigten, daß sie Theo Schorz an dem bewußten Sonntag um acht Uhr auf der Havelwiese angetroffen hatten. Stutzig wurde Minnack, als einer der Zeugen sich brüstete, daß er für Theo aus alter Freundschaft die Sense richtet. Beim Polizeiposten brachte Albers in Erfahrung, daß es im vergangenen Jahr zwei Überfälle in Ruhlsdorf und bei Marienwerder gegeben hatte. Einer Eingebung folgend, luden sie die geschädigten Frauen in ihr Dienstauto ein und fuhren nach Eberswalde. Die Gegenüberstellung erfolgte auf dem Hof des Polizeigefängnisses. Beide Frauen schüttelten den Kopf. Nein, der war es nicht!

»Laßt mich mal allein mit ihm reden!« sagte Paul zu seinen Männern. Der Kraftfahrer wurde vorgeführt. Der Kommissar bot ihm eine Zigarette an. »Ihr Alibi geht in Ordnung, Herr Schorz.« eröffnete er die Unterredung, woraufhin der Kraftfahrer hörbar aufatmete. »Aber jetzt verlange ich, daß Sie mir den wahren Grund für Ihre Fahrt nach Pinnow nennen. Daß Ihr Schwiegervater die Sense dengelt, das halte ich, schlicht gesagt, für eine Ausrede. Das besorgt nämlich Ihr Nachbar, wie wir inzwischen erfahren haben. Folglich hatte die Fahrt einen anderen Zweck!«

Schorz druckste herum, er drehte und wand sich. Der Kommissar ließ nicht locker. Nach zwei Stunden das Geständnis: »Ich habe Ferkel nach Pinnow gebracht. Für meinen Schwiegervater und zwei andere Bauern. Sechs Stück.«

»Schwarzhandel?«

»Sagen wir ›organisiert‹. Ein Züchter aus Lenzen hat sie mir bei einer Fahrt in die Prignitz verkauft!«

»Ich verstehe«, sagte Kommissar Paul. »Trotzdem darf ich Sie vorerst nicht laufen lassen, Herr Schorz. Die Aussage der Geschädigten Hurtig steht noch im Raum!«

Gegen Abend rief der Leiter der Kriminaldienststelle Angermünde an. Die Stimme des Kriminalobersekretärs klang verlegen. »Uns ist hier eine ziemlich peinliche Sache unterlaufen«, bat er um gut Wetter. »Kollege Rudlof wußte nicht, daß die alte Frau Hurtig extrem kurzsichtig ist. Bei der Gegenüberstellung hatte sie die Brille vergessen. Rudlof maß dem keine Bedeutung bei. So kam eine Aussage zustande, die das Papier nicht wert ist, auf dem sie jetzt steht.«

»Peinlich, peinlich!« grunzte Paul. »Reißen Sie Ihrem jungen Mann den Arsch auf, daß ihm Hören und Sehen vergeht!«

»Worauf Sie sich verlassen können, Kamerad Paul.«

Ein halbes Jahr später flog Rudlof ohnedies aus dem Polizeidienst. Eine Dienstreise in der Angermünder Mordsache Lemke sollte ihm zum Verhängnis werden. Er betrat den Britischen Sektor in Berlin und übernachtete im Hause des Mordopfers, dessen Witwe später als Mittäterin überführt wurde. Rudlofs Faupax besiegelte seine Karriere.

Theo Schorz kam unverzüglich auf freien Fuß. Die Anzeige wegen seines Wirtschaftsvergehens übernahm das Kommissariat K 3 zur Bearbeitung.

Am 26. Juni – seit zwei Tagen lief der angekündigte Geldumtausch in den ostdeutschen Ländern – fuhren Paul und Minnack in die Potsdamer Bauhofstraße. Oberkommissar Nowak hatte sie zur Berichterstattung ins Landeskriminalamt bestellt. Der Vortrag fand im Zimmer des brandenburgischen Kripochefs, Oberregierungsrat Höding, statt. Die DVdI hatte einen der drei K1-Referenten entsandt. Oberkriminalrat Helmuth Rockstroh war Mitte Dreißig. Die dunkle, brünette Gesichtsfarbe stand im auffälligen Kontrast zu seinem angegrauten Schläfenhaar. Geschmackvolle Kleidung, die zur schlanken Gestalt paßte. Ein Mann mit einer imposanten Erscheinung und voller Energie.

Kommissar Paul resümierte in seinem Bericht: Die Sonderkommission ROLAND hat eine Kette von Erfolgen zu verzeichnen, doch der entscheidende Durchbruch, die Festnahme des Hauptverdächtigen Willi Kimmritz, ist bislang nicht geglückt. Dann wurden Fragen gestellt. Paul und Minnack ergänzten sich in den Antworten. Die Mienen der Anwesenden blieben verschlossen. Paul konnte sich des Gefühls nicht erwehren, daß man die Sonderkommission eben zu Grabe trug.

Oberregierungsrat Höding fällte das Urteil. In der für ihn typischen Diktion erklärte er: »Angesichts geringer Aufklärungschancen und des Kräfteaufwands, der unter den Bedingungen der gegenwärtigen kriminalpolitischen Lage nicht zu verantworten ist, sehe ich keinen Nutzen, die Tätigkeit Ihrer Einsatzgruppe fotzusetzen. Die Währungsreform hat neue kriminelle Aktivitäten freigesetzt, für deren Untersuchung wir jeden fähigen Mitarbeiter in den Dienststellen dringend brauchen. Sämtliche Stützpunkte sind aufzulösen. Die Akten der laufenden Ermittlungsverfahren und die Fahndungssache Kimmritz übergeben Sie dem Kriminalamt in Eberswalde!«

31

In allen ostdeutschen Polizeidienststellen und im Sowjetischen Sektor von Berlin war höchste Alarmbereitschaft angeordnet. Auf die Einführung der »Kuponmark«, die nach sowjetischem Willen das gesamte Territorium Groß-Berlins einschließen sollte, antworteten die Briten und Amerikaner mit der Ausgabe der »B-Mark«. Nur zögerlich schloß sich die französische Militärregierung an. Marschall Sokolowski befahl, den Eisenbahn-, Straßen- und Schiffahrtsverkehr zwischen Westberlin und den Westzonen einzustellen. Stromlieferungen wurden wegen »Kohlenmangels« eingestellt, die Schleuse bei Rathenow wegen »dringender Reparaturarbeiten« geschlossen. Die Berlin-Blockade war geboren und der amerikanische Oberst Howley setzte die Luftbrückenversorgung »Operation Vittles« in Gang. Zudem ließen die US-Behörden in ihrem Sektor die »Black Guard« aufstellen. Nach offizieller Verlautbarung für die Bewachung alliierter Militärobjekte, aber die Sowjets witterten wohl nicht zu Unrecht eine bewaffnete deutsche »Hilfstruppe« in den schwarzgekleideten Formationen. Am 6. Juli rückten größere Abteilungen der Polizei aus der sowjetische Zone in den Ostsektor ein, angeblich zur Verstärkung der Kontrollen an den Sektorengrenzen. Nie war die Gefahr eines Krieges zwischen den ehemaligen Verbündeten der Antihitlerkoalition so akut wie in diesen Wochen.

Rudi Wende fand nur selten Zeit, einen Blick in den Aktenstapel mit dem Decknamen ROLAND zu tun, der wieder auf seinem Schreibtisch gelandet war. Ein Einsatz jagte den anderen. Zwar hatte der Kommissar Paul ihn in einer kollegialen Geste über jeden Schritt der Sonderermittler ins Bild gesetzt, doch die Zusammenhänge fehlten, und die mußte Wende sich erst wieder anlesen. Ingrimmig hockte er in den stillen Minuten an seinem Schreibtisch, die große Erleuchtung wollte sich nicht einstellen. Drei Wochen waren vergangen, ohne daß der Vergewaltiger ein neues Opfer gefunden hatte. Es gab keine Spur von Kimmritz. Vielleicht ist er von der Polizeipräsenz, die in den letzten Wochen überhandgenommen hatte, abgeschreckt worden, dachte der Kommissar. Eine alte Bauernweisheit fiel ihm ein, die sein Vater immer gepredigt hatte: Die Katze läßt das Mausen nicht und der Marder nicht das Töten! Schon die nächsten Tage sollten beweisen, wie recht Wendes Vater mit diesem Ausspruch hatte.

Donnerstag, den 8. Juli 1948: Gertrud Gille, eine alleinstehende Angestellte aus Berlin, steigt in Eberswalde aus dem Zug. Ihr Reiseziel ist Angermünde. Weil der von Bernau kommende Personenzug nach Frankfurt an der Oder weiterfährt, ist sie zum Umsteigen gezwungen. Am Schalter erfährt die Frau, daß eine Anschlußverbindung frühestens in vier Stunden besteht, aber auch diese Auskunft sei ohne Gewähr, da neuerdings viele Züge wegen Lokmangels ausfallen. In den verräucherten Wartesaal mag Frau Gille nicht. So beschließt sie, sich die Zeit in der Stadt zu vertreiben. An der Bushaltestelle vor dem Bahnhofsgebäude stößt sie auf einen untersetzten Mann in ihrem Alter. Der Fremde trägt einen fadenscheinigen blauen Anzug und eine dunkle Schirmmütze. Seine Hände sind auf den Lenker eines Herrenfahrrades gestützt. »Na, Sie kommen wohl auch nicht weiter?« fragt der Mann. »Wo müssen Sie denn hin? Vielleicht kann ich helfen?«

»Angermünde.«

»Das trifft sich gut. Wenn Sie wollen, nehm ich Sie auf dem Rad bis Chorin mit. Dort steht mein LKW zur Reparatur.«

Gertrud Gille folgt der freundlichen Einladung. Etwa acht Kilometer hinter Eberswalde, unweit der Siedlung Neuehütte, biegt der Radfahrer von der Straße ab in einen schmalen Forstweg ein. Hier wirft er die zu Tode erschrockene Frau zu Boden, umklammert ihren Hals mit Würgegriffen und reißt ihr die Kleidung herunter, bevor er sie brutal vergewaltigt und ausraubt.

Sonnabend, 10. Juli 1948: Die vierundzwanzigjährige Verkäuferin Marga Boromäus ist mit ihrer älteren Freundin Anneliese auf Hamsterfahrt in der Prignitz unterwegs. Der Ausflug der beiden Berlinerinnen scheint glücklos zu enden, denn als sie mit ihren Rucksäcken in der Bahnhofsgaststätte Glöwen sitzen, um auf den Abendzug nach Berlin zu warten, haben sie nicht mehr als eine Handvoll Eier, ein Bauernbrot und zwei Würste ertauscht. Während sie an einem Bier nippen, nimmt ein Mann, Mitte Dreißig, am Tisch Platz. Er stülpt die dunkelblaue Schiffermütze über den Rand seiner Stuhllehne und verlangt bei der Wirtin Bier und Schnaps. Ein Gespräch kommt in Gang. Die beiden Frauen berichten von ihrem Pech. »Nicht ein einziges Pfund Kartoffeln?« wundert sich der Fremde. »Dabei haben Sie doch was zu bieten.« Er deutet auf die goldene Armbanduhr, die Marga Boromäus trägt. »Wissen Sie was, ich kenne mich in der Gegend aus. Wenn Sie wollen, gehen wir mal rüber zum alten Waldbauern, nur zehn Minuten von hier, vielleicht verkauft der Ihnen noch ein paar Kartoffeln.«

»Bleibst du beim Gepäck, Anneliese«, schlägt die Boromäus ihrer Freundin vor. Eine Entscheidung, die sie bald bitter bereut. In dem abseits gelegenen Waldstreifen, den sie angeblich durchqueren müssen, fällt der Mann über sie her, zwingt sie mit groben Faustschlägen, ihm gefügig zu sein. Dann entreißt er ihr unter Hohnlachen die goldene Armbanduhr und eine Handtasche, in der sich hundert Mark, zwei Zigarettendosen, Ausweispapiere und die Hausschlüssel der Boromäus befinden.

Der Sachbearbeiter K 4 in der Kriminalaußenstelle Havelberg erinnerte sich sogleich an die Vergewaltigung der sechsundzwanzigjährigen Umsiedlerin Lotte Alding. Der Vorgang lag fast auf den Tag acht Wochen zurück. Er kramte den schmalen Hefter aus der Ablage und verglich die Aussagen der überfallenen Frauen. Sowohl die Vorgehensweise des Täters als auch sein Signalement stimmte in beiden Fällen überein. Ein neuer Serientäter in unserem Bezirk, seufzte der Havelberger Kriminalassistent. Wo konnte die Fahndung nach dem gesichtslosen Gewaltverbrecher ansetzen?

Sein Kollege Rudi Wende im Kriminalamt Eberswalde war ihm um einige Längen voraus. Er kannte das Gesicht des Sittlichkeitsverbrechers, der Gertrud Gille im Choriner Forst vergewaltigt hatte. Inzwischen verfolgte es ihn bis in den Schlaf. Frau Gille hatte ein Fahndungsfoto aus einem Stoß von Täterlichtbildern heraussortiert und es dem Kommissar wortlos in die Hand gedrückt. Der Name des Mannes lautete: Willi Kimmritz.

32

Am Vormittag des 13. Juli 1948 stürmte der langgesuchte Willi Kimmritz inmitten einer Herde rücksichtslos drängender Reisender in den »Heringsexpreß« auf dem Bahnhof Spandau-West. Der stets überfüllte Dampfzug brachte die hamsterwilligen Berliner über Nauen und Friesack bis Wittenberge, Ludwigslust oder Hagenow. Und auf der Heimfahrt roch es aus den meisten Taschen nach jenem Tauschäquivalent, dem der Zug seinen spöttischen Beinamen verdankte. Willi Kimmritz besaß nicht mehr als einen alten Militärrucksack. Leer und schlaff hing er vom Rücken seines Trägers herab. Unter heftigem Einsatz beider Ellenbogen gelang es Kimmritz, einen Sitzplatz zu erobern. Aufatmend fiel er auf die Holzbank, froh in der Menge untergetaucht zu sein. Im letzten Augenblick war eine Patrouille der Bahnpolizei auf dem Bahnsteig aufgekreuzt.

Obwohl Kimmritz in einem Nichtraucherabteil 2. Klasse saß, roch es penetrant nach billigem Tabakrauch und nach säuerlichem Schweiß. Frauen, Kinder und einige ältere Männer standen oder hockten dichtgedrängt in den Abteilen oder Gängen. Manche benutzten einen prallgefüllten Tragekorb, einen zusammengeschlagenen Teppich oder gar einen kleinen Handwagen als Sitzgelegenheit, womit sie sich die Gewißheit verschafften, daß ihr Reisegepäck ihnen nicht unter dem Hintern weggestohlen wurde. Ein Aufatmen lief durch die Waggons, als sich der Zug endlich in Bewegung setzte.

Willi Kimmritz musterte die Mitreisenden. Links und rechts von ihm saßen zwei ältere Frauen in abgetragener Kleidung, farblose verbissene Gesichter, so daß sie ihn nicht weiter interessierten. Am Fensterplatz ein Halbwüchsiger, der sich mit seinem Vater, einem Kriegsinvaliden, unterhielt. Die beiden daneben sind Hausfrauen, dachte Kimmritz. Sie tauschten unaufhörlich Kochrezepte aus. Eines kannte er sogar: Aus Mehl, Majoran, Salz, Pfeffer, etwas Wasser und noch weniger Öl wurde »Leberwurst nach Hausmacherart« zusammengerührt.

Kimmritz grinste vor sich hin. Sein Blick fiel auf die fünfte Frau im Abteil, die schräg gegenüber an der Tür saß. Er schätzte sie auf Mitte Vierzig. Kurzgeschnittenes dunkles Haar umrahmte ein rundliches Gesicht. Sie hatte einen guterhaltenen Sommermantel an, der ihre füllige Figur eng umschloß. Die Frau, sie trug übrigens einen goldenen Ehering, litt nicht unbedingt Not. Ihre materiellen Verhältnisse waren vermutlich gesichert. Dafür sprach auch ihr geringes Reisegepäck, eine Handtasche und ein mittelgroßer Rucksack, in denen sie keine »erheblichen Sachwerte« als Tauschware mitschleppen konnte. Was dann? Kimmritz' Interesse an der Frau wuchs.

»Die Sorte Leberwurst ist bestimmt nicht nach Ihrem Geschmack«, sprach er sie schließlich an. »Meine auch nicht.« Er hatte seinen treuherzigen Kinderblick aufgesetzt. Prompt reagierte die Frau auf den Annäherungsversuch: »Nein, nicht unbedingt. Aber wählerisch kann man ja in dieser Zeit nicht sein.«

»Hunger ist der beste Koch. Und er treibt uns alle über

Land.« Mit solchen Allgemeinplätzen bezog Kimmritz die Mitreisenden in die Unterhaltung ein.

»Wer ordentlich wat uff die Rippen hat«, meinte die geschwätzigere der beiden Hausfrauen nicht ohne beziehungsvollen Seitenblick, »kann sich schon mal 'n paar Diättage leisten.«

»Davon haben wir seit vierundvierzig an der Front genug gehabt«, brummte der Kriegsversehrte bissig.

»In Berlin war's och nich ville besser.«

»Lieber trocken Brot essen, als nochmal Bombennächte in den Kellern«, sagte die Frau zur Rechten.

Kimmritz lachte. »Trocken Brot, ja. Aber ein Stück Speck hätte ich ganz gerne mal wieder zwischen den Zähnen.«

»Haben wir neulich bei einem Bauern hinter Kyritz eingetauscht.«

»Mann, und dazu Bratkartoffeln!« schwärmte der Invalide.

»Und Sie?« wandte Kimmritz sich wieder der Frau im Sommermantel zu. »Wonach lechzt Ihre Zunge denn so?«

»Obst«, sagte sie. »Ich würde gern Erdbeeren kaufen oder ein paar Äpfel.«

»Erdbeeren kriegen Sie vielleicht in Werder«, erklärte der Mann am Fenster. »Oder weiter südlich, bei Elsterwerda, da gibt es große Erdbeerplantagen. Hohenleipisch heißt das Nest. Aber Äpfel ...?«

»Haferäpfel«, sagte die Frau links von Kimmritz. »Die reifen jetzt. Gehen Sie nach Bredow. Fragen Sie dort.«

»Und wo ist das – Bredow?«

»Müssen Sie in Nauen aussteigen. Fragen Sie am besten auf'm Bahnhof, wie Sie dorthin kommen. Die Obstgrundstücke liegen außerhalb.«

Da war sie, die Chance für Willi Kimmritz!

»Ich weiß, wo das ist«, ließ er sich vernehmen und rückte vor unterdrücktem Eifer seine Mütze zurecht. »Man muß ein Stück durch den Wald. Wenn Sie wollen, steigen wir zusammen in Nauen aus. Einen Rucksack voller Äpfel kann ich nämlich auch gebrauchen.« Die Sätze fielen bedachtsam.

Sein Blick, scheinbar arglos und offen, und die ruhige Art, in der er das alles sagte, fiel zum wiederholten Male auf vertrauensseligen Boden.

»Naja, wenn Sie kein anderes Reiseziel haben ...«

Der Zug erreichte Nauen. Sie winkten den Mitreisenden, die ihnen noch »Viel Glück!« wünschten, zum Abschied zu und verließen gemeinsam mit einem guten Dutzend Rucksackmenschen den Nauener Bahnhof. Ohne zu zögern, als kenne er sich wirklich hier aus, marschierte Kimmritz in Richtung Norden davon. Ein paar hundert Meter hinter dem Bahnhof zweigte eine Straße nach Bredow und Brieselang ab. Kimmritz sah, daß sie sich im flachen Luch zwischen Wiesen und einzelnen Baumgruppen verlor, während die geradeaus führende Hauptstraße in der Ferne in einen dunklen Waldstreifen eintauchte. Nach und nach verschwanden die rucksackschleppenden Reisegefährten in den Seitenstraßen. Kimmritz und die Frau überquerten die Hohe Brücke über den Havelländischen Hauptkanal und wanderten bald allein dem imaginären Ziel der Obstplantagen entgegen. Nach zwei Kilometern ging das wiesengrüne und von Gräben durchzogene Luch in den Nauener Forst über.

»Alle Achtung«, bewunderte ihn die Frau. »Sie kennen sich aber in der Gegend aus. Sind Sie viel unterwegs?«

»Ich suche nach meiner Familie«, erwiderte er. »Hab sie im Krieg verloren. Vermißt.«

»Da habe ich aber mehr Glück gehabt. Mein Mann ist Lokomotivführer bei der Reichsbahn. Den Krieg hat er als Feldeisenbahner mitgemacht. Und jetzt muß er bei der Lokbrigade fahren.«

»Nie gehört.«

»Eine Güterzugbesatzung aus deutschen Lokführern, Heizern und Zugführern. Sie fahren Reparationstransporte für die Russen quer durch Polen bis hinter die russische Grenze. Kein leichtes Leben, kann ich Ihnen sagen. Manchmal ist er lange unterwegs, zwei oder drei Wochen.«

»Oh, da sind Sie viel allein«, grinste er. »Und gar keinen Liebhaber?«

Sie lächelte verschämt. »Was soll ich mit dem? Und außerdem lebt meine Mutter bei uns in der Wohnung.«

»Keine Kinder?«

»Nein, leider. Aber in der heutigen Zeit sagt man wohl besser: Gottseidank!«

»Und Sie wohnen in Berlin?«

»Wilmersdorf. Uhlandstraße.«

Ein Viertel für bessergestellte Leute, ging es Kimmritz durch den Sinn. Die Wohnadresse paßte zu dem Bild, das er sich von seiner Begleiterin machte.

Am Waldrand trafen sie auf einen Holzarbeiter. Kimmritz konnte es nicht verhindern, daß die Frau sich bei dem Einheimischen nach den Apfelplantagen erkundigte. Der Arbeiter sah sie erstaunt an. »Is' aber noch 'n Stück Weges«, brummelte er. »Jehn Se rechts durch 'n Wald, Frau Nachbarin. Und dann links die Straße mit 'm Kopfsteinpflasterchen. Am alten Jachtgut vorbei. Jeht direkt bis nach Paaren im Glien. Dort pflanzen Se Äpfelchen. Juten Weg denn auch!« Er wandte sich wieder seinen Reisighaufen zu.

Der Wald nahm die beiden Wanderer auf. Vielstimmiges Vogelgezwitscher begleitete sie. Kimmritz begann von seinen Erlebnissen während der Hamstertouren zu erzählen.

»Die echten Erfahrungen mit den Leuten vom Dorf macht man, wenn man nichts mehr zum Eintauschen hat, dann bist du aufs Betteln angewiesen. Die reichen Bauern sagen sofort: ›Wir haben selber nichts!‹ Oder sie lassen dich einen ganzen Tag lang Holz hacken und drücken dir als Lohn einen trockenen Kanten Brot in die Hand, der sonst in den Schweinetrog gewandert wäre. Und neulich hat mir einer Salz versprochen. Als ich später in der Tüte nachschaute, war rostbraunes Viehsalz drin.«

Sie passierten das Jagdgut Stolpshof. Man sah, daß es von Flüchtlingen bewohnt war. Kimmritz winkte ab, als seine Begleiterin hier anklopfen wollte. »Die Leute haben nichts zu verschenken«, meinte er. »Bei den Kleinbauern oder bei den Tagelöhnern hat man eher Glück. Die braten einem schnell ein paar Kartoffeln und stellen eine Tasse heiße Milch dazu. Wenn wir bei solchen Leuten nachfragen, kriegen wir bestimmt unsere Äpfel.« Kimmritz verhielt den Schritt. Er sah sich kurz um und zeigte auf einen Gestellweg, der rechterhand in den Wald hineinführte. »Wir gehen diesen Weg. Das ist 'ne Abkürzung.« Die Frau folgte ihm ohne Argwohn. »Am liebsten sind mir ja die jungen Strohwitwen«, nahm Kimmritz nach einiger Zeit den Faden wieder auf, »denen man es so richtig besorgen kann ... Besorgen, verstehen Sie!« Er atmete schwer und blieb am Rand einer mannshohen Kiefernschonung stehen. Die Frau, die hinter ihm ging, lief auf Kimmritz auf. Blitzschnell fuhr der herum. Mit wachsendem Entsetzen nahm die Frau die Veränderungen wahr, die sich im Wesen ihres Begleiters vollzogen. Das war nicht mehr der freundliche und hilfsbereite Tippelbruder, für den sie ihn gehalten hatte. Der Mann war eine reißende Bestie. Hemmungslose Gier sprang aus seinen Augen. »Und wir zwei werden das jetzt auch tun!« keuchte er. Noch bevor sie eine Abwehrbewegung machen konnte, hatte er ihr schon Mantel und Rock bis über die Hüften hochgerissen und brachte sie rücklings zu Fall. Die Frau ließ ihre Handtasche fahren, schlug nach seinem Gesicht. Eine Reaktion, die seine Lust eher anstachelte. Er begrub sie mit seinem Körpergewicht, drang in ihren Leib ein, obwohl sie sich verzweifelt wehrte und ihn abzuschütteln versuchte. Sein lustvolles Stöhnen entlockte der Frau eine Flut von Schimpfworten. Ganz plötzlich lagen seine Hände an ihrer Kehle. Die Lust zum Töten übermannte Kimmritz – das Untier drückte zu.

Dann war alles vorüber. Oder doch nicht? Ein letzter Seufzer vielleicht? Kimmritz zerrte die Schnur von ihrem Rucksack, schlang sie der Frau um den Hals und erdrosselte sie. Danach konnte er nicht mehr in ihr Gesicht blicken. Jäh erhob er sich, stolperte weiter in die Schonung hinein und warf sich nach wenigen Schritten erschöpft zu Boden, wobei er sich tief in die Gräser und in den Farn hineinwühlte, der scharf und streng duftete. In der Nähe ruckste ein Wildtaubenpärchen. Weiter entfernt klopfte der Specht. Der Mörder lag unbeweglich, lange, bis es im Wald dämmerte. Dann stand er auf, klopfte die Streu von seinen Kleidern und ging zu der Leiche zurück.

Kimmritz zog ihr den Ring vom Finger. In der Handtasche fand er die Hausschlüssel der Toten, ein Portemonnaie mit reichlich Bargeld und die Personalpapiere. Kimmritz klappte die Kennkarte auf. Der Name der Frau lautete Elfriede Flory, und sie wohnte tatsächlich in der Wilmersdorfer Uhlandstraße.

33

Tags darauf suchte Willi Kimmritz das Haus in der Uhlandstraße auf. Es lag nicht weit vom Hohenzollernplatz entfernt. Nach dem Mord war er bis zum Bahnhof Brieselang gelaufen, von wo er mit dem Abendzug nach Berlin zurückfuhr. Den Ring übergab er seiner derzeitigen Quartierwirtin Elli Puschke, bei der er in der Nähe des S-Bahnhofes Börse untergekrochen war. Die Puschke, ein hübsches Frauenzimmer um die Dreißig, sollte den Ring verkaufen, und den Erlös mit der ausstehenden Miete verrechnen. Gleichzeitig teilte er ihr mit, daß er am Mittwoch nochmal los müsse, um einige Sachen zu holen, die er seit seiner Tätigkeit als Gutsverwalter in Margaretenhof untergestellt habe.

Kimmritz drückte die Tür des Mietshauses auf, das den Krieg schadlos überstanden hatte, sah man von den Einschüssen in der Fassade und den mangelhaft reparierten Fenstern auf der Straßenseite ab. Das Glas zeigte Sprünge und Risse. Im Treppenhaus herrschte Halbdunkel. Kimmritz riß ein Streichholz an und orientierte sich am »stillen Portier«. Die Wohnung Flory lag im zweiten Stock. Er stieg die Treppe hinauf, blieb vor der Tür stehen und musterte sie kurz, bevor er den Bügel mit der Messingklingel zog. Nichts rührte sich. Kimmritz klopfte. Wieder nichts. Wo steckt bloß die alte Dame, die angeblich in der Wohnung sein sollte? Wenn er jetzt aufschloß, und die Alte überraschte ihn, konnte es brenzlich werden.

Vom Hof her drangen Arbeitsgeräusche durch ein offenes Treppenfenster. Kimmritz ging hinunter und entdeckte eine junge Frau in derber Latzhose und einem buntgesprenkelten Kopftuch, die vor einem Kellereingang Schrottbleche sortierte.

Kimmritz tippte grüßend an den Lackschirm seiner blauen Schiffermütze. »Wissen Sie, ob in der Wohnung Flory jemand zu Hause ist?«

Die Frau richtete sich auf, band ihr Kopftuch auf und strich die hellen Haarsträhnen nach hinten. »Ich glaube, die alte Dame ist eben zum Einkauf gegangen«, erwiderte sie. »Kann aber nicht lange dauern. Der Milchladen von Bolle ist gleich um die Ecke.«

»Danke!« Kimmritz überlegte, wie er weiter vorgehen sollte, wurde aber einer Entscheidung enthoben, als die Haustür von außen aufgedrückt wurde und eine solide gekleidete, weißhaarige Dame, Mitte der Sechzig, in den Torweg trat. Sie stützte sich auf einen Stock und trug eine Milchkanne in der linken Hand.

Sogleich rief die junge Frau in der Latzhose: »Hallo, der Herr will zu Ihnen, Frau Flory!«

»Zu mir?« wunderte sich die Alte. »Kommen Sie vom Bezirksamt, wegen der Rente?«

»Ihre Tochter schickt mich, die Elli.«

»Ja, was ist denn mit ihr?«

»Sie möchten so schnell wie möglich nach Nauen kommen. Ihre Tochter wartet auf dem Bahnhof. Nehmen Sie aber einen Eimer mit, weil sie das Obst nicht allein zurückbringen kann. Es ist zu viel.«

»Ach Gottchen«, sagte die alte Dame aufgeregt. »Ja, da muß ich mich selbstverständlich beeilen. Ich mach mich gleich auf den Weg. Vielen Dank auch, junger Mann. Vielen Dank!«

Kimmritz verließ das Haus mit raschen Schritten. In einiger Entfernung, aber so, daß er die Haustür noch im Blickfeld hatte, legte er sich erneut auf die Lauer. Eine viertel Stunde mußte er sich gedulden, dann sah er von seinem Beobachtungsposten aus, wie die weißhaarige Dame aus dem Haus trat und zur Straßenbahnhaltestelle am Hohenzollernplatz tippelte. Sicherheitshalber wartete er ab, bis sie mit der nächsten Tram abgefahren war, dann ging er zum Haus zurück, schnürte vorsichtig durchs Treppenhaus und zog erneut am Messingbügel der Türglocke. Auch das eine Vorsichtsmaßnahme, immerhin war nicht auszuschließen, daß eine Nachbarin inzwischen die Wohnung der Florys hütete. Doch hinter der Tür blieb es still. Nun zog er die Schlüssel der Ermordeten aus der Tasche, schloß auf und verschwand blitzschnell im Korridor.

Seine erste Suche galt den Gold- oder Schmucksachen der Familie. Kimmritz hatte Pech. Außer einer silbernen Taschenuhr, einem Zigarettenetui und einigen wertlosen Ohrringen, Tinneff sozusagen, erwies sich die Ausbeute als bescheiden. Dafür wurde er im Kleiderschrank fündig. Ein Ledermantel, ein hellgrauer Kamelhaarmantel, ein dunkler Anzug und ein braunkariertes Sacko flogen aufs Ehebett. Es folgten ein brauner Velourhut und aus dem Wäschefach ein Stück Mantelstoff von vier Metern Länge. Im Korridor entdeckte Kimmritz guterhaltene Herrenschuhe und drei Paar Damenpumps. Dazu eine braune Lederaktentasche, in die er alle kleineren Beutestücke und ein Reisenecessaire stopfte. Auch die Transportfrage für die größeren Stücke löste sich, als er unter den Betten einen leeren Koffer hervorzog. Den Rest der Kleidung stopfte er in einen Sack.

Nicht einmal zwanzig Minuten hatte sein Beutezug gedauert. Sorgsam auf die Geräusche im Treppenhaus lauschend, verließ er dann ebenso rasch wie er gekommen war, die Wohnung in der Uhlandstraße.

Frau Puschke, seine lebenslustige Wirtin, die von ihrem Mann getrennt lebte, was sie aber nicht hinderte, noch gelegentlich mit dem Ex-Gatten ins Bett zu steigen, fiel ihrem Untermieter um den Hals. »Alles deine Sachen?« staunte sie. »Mann, wie ein Krösus hast du auf deinem Gut gelebt. Hätteste nicht bleiben können?«

Er zuckte die Achseln. »Die Russen ...«

»Ach ja. Und das soll ich alles verkloppen?«

»Bis auf die beiden Mäntel«, entschied Kimmritz. »Die nehm ich mit nach Karlshorst, zu den Russen.«

Einige Tage später gelang ihm auch dieser Coup. Sowjetische Offiziere interessierten sich für die Mäntel. Tausend Mark und zwei russische Kommißbrote erfeilschte Kimmritz für den Ledermantel. Sechshundertachtzig Emm brachte der Kamelhaarmantel.

34

Der 16. Juli war ein Freitag. Der allgemeine Dienstbetrieb in der Kriminaldienstelle Niederbarnim, mit Sitz in Bernau, begann um 7.30 Uhr. Wie an jedem Morgen prüfte der Chef, Kriminalobersekretär Kaehlke, die Meldungen über Vorkommnisse in der vergangenen Nacht, bevor er sie als Arbeitsaufträge an die einzelnen Sachgebiete weiterreichte. Für Margot Bösang war an diesem Tag nichts dabei, so daß sie sich ihren üblichen Vorgängen widmen durfte. Dafür regnete es doppelte Arbeit für die Sachbearbeiter im K 1: »Die Außenstelle Oranienburg meldet den Fund einer weiblichen Leiche im Wald von Schmachtenhagen, und zwar in einer Kiefernschonung hinter der Kolonie Ost«, sagte Kaehlke. »Oberassistent Leverenz war gestern abend am Fundort. Er hat eine lederne Einholetasche sichergestellt, ohne Personalpapiere. Einsatz der Mordkommission wird erbeten.«

Bolduan und Steckling rafften Fotoausrüstung und Spurensicherungskoffer zusammen und begaben sich zum Einsatzfahrzeug. Der dritte Mann im Sachgebiet K 1, Kriminalsekretär Hermann Siebert, war als Sonderermittler des Landeskriminalamtes abberufen worden, so daß der grauhaarige Steckling das Kommando übernehmen mußte. Bolduan fungierte als Kriminaltechniker.

»Abmarsch!« befahl Steckling. Der Wagen rollte los. An der Toreinfahrt wurden sie durch Margot Bösang gestoppt. »Neue Weisung vom Chef!« rief sie ihnen zu. »Im Stadtforst liegt eine männliche Leiche. Ihr müßt euch erst den Toten am Liepnitzsee ansehen. Danach sollt ihr euch um Schmachtenhagen kümmern.«

So geschah es, daß die Bernauer Mordkommission erst am späten Nachmittag den Jagen 226 erreichte. Der Schmachtenhagener Ortspolizist übernahm die Führung. »Eine Kräutersammlerin aus Berlin hat die Tote gefunden«, berichtete er unterwegs. »Die Adresse steht in meinem Wachbuch.« Er dirigierte sie in das ausgedehnte Waldgebiet, das von einem breiten Fahrweg durchzogen wurde. Sie erreichten eine Kreuzung mitten im Forst. »Geradeaus kommt man zum S-Bahnhof Lehnitz. Wir müssen uns links halten. Das ist der Schneidenweg in Richtung Borgsdorf. So und jetzt stopp!« befahl er nach hundert Metern.

Die Männer stiegen aus. Sofort schlug ihnen ein eigentümlicher Geruch entgegen. Bolduan krauste die Nase. Ungute Erinnerungen stiegen in ihm auf. Das Debakel der 6. Armee bei Stalingrad, das er heil überstanden hatte. Dort roch es auch so, wenn die Gefallenen im Trommelfeuer der Stalinorgeln lange Zeit unbestattet blieben, oder der Explosionsdruck der Einschläge die bereits der Erde Anvertrauten wieder emporriß.

Der pestilenzartige Geruch drang aus einer unausgeholzten Kiefernschonung herüber. Dort lag die Tote – es war tatsächlich eine Frau, wie sie an der Kleidung erkannten –, die Beine leicht gespreizt. Das Gesicht war mit einem braunen Pappkoffer abgedeckt. Unter ihrem Rücken lugte ein verblichener Rucksack hervor.

Nachdem Bolduan die ersten Fotoaufnahmen geschossen hatte, überwand er den Brechreiz und hob den Koffer auf. Dabei löste sich der Deckel und fiel zu Boden. Die Weichteile des Leichenschädels waren kaum noch zu erkennen. Büschel blonder Haare fielen zur Seite. Wer immer die Tote identifizieren mußte, sein einziger Anhaltspunkt würde die Bekleidung sein. Um den Hals der Toten war eine Schnur geknüpft. Bolduan schnitt sie vorsichtig ab und sicherte sie als Beweisstück in einem grauen Papierumschlag.

Die Mordkommission im Einsatz (Szene aus »Leichensache Zernick«).
Quelle: Archiv des Autors

Unterdessen nahm Steckling den geöffneten Koffer in Augenschein. Ein zusammengerollter Kartoffelsack fiel heraus, mit roten, blauen und gelben Streifen an den Längsseiten und dem Firmenaufdruck »IG & H Caracas – Hamburg«. Dazu ein Paket, eingeschlagen in Zeitungspapier. Beim Öffnen zerfiel es. Mit größter Vorsicht rettete Steckling einen Zeitungsrest, der darüber Auskunft gab, daß es sich um die »Tägliche Rundschau« vom 6. Juni 1948 handelte. Dieses Datum lieferte den Fahndern der Bernauer Mordkommission einen wichtigen Anhaltspunkt. Am Erscheinungstag des Blattes hatte die Frau vermutlich noch gelebt. Das Paket enthielt zwei Stoffbeutel, der eine völlig leer, der andere zur Hälfte mit zusammengepappten Mehlresten gefüllt.

Auf dem Schneidenweg knatterte ein Leichtmotorrad heran. »Doktor Becker aus Oranienburg«, stellte sich der Radler mit der ledernen Sturzkappe vor. »Ihre Dienststelle hat mich herbeordert.«

Mit ungerührter Miene betrachtete er die Leiche. »Sehen

Sie die Fraktur an der linken Schädelseite«, wandte er sich an die Polizisten. »Die Frau ist mit einem harten Gegenstand niedergeschlagen worden, bevor der Täter sie erdrosselte. Wenn Ihnen das genügt, meine Herren, ich bin ja kein Gerichtsmediziner, dann werden Sie mich jetzt entschuldigen. Patienten warten nicht gern. Der schriftliche Befund steht Ihnen morgen in meiner Praxis zur Verfügung.«

Während der Arzt auf seinem Feuerstuhl davonknatterte, schnitten Bolduan und Steckling rechteckige Stoffetzen aus sämtlichen Bekleidungsstücken der Toten heraus. Die Proben wurden später auf Kartonkärtchen geklebt, um sie als »Kleiderkarten« für Fahndungszwecke zu nutzen.

Gegen Abend kehrten sie in die Bernauer Dienststelle zurück. Bolduan verschwand in seiner Dunkelkammer. Fotoaufnahmen entwickeln, behauptete er. Vermutlich tat er dort das gleiche wie Steckling. Der angelte eine klarsichtige »Medizinflasche« aus den Tiefen seines Schreibtisches und gönnte sich einen gehörigen Schluck. Die beste Methode, den gräßlichen Verwesungsgeruch zu vergessen, wie er den Kollegen nach jedem aktuellen Leicheneinsatz mit Duldermiene versicherte.

Dann begann er den offiziellen »Bericht zum Leichenfund im Schmachtenhagener Forst, Jagen 226« zu tippen. Ein Original für die Akte mit der Tagebuchnummer 589/48 und fünf Durchschläge. Laut vorgeschriebenem Verteilerschlüssel waren sie an das Amtsgericht in Oranienburg, an die DVdI in Berlin, die zugleich als Zonenkriminalamt (ZKA) firmierte, an das LKA in Potsdam, das Kriminalamt III in Eberswalde und an die sowjetische Kreiskommandantur zu übersenden.

35

Die schwülwarmen Nächte im Monat Juli und die Feuchtigkeit des Waldbodens bescherten eine reiche Beerenernte. In den Nachmittagsstunden des 18. Juli traf der Bürgermeister von Kienberg im Nauener Forst auf zwei aufgeregte Sammlerinnen, die ihm von einer toten Frau in Krügers Bauernwald berichteten. Er ließ sich sogleich zum Fundort führen und begab sich dann ins Gemeindebüro, um die Polizei zu verständigen.

Es war 17.00 Uhr, als das Telefon in der Kriminaldienststelle Nauen klingelte. Kriminalsekretär Dietzel nahm den Hörer ab. »Unbekannte tote Frau. Bauernwald Krüger im Jagen 33. Nordostwärtige Richtung vom Jagdhaus Stolpshof«, notierte er den Fundort, »70 Meter vom Gestellweg 33/34 entfernt. Ja, wir kommen so schnell es geht.«

Das Haus war bereits leer. Nur der Leiter der Dienststelle, der vierunddreißigjährige Kommissar Bruno Beater, hielt sich noch in seinem Zimmer auf. Der gebürtige Berliner, von Beruf Zimmermann, war 1944 zur Roten Armee übergelaufen. Nachdem er sich als Frontpropagandist des Nationalkomitees Freies Deutschland und als Aufklärer im Kessel von Breslau bewährt hatte, gehörte er bei Kriegsende zu dem von den Sowjets bestätigten Kaderkreis, der die Kommandofunktionen im neuen Polizeiapparat besetzte. 1946 übernahm er die Außenstelle der Kripo in Hennigsdorf, ein Jahr später leitete er schon die gesamte Kripo im Osthavellandkreis.

Beater schloß den »Bericht über zersetzende Bestrebungen oppositioneller Kreise der CDU und der NDP im Kreis Osthavelland«, an dessen Formulierungen er gerade noch gefeilt hatte, in den Panzerschrank ein und fuhr mit Dietzel in den Nauener Forst.

Als sie die Gebäudegruppe am Stolpshof passierten, erklärte Dietzel: »Ist 'n altes Jagdhaus. Soll bis siebenunddreißig im Besitz eines Berliner Bankhauses gewesen sein. Wahrscheinlich jüdischer Einschlag. Irgend so ein Nazibonze hat sich's dann unter den Nagel gerissen.«

»Und jetzt?«

»Der letzte Besitzer ist nach dem Zusammenbruch untergetaucht. Jetzt wohnen Umsiedler drin, die meisten aus Schlesien und Ostpreußen.«

Beater nickte. »Dann hören wir uns dort später um. Möglich, daß die tote Frau aus diesem Haus kam.«

Das ehemalige Jagdgut Solpshof. Quelle: Archiv des Autors

Die Feststellungen, die sie im Jagen 33 treffen konnten, hat der Kriminalsekretär Dietzel im Tatortbericht festgehalten: *Im Nauener Forst, unweit des ehemaligen Forsthauses St., in einer Schonung im Jagen 33, ca. 100 m vom C-Gestellweg und ca. 350 m vom B-Gestellweg in ostwärtiger Richtung, wurde eine unbekannte weibliche Leiche in folgender Lage aufgefunden: Alter ca. 35 Jahre, ausgesprochene Rückenlage, Beine leicht nach auswärts gespreizt ... Die Kleidung selbst in einem verhältnismäßig ordentlichen Zustand. Der Mantel mit sämtlichen Knöpfen zugeknöpft, jedoch speziell am Rückenteil bis fast zu den Schultern hinaufgeschoben, genauso verhält es sich auch bei dem Kleid. An der rechten Seite ist der Mantel leicht eingerissen ... Um den Hals der Leiche ist eine Rucksackschnur zweimal herumgeschlungen und vorne, an der Halsseite, zweimal verknotet. Das Gesicht ist mässig bläulich angelaufen, die Strangulationsmerkmale sind nur schwach sichtbar. Im Nacken und an den nichtaufliegenden Rückenteilen sind die Totenflecke stark sichtbar ... Zur linken Hand und am Kopf der Leiche stehen 1 leerer Rucksack mit fehlender Schnur, 1 Einholetasche mit drei zusammengelegten Zeitungen, datiert vom 10.7., 10.7. und 11.7.1948 sowie ein leerer Spankorb. Am Kopfende selbst können des weiteren einige leichte Bodenzertretungen festgestellt werden, die jedoch scheinbar erst zwei bis drei Tage alt sind, während die Leiche selbst schon ca 4 bis 6 Tage liegt. Schleifspuren, Kampfspuren und dergleichen lassen sich nicht feststellen. Etwa 7 m vom Fundort entfernt, in Fußrichtung der Leiche, wird noch ein kürzerer, stärkerer Strick aufgefunden. gez. Dietzel Krim.-Sekretär*

Bevor Dietzel den Tatortbericht an die vorgesetzte Dienststelle, in diesem Falle das Kriminalamt II in Kyritz, auf den Postweg brachte, legte er das Schriftstück seinem Chef vor. Die Berichte seiner Mitarbeiter mit Argusaugen zu analysieren, war für Bruno Beater Lebensbedürfnis geworden. Er behielt diesen Arbeitsstil bei, als er ein Jahr später mit dem Aufbau der Verwaltung zum Schutz der Volkswirtschaft im Land Brandenburg betraut wurde, einem Vorläufer des Ministeriums für Staatssicherheit, in dessen Reihen er bis zum Generaloberst avancierte und 1. Stellvertreter Mielkes wurde. Sein Spezialgebiet – die »Überwachung des Staatsapparates, des Kulturbereiches, der Kirchen und die Bekämpfung des Untergrunds« in der Hauptabteilung V.

36

Ein griesgrämiger Kommissar Lemke saß am Montagvormittag hinter seinem Schreibtisch in der Berliner Dircksenstraße und schlürfte Kaffee. Eine Spezialmischung, die er aus sechs Zehnteln Kaffeeersatz und vier Zehnteln handgemahlenen Bohnen eigenhändig aufgebrüht hatte. Der zweiundsechzigjährige Kommissar gehörte zum Urgestein der Berliner Kripo. Drei Staatsordnungen hatte Lemke überlebt. In der wilhelminischen war er Kriminalgehilfe gewesen, während der Weimarer Zeit hatte er als Kriminalassistent in der Mordinspektion unter dem weltberühmten Kriminalrat Ernst Gennat gedient, und als die Nazis 1933 die Macht übernahmen, war er wegen »politischer Unzuverlässigkeit« geschaßt worden.

Nach zwölfjähriger Berufsabstinenz, die er als Privatdetektiv und später, als die Nationalsozialisten bei Kriegsausbruch auch dieses Gewerbe verboten, als kleiner Angestellter des Viehwirtschaftsverbandes Berlin-Brandenburg überstanden hatte, war er im Juni 1945 mit ungebrochenem Enthusiasmus in den Kriminaldienst der Inspektion M I zurückgekehrt. Noch immer gliederte sie sich – wie unter Gennats Zepter – in drei Kommissariate mit je einer aktiven und einer Reservemordkommission auf. Lemkes Bürotür mit dem Kürzel »M I/1« wies ihn als Mitarbeiter des 1. Kommissariats aus.

Lemkes Mißmut ging auf das Konto eines bewaffneten Serienmörders, nach dem die Berliner Mordinspektion nun seit Monaten ergebnislos fahndete. Am 1. Juni hatte die Pressestelle einen Fahndungsaufruf freigegeben. Lemke bewahrte den Ausriß aus dem »Nachtexpreß« unter der Glasplatte seines Schreibtisches auf, um die Meldung jederzeit vor Augen zu haben. *Frauenmörder gesucht – Die Berliner Kriminalpolizei fahndet nach einem Mann, der vorwiegend alleinstehende Frauen aufsucht, um sie zu berauben. Er macht dabei rücksichtslos von der Schußwaffe (Pistole Kal. 7,65 oder 6,35 mm) Gebrauch. Seine letzte Tat soll die Ermordung der 43jährigen Margarate Müller, Reinickendorf, Residenzstraße 97/98 gewesen sein. Er entwendete dort Anzüge und Wäschestücke und einen Trauring mit Gravierung »B.M. 25.12.25«. Der Gesuchte, der etwa 40 Jahre alt und 1,68 m groß ist, nennt sich Walter Baas, Bars oder Bartsch. Zweckdienliche Angaben nimmt jede Polizeidienststelle entgegen.*

Während Lemke den schwarzen Kaffeesud aus der henkellosen Steinguttasse genoß, blätterte er einen Stapel dienstlicher Mitteilungen durch. Die Sekretärin hatte ihm die

Mappe auf den Tisch gelegt: »Kriminalrat Schläwicke hat bereits gefragt, ob Sie die Unterlagen nicht endlich abzeichnen wollen?«

Lemke las also in einer Hausmitteilung, daß der Präsident der Deutschen Verwaltung des Innern, Erich Reschke, aus nicht genannten Gründen abgelöst und durch den bisherigen sächsischen Innenminister Kurt Fischer ersetzt worden war. In einem Rundschreiben wies Polizeipräsident Markgraf erneut auf die fristlose Entlassung des Kommandeurs der Berliner Schutzpolizei, Hans Kanig, hin. Ein weiteres Papier unterstrich die Bedeutung der SMAD-Verfügung, wonach Reisende aus Westdeutschland bei den örtlichen Behörden in der SBZ und in Ostberlin um Aufenthaltsbescheinigungen nachzusuchen hätten, falls sie die Absicht haben, diese Gebiete zu bereisen.

Lemke blätterte um. Jetzt erst folgten die Anweisungen, Verfügungen und Verordnungen, die den unmittelbaren Dienstbetrieb der Kriminalpolizei betrafen. Der Kommissar sah einige Fahndungsblätter durch, betrachtete die Fotos der Gesuchten. Nein – kannte er nicht, obwohl sein visuelles Gedächtnis inzwischen Anlaß zu mancher Legende im Polizeipräsidium bot. Die aktuellen Vermißtenmeldungen. Auch nichts dabei. Dann nahm er sich die Fernschreiben über »aufgefundene unbekannte Tote« vor. Lemke las gleichgültig, zu viele Tote hatte er in seinem langen Berufsleben anschauen müssen, aber plötzlich fing er an, aufmerksamer zu werden. Das LKA Potsdam informierte über einen Leichenfund im Schmachtenhagener Forst. Neben der toten Frau hatte man einen braunen Koffer und eine schwarze Einholetasche gefunden. Dazu einen Zeitungsrest, der einer Berliner Ausgabe der »Täglichen Rundschau« vom 6. Juni 1948 zugeordnet werden konnte. Lemke straffte sich unwillkürlich, die Augen wurden schmal. Welche Frau war seit diesem Zeitpunkt in Berlin verschwunden? Auf wen paßten die Personenbeschreibung und die Bekleidung? Er griff zum Telefon und rief in der Vermißtenzentrale an.

»Seit dem sechsten Juni?« klang es aus dem Hörer.

»Moment, Herr Lemke, das sind siebenundzwanzig Personen ... Nein, natürlich nicht alles Frauen. Kinder und Männer mitgezählt ... Ach so, Sie wollen nur die weiblichen Vermißtenvorgänge haben ...? Das sind achtzehn, Herr Lemke! ... Blondhaarige Frauen ..., da bleiben nur noch sieben ... Schön, Sie lassen die Vorgänge abholen.«

Eine halbe Stunde später hatte der Kommissar die Akten auf dem Tisch. Schon nach kurzer Durchsicht glaubte er auf der richtigen Spur zu sein. Bei der unbekannten Toten von Schmachtenhagen konnte es sich um die sechsundfünfzigjährige Frieda Imlau handeln, die seit dem 11. Juni aus der Borsigstraße abgängig war.

Lemke meldete ein Ferngespräch nach Bernau an. Die Kriminaldienststelle Niederbarnim, so stand es im Fernschreiben, sei für die Bearbeitung der Leichensache zuständig. Nach geraumer Zeit wurde er mit Kriminalobersekretär Kaehlke verbunden.

»Endlich mal eine gute Nachricht«, rief der Bernauer Dienststellenleiter. »Wer hat denn die Vermißtenanzeige erstattet?«

»Der zwölfjährige Sohn der Vermißten.«

»Keine weiteren Angehörigen?«

»Kaum anzunehmen.« Aus dem schmalen Aktenband ersah Lemke, daß der Junge inzwischen im Käthe-Kollwitz-Heim lebte. »Eine direkte Identifizierung der Toten sollten wir ihm nicht zumuten.«

»Haben wir auch nicht im Sinn«, stimmte Kaehlke zu. »Aber jemand muß die Bekleidung und die Gepäckstücke identifizieren.«

»Das kann ich arrangieren«, versprach Lemke. »Ich komme am Mittwoch mit dem Jungen nach Bernau.«

Am 21. Juli, zwei Tage nach dem Telefongespräch, holte Kommissar Lemke den schmalbrüstigen Günter Imlau aus dem Heim in der Gipsstraße ab und fuhr mit ihm vom Stettiner Bahnhof nach Bernau. Sie benutzten die S-Bahn.

Die Identifizierung der Gegenstände bereitete dem Jungen keine Probleme. Kaehlke, Steckling und die Oberassistentin Bösang, die sie sich zur Unterstützung herbeigeholt hatten, kümmerten sich rührend um Günter. Erst später, als dem Kleinen bewußt wurde, daß seine Mutter unwiderruflich aus dem Leben gegangen war, traf ihn der Schock. »Muß ich für immer im Heim bleiben?« schluchzte er trostlos, während ihm die Tränen über die Backen rannen.

»Hast du noch Verwandte?« fragte die Bösang behutsam.

»Onkel und Tante in Berlin-Malchow.«

»Dann werde ich mit ihnen reden«, versicherte ihm der Kommissar.

Bevor sie die Rückfahrt antraten, besprachen Kaehlke, Steckling und der Berliner Kommissar ihr weiteres Vorgehen. Nach dem Tatort-Fundort-Prinzip verblieb der Aktenvorgang in der Verantwortung der Bernauer Kriminalpolizei. Die Berliner Mordinspektion würde die notwendige Zuarbeit leisten.

»Das Mordopfer kommt aus dem Kreis der Hamsterfahrer. Soviel wir bisher wissen, hatte die Imlau Kontakte zu Schieberkreisen und darüber hinaus ins Prostituiertenmilieu. In diesem Umfeld sollten wir zuerst nach dem Mörder suchen«, meinte Lemke. »Alsdann – wir bleiben in Verbindung.«

37

Kommissar Lemke hielt Wort. Er brachte den Jungen bei Verwandten in der Berliner Stadtrandsiedlung Malchow unter. Vor dessen Umzug besuchten sie noch gemeinsam die Wohnung in der Borsigstraße. Assistiert von der Tante und der Nachbarin, Frau Peters, kontrollierten sie sämtliche Schränke und Wertsachenbehältnisse. Nunmehr trat auch das Mordmotiv zutage. Die offene Schranktür und der umgestürzte Wohnzimmerstuhl fanden eine Erklärung. Die Wohnung war ausgeräumt worden. Drei große Silberbestecks fehlten, eine goldene Halskette, eine goldene Taschenuhr, Bettlaken, Handtücher, ein Abendkleid und ein dunkelblauer

Damenmantel. – Die Handschrift von »Onkel Willi«, ging es Lemke durch den Kopf. Er wandte seinen Blick der Nachbarin zu und fragte: »Ist der Mann, der bei Imlaus einwohnte, noch einmal im Hause aufgetaucht?«

»Gesehen habe ich ihn nicht mehr. Aber Frau Imlaus Bekannte, die Frau Else aus dem Wedding, die müßte das ja wissen.«

»›Kognak-Else‹, meinen Sie?«

»Alles, was ich über die Frau weiß, habe ich schon Ihrem Kollegen erzählt.«

Lemke nickte. Der Inhalt des Protokolls war ihm gewärtig. Sein nächster Weg führte ihn in die Brunnenstraße. Für gewöhnlich wußte man in den Polizeirevieren Bescheid, wer in den Kiez-Kneipen verkehrte.

Der Wachhabende im 14. Polizeirevier lachte hell auf: »Die ›Kognak-Else‹, Herr Kommissar? Klar, kennen wir. Ist 'n Spitzname. Wegen Elses Vorliebe für Weinbrand, den sie literweise wegputzen kann. So gut wie Stammgast bei uns. Bei jeder Razzia dabei.«

»Ich brauche mal die Personalien.«

Der Polizeimeister stellte ein schmales Holzkästchen auf den Tisch. Es war mit einer stattlichen Reihe roter Karteikärtchen gefüllt. Eine Karte sortierte er flink heraus und reichte sie dem Kommissar.

Lemke las: »Else Batzke, genannt ›Kognak-Else‹, auch unter ›Sauf-Else‹ erfaßt. Geboren am 10.09.1908 in Berlin, wohnhaft N 65, Maxstraße 10«.

»Wenn Sie mit ihr reden wollen, Herr Kommissar, schick ich 'ne Streife los. Um diese Zeit hockt Elschen bestimmt im ›Nordbahn-Keller‹.«

Lemke wies das Angebot dankend ab. »Lassen Sie's gut sein«, meinte er. »Ich seh mich mal allein im ›Keller‹ um.« Vielleicht treffe ich dort auf einen Bekannten, wollte er noch hinzufügen, behielt den letzten Teil jedoch für sich. Lemke redete im allgemeinen wenig, und wenn, dann klang es so bedachtsam, als müsse er noch beim Sprechen abwägen, was er seinem Gegenüber mitteilen will. Unwillkürlich entstand dann der Eindruck, der Kommissar wisse stets mehr, als er von sich gibt.

Lemke verließ mit einem Gruß die Wache. Er schlenderte in Richtung Invalidenstraße. Auf halbem Wege zum Stettiner Bahnhof stieß er auf mehrere Kneipen und Kaschemmen, unter denen der »Nordbahn-Keller« noch den seriösesten Eindruck erweckte; das gemischte Publikum fraglos weniger. Lemke kannte das Lokal, und der dicke Budiker selbstverständlich den Besucher. Beflissen eilte er hinter der Theke hervor, um sich nach Lemkes Begehr zu erkundigen: »Donnerlittchen, der Herr Kommessar! Welch unjeahnte Ehre für mein bescheidenet Etablissemang. Suchen Se wen bestimmtet?« raunte er im vertraulichen Tonfall.

Lemke lehnte mit dem rechten Ellenbogen gegen den Tresen und musterte, den Blick über die linke Schulter gewendet, ebenso rasch wie gründlich, die Gäste. Der Raum war verqualmt. Frauen zwischen fünfzehn und fünfzig mit billig geschminkten Gesichtern bildeten die Überzahl. Ab und zu nippten sie an ihren Likörgläsern, rauchten »Camel« oder die russische Zigarettenmarke »Laika«, wegen des Bildchens auf der Pappschachtel im Volksmund nur »Hundekopp« genannt, und warteten auf zahlungswillige Freier. In der Ecke hämmerte ein blasses Kerlchen auf die Tasten eines Klaviers ein. In nicht ganz sauberer Stimmenführung sang er Rudi Schurickes »Capri-Fischer« nach. Der eine oder der andere Gast drehte den Kopf verlegen zur Seite, wenn Lemkes Blick ihn streifte. An einem Ecktisch steckte eine Handvoll junger Burschen die Köpfe zusammen. Wer weiß, welches Ding die gerade wieder ausbaldowern, dachte der Kommissar melancholisch.

»›Kognak-Else‹. Ich hab mit ihr zu reden. Die verkehrt doch bei dir?« gab Lemke endlich Auskunft. Der Wirt, der wie auf glühenden Kohlen stand, atmete auf. Lemkes Auftauchen konnte sich genausogut als Auftakt für eine überraschende Razzia herausstellen.

»Else kommt noch«, versicherte der Budiker erleichtert. »Muß jeden Momang antanzen, Herr Kommessar. Nehm Se man schon Platz, hier an' Stammtisch am besten. Wenn Else de Neese zur Düre rinsteckt, denn jeb ick Sie denn ooch Bescheid.«

Lemke ließ sich ein Bier geben und trank den ersten Schluck. Der Pseudopianist intonierte »Nur ein Dach über'm Kopf und das tägliche Brot ...« Ein neues Lied, das Hans Albers im Rundfunk sang.

Unterdessen betrat eine rothaarige Frau den »Nordbahn-Keller«. Ihr Alter schien zwischen vierzig und fünfzig Jahren angesiedelt zu sein. Sie trug eine enge Bluse und einen auffallend kurzen Rock. Ihr verlebtes Gesicht deutete auf die Freizeitbeschäftigung hin, der sie offenkundig nachging.

Der Budiker winkte die Rothaarige an den Stammtisch. »Der Herr Kommessar, Elschen, will dir sprechen«, raunt er kurz.

Else Batzke nahm gelassen Platz. Lemke nannte seinen Namen, worauf sie erwiderte: »Von Ihnen hab ick schon gehört, Herr Kommissar.«

»Wahrscheinlich nicht nur Gutes«, schmunzelte Lemke. Unwillkürlich ruhte sein Blick auf ihrem üppigen Busen. Elschen, die dieses bemerkte, lächelte wissend, und Lemke ärgerte sich. Anscheinend ergeht es allen Männern so, dachte er, bevor sie sich auf Elschens annonce de amour zu einer Transaktion in Sachen körperlicher Liebe einlassen.

»Sie waren mit Frieda Imlau befreundet?« lenkte der Kommissar das Gespräch ins unverfängliche Fahrwasser.

»Frieda ist doch vermißt. Haben Sie eine Spur von ihr?«

»Frau Imlau ist tot. Ermordet in einem Waldstück zwischen Oranienburg und Bernau.«

Die Nachricht erschreckte die Rothaarige. »So viel ich weiß, ist Frieda zum Hamstern gefahren«, stotterte sie betroffen.

»Sie wissen, mit wem?«

»Mit ... naja, mit einem Bekannten«, wich sie aus.

Lemke beugte den Oberkörper über den Tisch. »Um eben diesen Bekannten geht es mir, Frau Batzke. Von Ihnen muß ich erfahren, wer dieser Mann ist, woher Sie ihn kennen und wo er sich im Augenblick aufhält.« Er ließ eine winzige Pause folgen, um dann ein eindringliches »Ohne Wenn und Aber, wenn ich bitten darf!« anzuhängen.

Die Frau schluckte, sie suchte den Blick des Budikers hinter der Theke, der selbstredend die Ohren gespitzt hielt, und rief: »Einen doppelten Kognak, Karl!« Als das Glas vor ihr stand, hob sie es mit leicht zitternden Fingern an die Lippen und kippte die goldbraune Flüssigkeit auf einen Zug in sich hinein. »Also ehrlich, Herr Kommissar, wie der Mann tatsächlich heißt und wo er sich zur Zeit aufhält, kann ich Ihnen nicht stecken. Anfang Juni hab ich ihn am Stettiner Bahnhof kennengelernt. Er sprach mich an, ob ich nicht eine Unterkunft für ihn wüßte. Ich sagte, daß ich in der Maxstraße wohne, aber ich hätte schon alles vermietet. Da lachte er und meinte: Na, so ein Zufall, ich heiße nämlich Max! Eigentlich machte er einen netten und sauberen Eindruck. Weil er mir leid tat, habe ich ihn in die Wohnung meiner Freundin mitgenommen. Wir übernachteten bei Imlaus. Am nächsten Tag sind wir dann hierher, in den ›Nordbahn-Keller‹. Als er sagte, daß er wieder bei mir schlafen wolle, habe ich ihn abgeschoben. Er war mir ... wie soll ich sagen, Herr Kommissar, Sie wissen ja, was mit mir los ist ... ein bißchen zu brutal im Bett, verstehen Sie.«

Lemke nickte stumm.

Während der Amateurpianist »Es war in Schöneberg im Monate Mai ...« anstimmte, setzte Else Batzke ihren Bericht fort: »Max erzählte, daß er eine Menge Bauern in der Russenzone kennt, mit denen er ab und zu Geschäfte macht. An dem Abend hat er sich mit Frieda zusammengetan. Noch am Tisch verabredeten die zwei eine Hamstertour für den nächsten Tag. Ja, so ist es gewesen, Herr Kommissar. Ich habe beide nie wieder gesehen.«

»Sie sagen, er hat sich Ihnen als Max vorgestellt?« fragte Lemke erstaunt. »Der kleine Imlau sprach von einem Onkel Willi.« Er drehte sich zum Tresen hin und bestellte für die rothaarige Dame einen weiteren Schnaps.

Sie bedankte sich artig.

»Vielleicht ist Max nur sein Familienname und er heißt mit Vornamen Willi.«

Lemke durchforstete angestrengt seinen Namensspeicher. Leider vergebens. Bei Willi Max glimmte kein einziges Erinnerungslämpchen auf. »Helfen Sie mir, diesen sauberen Herren zu finden, Frau Batzke!« forderte er nun mit Nachdruck. Kommissar Lemke konnte, wenn es darauf ankam, eine für seine Verhältnisse außergewöhnliche Beredsamkeit entwickeln. »Von der Hamsterfahrt ist Ihre Freundin nie zurückgekehrt. Das wissen Sie. Dafür war dieser Max oder Willi – ganz gleich, wie er in Wirklichkeit heißt – nochmal in der Borsigstraße. Er hat den kleinen Imlau nach Oranienburg geschickt, danach räumte er kaltschnäuzig die Wohnung aus. Der Mann, der das getan hat, kannte die Lage der Zimmer sehr genau, er suchte nicht aufs Geradewohl, sondern nur an bestimmten Stellen. Folglich war es kein Außenstehender. Der Wohnungsdieb und der Mörder Ihrer Freundin sind einunddieselbe Person! Halten Sie sich das immer vor Augen!«

Sie sah den Kommissar entsetzt an. »Heißt das, ich bin mitschuldig, weil ich den Kerl in die Borsigstraße gebracht habe?«

»Davon kann keine Rede sein«, beruhigte er sie. »Aber Ihre moralische Pflicht, mir zu helfen, ist ungleich höher!«

»Was soll ich für Sie tun, Herr Kommissar?«

»Die Augen offen halten, Frau Batzke. Und wenn Ihnen der Kerl zufällig über den Weg läuft, rufen Sie den nächsten Schutzmann zu Hilfe!«

Wieder im Präsidium fertigte Lemke eine Aktennotiz über das Gespräch im »Nordbahn-Keller«. Die Durchschrift schickte er nach Bernau. Obersekretär Kaehlke veranlaßte, daß in der Mordsache Imlau fortan nach einem vermutlichen Täter mit dem Namen »Max«, Zuname unbekannt, gefahndet wurde.

38

Oberkommissar Reimann, der Leiter des Kriminalamtes in Eberswalde, hatte Grund zur Freude. Am 23. Juli bescherten ihm seine Mitarbeiter einen Aufklärungserfolg, der die Kriminalstatistik positiv beeinflußte. Am Mittwoch, dem 21.7.1948, war die Hausfrau Henriette Thomann aus dem französischen Sektor Berlins zwischen Lobetal und Ladeburg unterwegs. Sie hatte ihre Mutter in der Lobetaler Anstalt besucht, die in dem christlich geführten Krankenhaus gepflegt wurde. Ihr Ziel war der S-Bahnhof in Bernau. Henriette Thomann war in Eile. Sie wollte den 21-Uhr-Zug in Richtung Berlin noch erreichen. Daher achtete sie kaum auf den einsamen Radfahrer, der sie auf dem stillen Waldweg überholte. Kurz vor der Einmündung in die Ortsverbindungsstraße Lanke–Ladeburg stand der Mann plötzlich vor ihr. Vor Schreck brachte die Thomann kein Wort über die Lippen. Unfähig zur Gegenwehr, wurde sie von dem Mann gepackt und ins dichte Gebüsch geschleppt. Während er dort über sie herfiel und ihr anschließend die Handtasche raubte, prägte sie sich das Gesicht des Schurken so gut wie möglich ein. Und sie achtete auf seine Bekleidung.

Als der Kriminalsekretär Hermann Siebert ihre Anzeige gegen Mitternacht in der Kriminaldienststelle Bernau zu Papier brachte, äußerte er sich anerkennend über ihre präzisen Angaben. Ein breites Muttermal am Hals des Täters war ihr aufgefallen, und ein rechteckiges Schild am Fahrrad, das unter der Querstange hing. »So wie bei einem Botenrad«, beschrieb sie es dem Kriminalangestellten.

»Mit Beschriftung?«

»Eher ein Enblem. Vielleicht ein Regenbogen.«

Hermann Siebert tippte langsam. Das schmale Gesicht des Fünfzigjährigen, in dem zwei ausgeprägte Falten von den Nasenflügeln bis zum Kinn führten, ließ zuweilen ein schmerzliches Zucken erahnen. Eine Oberarmverletzung, die er als Kind erlitten hatte, zwang ihn, die Arme in den Ellenbogen vom Körper abgewinkelt zu halten. Der Unfall hatte

Kriminalsekretär Hermann Siebert. Quelle: Archiv des Autors

ihm die Uniform der faschistischen Wehrmacht erspart. Als Maschineneinrichter war er bis zum Kriegsschluß in den Heinkel-Werken tätig gewesen.

Siebert zog das Formular aus der Maschine und reichte es der Frau zur Unterschrift. Noch während sie las, rief er den Dauerdienst im Kriminalamt Eberswalde an, um eine Spitzenmeldung mit dem Kennwort »AKTION ROLAND« anzukündigen.

Oberkommissar Reimann setzte daraufhin zwei Mitarbeiter in Marsch. Mit den Angestellten der Bernauer Kriminaldienststelle bildeten sie eine gemeinsame Ermittlergruppe und nahmen am Donnerstag die Arbeit auf. So wie in der Planung unter Decknamen »ROLAND« vorgesehen, observierten sie auch dieses Mal die Fahrradaufbewahrungsstellen an den Bahnhöfen und im stadtnahen Bereich. Von einem der Betreiber kam schließlich der Hinweis, daß der Gärtnereiarbeiter Peter Hanschke vermutlich im Besitz des beschriebenen Fahrrades sei. Allerdings zeige das Schild keinen Regenbogen sondern eine Sonnenblume.

»Blume paßt auch besser zum Gärtnereibetrieb«, kommentierte Kaehlke diesen ersten Hinweis.

Am Freitag informierten sie sich gründlicher über den Verdächtigen. Bei Peter Hanschke gäbe es Anzeichen einer geringen Debilitität, erzählte ihnen ein pensionierter Lehrer. Der Dreißigjährige wohne bei seiner Mutter, einer Trinkerin, die von Gelegenheitsarbeiten und sozialer Unterstützung lebt. Die Frage nach dem Muttermal konnte der Leumundszeuge eindeutig bejahen. Als sie von Hanschkes Arbeitgeber in einer vertraulichen Unterredung dann noch in Erfahrung brachten, daß der Verdächtige am Tattage einen Arbeitsauftrag in der Lobetaler Anstalt auszuführen hatte, schritten die Ermittler zur Festnahme.

Peter Hanschke zeigte sich seltsamerweise nicht überrascht, aber er bestritt den Überfall. In stoischer Gleichgültigkeit hockte er stundenlang vor den Vernehmern. Zuweilen nickte er kurz, schüttelte manchmal nur den Kopf oder er gab einsilbige Antworten. Eine gewisse Primitivität lag in seinem Verhalten, das die Polizisten bis zur Weißglut reizte.

Sie fanden die Kleidung, die Frau Thomann beschrieben hatte, und das Fahrrad mit dem Sonnenblumenschildchen. Der Gärtnereibesitzer hatte es ihm vor Monaten überlassen.

Am Sonnabend reiste Henriette Thomann wieder zum Besuch in Lobethal an. Die Bernauer Ermittler nutzten die Gelegenheit zu einer Gegenüberstellung. Ohne sich zu besinnen, zeigte Frau Thomann auf Peter Hanschke, der als dritter von links in der Verdächtigengruppe stand. Doch selbst diese Maßnahme brachte ihn nicht zum Reden.

Am 26. Juli, der Haftbefehl gegen Hanschke war seit zwei Tagen in Kraft, meldete Oberkommissar Reimann den Ermittlungserfolg an das Landeskriminalamt.

Potsdam setzte in den Abendstunden des 27. Juli ein Fernschreiben mit der Nr. 1514 an die DVdI, Abt. K, Ref. K 1, in Berlin-Wilhelmsruh ab: *betr.: erneuter raubueberfall mit notzuchtverbrechen im bezirk eberswalde und festnahme des taeters. – unter den gleichen tatumstaenden wie die im bezirk eberswalde serienweise aufgetretenen raubueberfaelle, wurde am 21.7.1948 gegen 19,30 uhr die ehefrau henriette thomann, wohnhaft in berlin n 65 (französischer sektor), im gebiet zwischen lobethal und ladeburg/krs. niederbarnim ueberfallen. – erneute intensivste ermittlungsarbeit des ka's eberswalde fuehrte am 23.7.48 zur festnahme des arbeiters peter hanschke, wohnhaft in bernau, weinbergstrasse, welcher bei einer gegenueberstellung am 24.7.48 von der geschaedigten einwandfrei als taeter wiedererkannt wurde. – bei einer durchgefuehrten haussuchung bei diesem konnten das von frau th. beschriebene, bei der tatausfuehrung mitgefuehrte fahrrad sowie die seinerzeit getragenen bekleidungsgegenstaende aufgefunden werden. – der beschuldigte h. leugnet die tat bisher hartnaeckig ab, jedoch besteht der dringende verdacht, dass genannter mit dem seit monaten im zuge der »aktion roland« gesuchten sittlichkeitsverbrecher aus dem bezirk eberswalde identisch ist. die ermittlungen in dieser richtung liegen nach wie vor in haenden des kriminalamtes eberswalde.*

In Wilhelmsruh ging die Potsdamer Erfolgsmeldung im Trouble der Ereignisse des 28. Juli 1948 sang- und klanglos unter. Am 26. Juli hatte der Berliner Bürgermeister Ferdinand Friedensburg aufgrund seiner amtlichen Befugnisse den Polizeipräsidenten Markgraf entlassen. Die Amtsgeschäfte übertrug er Dr. Johannes Stumm. Im Gegenzug forderte der

```
an die deutsche verwaltung des innern
in der wosjetischen besatzungszone
- abt. k - ref. k 1 -


-- berlin - wilhelmsruh --


betr.:- erneuter raubueberfall mit notzuchtverbrechen im bezirk
eberswalde und festnahme des taeters.-


unter den gleichen tatumstaenden wie die im bezirk eberswalde
serienweise aufgetretenen raubueberfaelle, wurde am 21.7.1948
gegen 19,30 uhr die ehefrau elisabeth ▓▓▓▓▓▓ xxx
▓▓▓▓▓▓, geb. 20.7.05 wohnhaft berlin n 65, torfstr. 22 (
( franz. sektor ), im gebiet zwischen lobethal und ladeburg/krs.
niederbarnim ueberfallen. -


erneute intensivste ermittlungsarbeit des ka's eberswalde
fuehrte am 23.7.48 zur festnahme des arbeiters paul h ▓▓▓▓
geb. 17.8.17
in ladeburg, wohnhaft in bernau, weinberg▓▓▓▓, welcher bei einer
gegenueberstellung am 24.7.48 von der geschaedigten einwandfrei als
taeter wiedererkannt wurde. -


bei einer durchgefuehrten haussuchung bei xx bei diesem konnten
das von frau d. beschriebene, bei der tatausfuehrung mitgefuehrte
fahrrad sowie die seinerzeit getragenen bekleidungsgegenstaende
aufgefunden werden. -


der beschuldigte h. leugnet die tat bisher hartnaeckig ab, jedoch
besteht der dringende verdacht, dass genannter mit dem seit
monaten im zuge der aktion " roland " gesuchten sittlichkeitws=
verbrecher aus dem bezirk eberswalde identisch ist. die ermittlungen
in dieser richung liegen nach wie vor in haenden des krimi alamtes
eberswlade. =


landeskriminalamt brandenburg
dezernat k 1 +
```

Fernschreiben Nr. 1514 vom 27.7.48. Quelle: Bundesarchiv Berlin-Lichterfelde

sowjetische Stadtkommandant, Generalmajor Kotikow, den Vizepräsidenten Dr. Stumm »wegen spalterischer Tätigkeit« zu entlassen. Die Situation in der Berliner Polizei eskalierte von Stunde zu Stunde. Am 27. Juli verlegte Stumm seinen Amtssitz klammheimlich aus der Ostberliner Elsässer in die Westberliner Friesenstraße. Am 28. Juli wandte er sich über den Rundfunksender RIAS an alle Polizeiangehörigen: »Ich habe am 28. Juli 1948 die Amtsgeschäfte und Befugnisse des Polizeipräsidenten in Berlin übernommen ... Von heute an sind nur die vom Polizeipräsidium Friesenstraße und von den ihm nachgeordneten Dienststellen getroffenen Entscheidungen und Anordnungen verbindlich ...« Alle Polizeiangestellten waren aufgerufen, sich in der Friesenstraße registrieren zu lassen.

Hans Seidel, der neue Chef der Präsidialabteilung in der Elsässer Straße, verfügte auf Weisung der DVdI: »Angehörige der unrechtmäßigen Westberliner Polizei sofort festzunehmen, falls diese Amtshandlungen im Sowjetischen Sektor auszuüben versuchten.«

»Schadensbegrenzung!« lautete die Parole in der DVdI. Um zu verhindern, daß kriminalpolizeiliche Registrierunterlagen über Straftäter in den Westteil der Stadt verbracht wurden, hatten sich die Angehörigen der Kripozentrale Dircksenstraße Leibesvisitationen zu unterziehen, wenn sie die Dienststelle verlassen wollten. Die Zahl der in Ostberlin wohnenden Polizisten, die Dr. Stumms Aufruf folgten, hielt sich in Grenzen. In den Dienststellen Ost wie West begann das große Stühlerücken. Politische Zuverlässigkeit rangierte alsbald vor fachlicher Kompetenz.

39

Zwei Wochen später. Elise Wilhelm wanderte in den Nachmittagsstunden des 11. August 1948 auf der Landstraße zwischen Nauen und Bergerdamm. Die zweiundfünfzigjährige Berlinerin trug einen Rucksack auf dem Rücken und sie zog einen zweirädrigen Handkarren hinter sich her. Die Frau war nicht allein unterwegs. Einige hundert Meter vor ihr lief ein Trupp Hamsterfahrer, andere Grüppchen folgten in losen Abständen. Diese seltsame Völkerwanderung gab es noch nicht lange. Sie war der Taktik des Kampfes zwischen Hamsterfahrern und Polizisten entsprungen. Unter dem Motto

»Helft der Polizei im Kampf gegen die Saboteure unserer Versorgung!« hatten Letztere die Kontrollen in den Fernzügen von Nauen nach Wittenberge verstärkt, wobei die Polizeikommandos in letzter Sekunde in die abfahrbereiten Züge kletterten. Aber nicht jeder Zug wurde kontrolliert, so daß es sich für die Schieber und Hamsterfahrer als klüger erwies, erst auf der nächsten Station, also in Bergerdamm, zuzusteigen; denn bei der Zugankunft sah man, ob die Luft rein war oder nicht.

Die Sonne stand hoch. Elise Wilhelm ging allein. Sie trug Holzschuhe an den Füßen. Von Zeit zu Zeit hielt die Frau inne, um im Schatten der Straßenbäume zu rasten. Unmerklich gelangte sie so an den Schluß der wanderfreudigen Karawane.

»Geht wohl nicht mehr?« Ein Mann im dunklen Anzug lächelte ihr im Vorbeigehen zu. Einige Schritte weiter blieb er stehen, nahm seine blaue Schiffermütze ab und trocknete sich den Schweiß von der Stirn. »Sie haben ja recht«, rief er. »Warum sollen wir uns abhetzen. Der Zug fährt erst um fünf.«

Die Frau schenkte ihm einen gleichgültigen Blick. Die starke Brille, die sie vor den Augen trug, und der breite Mund verliehen ihrem Gesicht eine gewisse Härte und Unnahbarkeit. Sie war keine Schönheit, nach der sich die Männer umdrehten. Annäherungsversuche des männlichen Geschlechts gehörten schon zu den Ausnahmen ihres Daseins. Und der Frauenüberschuß als Folge des unseligen Krieges schmälerte ohnehin ihre Chancen im Spiel der Geschlechter. »Wollen Sie denn auch nach Friesack?« fragte sie belanglos.

»Jedenfalls in diese Richtung«, lautete die unbestimmte Antwort. »Aber warten Sie, ich kann Ihnen ja helfen.« Er griff nach der Deichsel des Dogcart. »Nanu, leer? Worauf sind Sie denn scharf?«

»Kartoffeln will ich holen.«

»In Friesack?« wunderte er sich. »Der Ort ist doch überlaufen.«

Sie schüttelte den Kopf. »Ich kenne da einen Bauern in der Nähe von Dreetz. Der hilft mir immer.«

Für eine Weile versiegte das Gespräch. Stumm trotteten sie nebeneinander her. Willi Kimmritz zog den zweirädrigen Karren. Die Füße wirbelten Staub auf. Scheinbar unbeweglich stand die Sonne in der windstillen, schwülen Luft.

»In Dreetz gibts doch gar keine Bahnstation«, sagte er plötzlich, und schien verwundert.

»Nach Dreetz muß ich natürlich zu Fuß«, lachte sie. »Durchs Michaelisbruch. So fahre ich nur bis Friesack und übernachte auf dem Bahnhof.«

Der Wanderzug der Rucksackmenschen hatte die Gebäude des Bahnhofes Bergerdamm erreicht. Am Fahrkartenschalter entwickelte sich Gedränge. Kimmritz sah, wie seine Begleiterin die Brieftasche aus dem Rucksack nestelte und mit einem großen Schein die Fahrkarte bezahlte. Sorgsam steckte sie das Wechselgeld wieder ein und verstaute die Tasche im Rucksack.

Eine halbe Stunde später fuhr der Zug ein. Elise Wilhelm mußte mit dem Dogcart in den Packwagen steigen. Willi Kimmritz war ihr dabei behilflich und er blieb an ihrer Seite, wofür sie ihm freundlich dankte. Voll wachsenden Vertrauens erzählte sie ihm während der Fahrt, daß sie in Berlin-Steglitz, in der Heesestraße, zur Untermiete wohne. Bei einer Offizierswitwe, der es an nichts mangele. »Die arbeitet bei den Engländern, wissen Sie, als Dolmetscher.«

Kimmritz nickte nur. In seinem Hirn spann er bereits den todbringenden Plan. »Auf dem Bahnhof wollen Sie übernachten?« meinte er dann. »Nee, is mir zu unbequem. Bei den Bauern erwischt man doch immer einen Platz in der Scheune. Ich schlafe gern im Heu.«

»Im Dunkeln durchs Michaelisbruch? Um Gotteswillen, ich krieg 'ne Gänsehaut!« Elise Wilhelm schüttelte sich. »Der Weg ist so gefährlich. Da mach ich mir vor Angst in die Hosen!«

Kimmritz legte die Stirn in Falten, als ringe er mit einem schweren Entschluß. »Wenn Sie versprechen, daß für mich ein paar Kartoffeln abfallen, gehe ich halt mit Ihnen!« bot er an.

Am Abendhimmel schwebte der glutrote Sonnenball über dem ausgedörrten Bruch. Kimmritz und die Frau zogen den Dogcart gemeinsam. Sie liefen auf der Hamburger Chaussee in Richtung Neustadt. Ungefähr sechs Kilometer hinter Friesack überquerten sie den breiten Bahnübergang. Weiter voraus erhob sich der Forstbestand. Ein schwacher Ostwind bewegte die Bäume. Immer tiefer senkte sich die glühende Scheibe, immer länger wurden die Schatten des Waldes, und allmählich breitete sich die Nacht über das Michaelisbruch aus.

Es wurde kühl. Frau Wilhelm holte einen Mantel aus schwarzem Wollstoff aus dem Rucksack und zog ihn über.

Am Waldrand angekommen, zeigte Kimmritz nach links. »Der Weg ist 'ne Abkürzung nach Dreetz!« behauptete er. Die Frau folgte ihm ohne Widerspruch. Sie näherten sich wieder der Bahnstrecke Friesack–Neustadt. Am Kilometer 65,6 stand eine Schrankenwärterbude. Gleich dahinter erhob sich ein zweistöckiges Wohnhaus. Wahrscheinlich wohnten dort die Eisenbahner, die auf dem Posten Dienst taten. Die Schrankenbäume waren geöffnet. Durchs Fenster der Wärterbude sahen sie das Gesicht eines älteren Eisenbahners. Der Mann las im Lichtschein einer herabgezogenen Hängelampe die Zeitung. Er bemerkte sie nicht, weil das langgezogene Bimmeln des Streckenfernsprechers in diesem Augenblick seine Aufmerksamkeit in Anspruch nahm.

Noch vierhundert Schritte. Noch zweihundert. Dann waren es nur noch hundert. Kimmritz schleudert die Deichsel des Dogcart zur Seite. »Los! Rück deine Brieftasche raus!« herrschte er die Frau an.

»Sind Sie verrückt? Was ... was soll das?«

Seine Hände lagen schon um ihren Hals. Sie wollte zurückweichen, den Griff lösen. Mit den Nägeln zerkratzte sie ihm die Brust, stieß ihm ein Knie in den Unterleib.

»Die Brieftasche, du Aas!« knirschte Kimmritz wutentbrannt. Ein roter Schleier trübte ihm den Blick. Seine Fin-

Eisenbahnstrecke bei Michaelisbruch. Am Kilometer 65,6 lag der Bahnübergang, der zum Tatort führte. Quelle: Archiv des Autors

ger verwandelten sich in eisernen Klauen. Die Frau wand sich unter seinem Würgegriff. Als sie zu Boden fiel, stürzte er über sie, erwischte die Enden ihres seidenen Halstuches und zog die Schlinge zu.

40

Es war Viertel nach neun, als Kimmritz am Tag nach der Mordtat im Michaelisbruch zu seinem Unterschlupf am S-Bahnhof Börse zurückkehrte.

»Mach Wasser heiß!« befahl er der Wirtin. »Ich will mich waschen!«

Elli Puschke begutachtete das derangierte Aussehen ihres Untermieters. »Was ist denn mit dir passiert?« fragte sie mißtrauisch.

»Am Alex in 'ne Klopperei geraten. Siehste doch.«

»Das sind aber Kratzspuren von den Fingernägeln einer Frau!« behauptete sie. »Lüg mich ja nicht an, Willi! Wenn ich dahinterkomme, daß du Geschichten mit anderen Weibern hast, schmeiß ich dich raus!«

Es war nicht das erste Mal, das sie ihm mit einem Rausschmiß drohte. Kimmritz zweifelte keineswegs daran, daß die Drohungen ernstgemeint waren. Und sie würde auch nicht zögern, ihn gnadenlos ans Messer zu liefern, käme sie jemals dahinter, aus welcher Quelle die Geldscheine stammten, die er ihr jetzt mit einem anzüglichen Grinsen in den Busenausschnitt steckte.

»Mit dem Hamstern hat's diesmal nicht geklappt«, sagte er, »Dafür habe ich unterwegs einen Bekannten getroffen. Kaschirin, diesen russischen Offizier, der damals Verpflegungschef auf dem Gut in Margarethenhof war. Ich hab dir von ihm erzählt.«

»Was ist mit ihm?«

»In Steglitz wohnt der jetzt, in der Heesestraße, bei einer Frau Wilhelm. Ich soll für ihn einige Sachen aus der Wohnung holen. Weil er sie versetzen will.«

»Die Heesestraße«, meinte sie, während sie ihm das Wasser in die Schüssel goß, »liegt am S-Bahnhof.«

Vorsichtig tauchte er die zerkratzten Hände ins Wasser. »Das Dumme ist nur, ich weiß die Hausnummer nicht mehr. Vergessen.«

Wenigstens in diesem Punkt servierte Kimmritz ihr die Wahrheit. Denn als er nach dem Mord die Brieftasche und den Wohnungsschlüssel der Toten an sich gebracht hatte, konnte er nicht damit rechnen, daß Elise Wilhelm lediglich einen behelfsmäßigen Personalausweis besaß, auf welchem der Eintrag »Wohnadresse« nicht vorgesehen war.

Bevor er seinen Oberkörper seifte, meinte er: »Du könntest mir einen Gefallen tun, Elli. Rufe doch bei der Polizei an und erkundige dich nach der Adresse von der Frau Wilhelm.«

»Am Telefon geben die keine Auskunft!«

»Scheiße! Dann geht mir das schöne Geschäft durch die Lappen!«

»So schwer kann es nicht sein, das richtige Haus zu finden.« Sie legte ihm ein Handtuch zurecht. »Wenn wir uns morgen in der Heesestraße umtun, finden wir die Nummer bestimmt.«

Sie fuhren aufs Geratewohl nach Steglitz. Die Heesestraße erwies sich als eine Querverbindung zwischen Albrecht- und Bergstraße. Auch in diesem Stadtviertel hatte der Krieg seine Spuren hinterlassen. Kimmritz und die Puschke trabten von Haus zu Haus. Sie entzifferten die Namensschilder in den Hauseingängen – sofern diese überhaupt noch gefahrlos zu betreten waren – und klapperten systematisch die Hinterhöfe ab.

»Jetzt erkundige ich mich in dem Geschäft dort drüben!« sagte die Puschke und wies auf das Schaufenster eines Kolonialwarenladens an der nächsten Straßenecke. Niemand kannte eine Frau Wilhelm. Selbst die Kinder, die in den Trümmern eines Ruinengrundstückes spielten, zuckten nur die Achseln, als Willi Kimmritz sie befragte.

»Bist du wirklich überzeugt, daß dein Russe in der Heesestraße wohnt?« fragte Elli verärgert.

»Hat er doch gesagt«, brummte Kimmritz.

»Los, dann gehen wir jetzt zum Polizeirevier!«

Kimmritz griff nach ihrem Arm. »Bist du verrückt! Russischen Offizieren ist es doch verboten bei Privatleuten zu wohnen. Was meinst du, was die Wilhelm für Ärger kriegt, wenn die Sache rauskommt. Die schicken sie glatt nach Sibirien!«

»Leck mich doch am Arsch, du Herzchen!« Aufgebracht riß die Puschke sich los und rannte über die Straße zum Eingangsbereich der S-Bahn.

Kimmritz schob die Hände in die Taschen. Eine halbe Stunde trabte er noch durch die Straßen des Wohnviertels, bis ihm die Erkenntnis dämmerte, daß hier wirklich nichts zu machen war. Den Plan, die Wohnung der Ermordeten auszuräumen, ließ er endgültig sausen. Vor einer Hausruine machte er nochmals halt, holte Ausweis und Wohnungsschlüssel der Wilhelm aus der Jackentasche und warf sie im hohen Bogen in den Ruinenkeller.

41

Seit achtundvierzig Stunden hatte es im Michaelisbruch ausgiebig geregnet. Grau und nebelnaß hing der Tag über den Bäumen. Die Feuchtigkeit war unters vorjährige Laub gedrungen, hatte den Humusboden durchtränkt und das darin verborgene Pilzmyzel zu neuem Leben erweckt. Josef Eisenberger kannte die verborgenen Plätze, wo Stein- und Birkenpilze wuchsen. Der einundfünfzigjährige Witwer liebte den Wald. Er stammte aus Ostpreußen und war noch während des Krieges als Eisenbahner zum Bahnhof Segeletz-Dreetz versetzt worden. Seither lebte er mit den Kindern im Eisenbahnerwohnhaus an der Strecke Berlin–Wittenberge–Hamburg, wenige Schritte vom Schrankenposten am Kilometer 65,6 entfernt. Die Wärterbude war sein zweites Zuhause geworden. Hier brausten jede halbe Stunde am Tage und jede zweite Stunde in der Nacht die Züge vorbei. Den kleinen Garten von nur zwanzig Schritten hatte Eisenberger in eine blühende Oase verwandelt, in der er Kartoffeln, Dill und Petersilie zog. Aber auch Rittersporn blühte auf der handtuchschmalen Fläche, und im Herbst standen die Sonnenblumen wie großäugige, leuchtende Wächter. Den Kindern war es verboten, auf den Bahndamm zu gehen. Sie durften mit der Ziege nur bis zum unteren Rand der Böschung, auf der die blanken, stählernen Schienen lagen und gierig funkelten.

Schrankenwärter Josef Eisenberger.
Quelle: Archiv des Autors

Als der Regen am Montag nachließ – Eisenberger hatte dienstfrei und die Kinder befanden sich noch in der Schule –, holte er sich den Henkelkorb aus dem Schuppen, nahm das alte Pilzmesser und stapfte in den Wald. Riesige Buchenwälder hatten wir in den Masuren, erinnerte er sich, aber diese Mischwälder hier sind auch ganz schön, besonders gut gedeiht die Kiefer. Mit der Rechten wischte er Spinnengeweb von seinem Gesicht. Je tiefer er in das Dickicht vordrang, um so ertragreicher wurde die Pilzausbeute.

An der Wegschneise vor dem Siedlerwald entdeckte Eisenberger einen zweirädrigen Karren. Neugierig trat er näher, um zu erkunden, wer da in sein Pilzrevier eingebrochen sein mochte. Der Dogcart war leer. Ein paar Schritte weiter lag ein menschlicher Körper auf dem Waldboden. Eisenberger erkannte sofort, daß die Frau tot war. Ihr Leib war mit einem dunklen Sommermantel bedeckt. Helle Bluse und ein tintenblauer Rock vervollständigten die Bekleidung. An den Füßen ragten hölzerne Schuhsohlen auf. Neben dem seitlich gedrehten Kopf eine zerbrochene Brille. Weder Handtasche noch ein anderes Gepäckstück lagen in der Nähe.

Eisenberger unterließ es, die Kleider der Toten nach Ausweispapieren zu durchsuchen. Dafür ist die Polizei zuständig, sagte er sich und lief zum Schrankenposten zurück, von wo aus er den Fahrdienstleiter auf dem Bahnhof Segeletz über Streckenfernsprecher unterrichtete.

Sein Dienstvorgesetzter verständigte die Kriminalpolizei in Kyritz. Die hatte aber erst am 17. August Zeit, sich um die Leichenaufhebung zu kümmern. Neben der Toten stehend, füllte Kriminalobersekretär Mende das Formular »Niederschrift über die Auffindung eines unbekannten Toten weiblichen Geschlechts« aus. Dann wurde die Leiche fotografiert und daktyloskopiert.

»Der Anblick der Ermordeten läßt auf Erdrosselung und Vergewaltigung schließen«, notierte der Kriminalobersekretär für seinen Ermittlungsbericht. Mutmaßungen, die später nur zum Teil bestätigt wurden. Im Ergebnis der gerichtsmedizinischen Sektion verneinte der Obduzent nämlich die

Vergewaltigungshandlung. Sexualverkehr habe nicht stattgefunden.

Anzeige der Auffindung einer unbekannten Leiche. Quelle: Brandenburgisches Landeshauptarchiv

Etwas Licht kam in die Sache, als ein Kollege Josef Eisenbergers meldete, daß er bereits am 12. August einen herrenlosen Rucksack im Waldgelände gefunden hatte. Augenscheinlich war der Sack durchwühlt worden. Außer einigen Tauschartikeln und einem Kartoffelschälmesser enthielt er die Zeitung »Der Tag« vom 4.8. und den Berliner »Telegraf« vom 11.8.1948. Dieser Fund berechtigte gewiß zu der

Annahme, der Mord müsse noch am späten Abend des 11. August oder erst in den Morgenstunden des 12.8. passiert sein.

Als Mende die folgenden Zeilen zu Papier brachte, ahnte er nicht, wie dicht er der Wahrheit auf der Spur war: *Es besteht durchaus die Möglichkeit, daß die Ermordete im Zuge mit einer männlichen Person Bekanntschaft schloß, derselbe sich über die persönlichen Verhältnisse erkundigte und die Ermordete zu einer Ortschaft mitnahm, die sie nicht kannte. Auf dem Wege dorthin hat er sie erdrosselt und ihrer Papiere und Hausschlüssel beraubt. Um eine Vergewaltigung vorzutäuschen, hat der Täter nach der Tat den Rock der Ermordeten hochgeschoben ... Der Fund des Rucksackes wird mit der Tat in Zusammenhang gebracht. Demnach raubte der Täter den später aufgefundenen Rucksack, entfernte sich ca. 1 km vom Tatort, durchwühlte ihn und ließ ihn mit den Tauschgegenständen zurück. Da der Raub an einer Hamsterin kriminalpolizeilicherseits an und für sich als ziemlich wertlos angesehen wird, ist anzunehmen, daß das Wertvollere im Raub der Wohnungsgegenstände der Betreffenden liegt ...*

Tagelang durchstreifte Mende die umliegenden Dörfer. Er recherchierte in Segeletz, Nackel, Giesenhorst, Bartschendorf und Dreetz. Die Peripherie des Kreises entfernte sich immer weiter vom Fundort der Leiche. Zuletzt stellte er die Oberbekleidung der Toten und ihren Rucksack auf dem Bahnhof in Neustadt aus.

42

Am 20. August flogen in der Wohnung Puschke die Tassen. Elli hatte einen neuen Liebhaber aufgerissen. Kimmritz, der neuerdings kaum noch aus dem Haus ging, sich statt dessen träge auf der Wohnzimmercouch räkelte, war seiner Wirtin im Wege. Solange er ihr Zigaretten, Geld oder Schiebersore in die Wohnung geschleppt hatte, durfte er auch das Bett mit ihr teilen. Es hatte sie nie ernsthaft interessiert, woher und auf welche Weise er den gemeinsamen Lebensunterhalt bestritt. Nun, da seine Quellen anscheinend versiegten, sah sie den Zeitpunkt gekommen, sich nach einem neuen »Ernährer« umzuschauen. In einer Kneipe in der Großen Hamburger Straße schloß sie die Bekanntschaft. Der geschniegelte Kavalier, der mit Autoreifen handelte, weigerte sich, als Untermieter bei ihr einzuziehen, solange Kimmritz nicht das Feld geräumt hatte.

»Du bist eine Null!« schrie Elli Puschke ihrem Ex-Galan Kimmritz ins Gesicht. Sein Kleiderbündel flog vor die Tür. »Wenn ich wiederkomme, bist du hier verschwunden! Schlüssel durch den Briefschlitz! Sonst hole ich die Polizei!«

Die Wohnungstür krachte ins Schloß. Echauffiert verließ Elli Puschke das Haus, um sich bei einem frühen Dämmerschoppen in der Oranienburger Straße zu erholen.

Kimmritz stieß eine Verwünschung nach der anderen aus. Elendes Weibsbild, dachte er rachsüchtig, das tränke ich dir noch ein! Er grübelte, wie es weitergehen sollte. Wichtig war, erst einmal Geld zwischen die Finger zu bekommen. Ein paar Sachen versetzen? Er musterte das armselige Kleiderhäufchen und verfluchte sein Mißgeschick. Dafür bekam er keinen roten Heller! Also mußte er irgendwo einen Knack landen. Nur, er kannte im Augenblick kein lohnendes Objekt. Oder doch ...?

Ein diabolisches Grinsen. Kimmritz riß den Wäscheschrank der Puschke auf. Kleider, Wäsche, Bettzeug wirbelten auf den Fußboden. Dann traf er seine Auswahl. Selbstverständlich die besten Stücke – einen Damenwintermantel, ein elegantes Kostüm, acht verschiedene Kleider und eine farbenfrohe Bluse.

Zwei Stunden später mischte Kimmritz sich am Alex in das Getümmel der ameisengleich umherschwirrenden Schieber. Hier, auf Berlins größtem Schwarzmarkt, trafen sich die großen und kleinen Gauner, harmlose Hausfrauen auf der Jagd nach einer Tüte Mehl oder Haferflocken, Kipper, Diebe und ahnungslose Provinzler. Unruhig umherspähend, ob sich vielleicht eine Razzia ankündigte, murmelten die Bieter ihre schnellen Angebote: »Rasierklingen! Prima Tabak!«, »Brauchste Süßstoff?« Ein paar Schritte weiter ein Halbwüchsiger: »Wollen Sie Schuhe kaufen? Friedensware!« Hastiges Begutachten und schon wechselten mehrere Geldscheine den Besitzer. Etwas abseits, am Eingang zur U-Bahntreppe, stand ein altes Muttchen. Verschämt hielt sie ein Päckchen Tabak hin. Sie sagte keinen Ton, hielt nur die Schachtel in der Hand. Der Schwarze Markt war ohne Gnade. Einige wenige rafften hier, die Not vieler Menschen schamlos ausnutzend, ungeahnten Reichtum zusammen.

Razzia. Quelle: Forum der Kriminalistik 5/70

Kimmritz hatte Glück. Ein gutgenährter Mann, den steifen schwarzen Hut ins Genick geschoben, kaufte ihm den ganzen »Kleiderramsch« für vierhundert Mark ab. Lediglich die Bluse hielt er noch in der Hand. Da geschah das Unglaubliche. Plötzlich starrten ihn zwei Augen aus der Menge an. Kimmritz zuckte zurück, als habe er eine Ohrfeige erhalten. Das Gesicht der jungen Frau schien näherzukommen. Kimmritz sah ihr aus weitgeöffneten Augen entgegen und senkte den Blick. Ganz deutlich erinnerte er sich. Mit ihrer Freundin war das Frauenzimmer unterwegs gewesen, als er sie in der Bahnhofsgaststätte in Glöwen aufgegabelt hatte. Auf sein Versprechen hin, ihr Kartoffeln bei einem Bauern zu besorgen, war ihm die ahnungslose Pute in den Wald gefolgt.

Als er den Kopf wieder hob, war die junge Frau verschwunden. Kimmritz war sich sicher, sie hatte ihn erkannt. Gleich würde sie mit einem Polizisten im Schlepptau aufkreuzen, um ihn festnehmen zu lassen. In panischem Entsetzen drückte er die Bluse einer völlig fremden Frau in die Hand, die ihm verdutzt nachschaute, und drängte hastig durch das Menschengewühl. Er mußte verschwinden. Und zwar sofort! Am besten, ganz weit raus aus Berlin, vielleicht bis in die Prignitz!

43

Der Personenzug, in dem Kimmritz saß, endete in Neustadt an der Dosse. Er stieg aus, wobei ein gläserner Schaukasten im Bahnhofsgebäude, um den sich die Leute drängten, seine Neugier erweckte. Kimmritz stellte sich dazu und erblickte einen schwarzen Wollstoffmantel, einen Rucksack und eine Brille unter dem Schauglas. Auf einem handgemalten Plakat fragte die Polizei. »Wer kann Angaben machen?«

Das Gefühl, eine unsichtbare Schlinge würde ihm um den Hals gelegt, ergriff Besitz von Kimmritz. Angst stieg in ihm hoch. Schloß sich bereits der letzte Kreis? Verstört wankte er aus dem Bahnhof und tippelte, die Berlin–Hamburger Chaussee meidend, weiter westwärts in die Heide hinein.

Über die Odyssee der nächsten Tage gab er später zu Protokoll: *Ich lief bis Koppenbrück. Dort versuchte ich zu hamstern. Ich stieß dabei auf ein Gehöft, was von den Bewohnern, die sich bei der Feldarbeit befanden, verlassen war. Nachdem ich mich genau vergewissert hatte, daß niemand mehr anwesend war, klapperte ich sämtliche Türen ab, um festzustellen, ob alles verschlossen war. In eine unverschlossene Tür ging ich hinein und entwendete 1 Anzug, 1 Hose, 1 Brieftasche mit ca. 15,- DM und 1 Personalausweis, lautend auf den Namen Dahlke. Mit diesen Sachen verließ ich den Ort und ging in die Prignitz nach dem Ort Tüchen. Diese Strecke von 40 km legte ich zu Fuß zurück und benötigte dazu drei Tage. Nachts schlief ich in Scheunen. Irgendwelche Einbrüche auf dem Weg nach Tüchen habe ich nicht begangen. Im Laufe des Tages kam ich in Tüchen an und traf einen Bauern beim Erbsenlesen auf dem Feld. Obwohl ich auf dem Weg nach Tüchen immer schon versucht hatte, den Anzug umzusetzen, fand ich erst in dem Bauern einen Abnehmer. Dieser gab mir für den Anzug 2 Brote und etwas Pflaumenmus. Da das Mus noch nicht fertig war, habe ich dort den ganzen Tag verbracht. Der Name dieses Mannes ist mir nicht bekannt. Ich weiß nur, daß er am Ende des Dorfes wohnt und einen schwerkriegsbeschädigten Sohn hat, dem ein Arm und ein Bein amputiert wurden.*

Nach dem Aufenthalt in Tüchen wanderte Kimmritz nach Brünkendorf. Es war ein glasklarer vorherbstlicher Augusttag. Sein Blick schweifte über die weite hügelige Feldlandschaft. Linkerhand, noch hinter Reckenthin, die 125 Meter hohe Kette der Kronsberge. Wo der Landstrich flacher wurde, in den Niederungen, lagen Äcker und Weiden, schmale Waldstreifen dazwischen, ab und zu eine Baumallee oder einzelne Gehölzgruppen, die der Zufall irgendwann dorthin geweht hatte. Brünkendorf, eigentlich ein kleiner, unbedeutender Ort inmitten der Prignitz, besaß einen Eisenbahnanschluß. Die Haltestelle an der Strecke Pritzwalk–Lindenberg gehörte zum Netz der Prignitzer Schmalspurbahnen. Seit 1897 in Betrieb war das Streckennetz inzwischen auf eine Gesamtlänge von 102 Kilometer angewachsen.

Schon von weitem war der »Pollo« zu hören, wenn er bimmelnd und Pfeifsignale gebend Straßen und Feldwege überquerte. Dann fauchte die gedrungene Tenderlok um eine Kurve. Einen Pack- und vier Reisezugwagen hatte sie im Schlepp. Über die Dächer der Waggons führten Seilzüge zu den Gewichtsbremsen. Das Lokpersonal bediente sie vermittels einer Haspel an der Rückseite des Führerstandes.

»Pollo« dampft durch die Prignitz. Quelle: Alfred Luft, Wien

Der dichtbesetzte Zug hielt am Bahnsteig. Kimmritz kletterte auf den Perron eines Personenwagens. Die meisten Passagiere waren Hamsterfahrer wie er, mit dem Fahrtziel Glöwen. Dort stieg man auf die Fernbahnstrecke um und konnte, wenn alles gutging, schon nach wenigen Stunden den Großraum Berlin erreichen.

Kimmritz hockte sich, während der »Pollo« wieder Fahrt aufnahm, neben einen stoppelbärtigen Alten, der mächtige Rauchwolken aus einer kurzen Stummelpfeife paffte. Mit einem stummen Kopfnicken war der Alte zur Seite gerückt und hatte dem Zugestiegenen Platz eingeräumt. Langsam bummelte der Zug dahin. Eine Weile starrten sie schweigend auf die vorübergleitende Landschaft. Kopfsteingepflasterte Straße. Uralte Baumallee. Jenseits der Straße Felder, auf denen die Ernte in vollem Gange war.

»Kleine Äckerchen ham se aber hier«, brabbelte der Alte im pommerschen Platt. »Da warn ja daheim meine Fußlappen jrößer.«

Kimmritz lächelte still vor sich hin. Diese Litanei kannte er. Wo immer er in den letzten Jahren auf einen Umsiedler aus dem Schlesischen, aus Pommern oder Ostpreußen getroffen war, sie alle waren, glaubte man ihren Berichten, wohlhabende und glückliche Menschen gewesen, entweder mit einem ertragreichen und schuldenfreien Bauernhof gesegnet oder einem florierenden Handwerksbetrieb, der erkleckliche Gewinne abwarf. Wieder andere hatten Geschäfte, Fuhrunternehmen oder gar Fabriken besessen, die sie in dem gelobten Land zurücklassen mußten. Anscheinend hatte es dort keine Bauernknechte, keine einzige Magd oder unzufriedene Tagelöhner gegeben.

Ein Waldstreifen glitt vorbei. Der Zug passierte die Oederbachbrücke und näherte sich, nach einem kurzen Halt in Vettin, dem Knotenbahnhof Lindenberg. Noch bevor der »Pollo«, wie die Prignitzer ihre Kleinbahn im Volksmund nannten, den Ortsrand erreichte, verlangsamte er seine Fahrt und blieb schließlich auf der freien Strecke stehen. Die emsige Geschäftigkeit, die Lok- und Zugpersonal an der Maschine entfalteten, verhießen nichts Gutes. Bald sickerte es durch die Abteile: »Lokschaden. Wir müssen warten, bis eine Maschine aus Lindenberg uns in den Bahnhof schleppt.«

Kimmritz kniff die Augenlider zusammen und blickte zum Dorf hinüber. Zwischen den Kronen ausladender Eichen und Kastanien lugten die roten Ziegeldächer der Bauernhäuser hervor, dazwischen das grünliche Gelb einiger Scheunen und Katen, die noch mit Stroh gedeckt waren, überragt vom massiven Turm der Feldsteinkirche.

Reisende kletterten aus dem Zug. Sie vertraten sich die Beine. Kimmritz lungerte in der Nähe der Lokomotive herum. Etwa vierzig Meter voraus querte ein Feldweg das

*»Pollo« auf dem Gleis des Prignitzer Kleinbahnmuseums Lindenberg.
Quelle: Archiv des Autors*

Schmalspurgleis. Vom Dorfrand löste sich ein Ochsengespann. Der Bauer kam nur langsam voran. Der Weg war ausgefahren. Die schmalen hohen Räder wühlten tief im lockeren Sand, und hinter dem Gefährt stand scheinbar unbeweglich in der windstillen, schwülen Luft eine dicke Staubfahne. Der Bauer und seine Familie fuhren auf den Acker, um die Ernte zu bergen. Die Leute hatten alle Hände voll zu tun. An solchen Tagen war kaum ein Lindenberger im Dorf zu finden. Verlassen dösten die Höfe im Sonnenglast, belebt nur vom scharrenden Hühnervolk. Sogar die Hunde waren draußen, um Mäuse zu jagen.

Kimmritz setzte sich schon in Bewegung. Er lief dem Fuhrwerk entgegen, richtete es so ein, daß er den Wagen noch vor dem Überweg erreichte. Laut amtlicher Verordnung war jedes Gefährt mit einem Eigentümerschild zu kennzeichnen. Zu seinem Leidwesen war die Beschriftung aber dermaßen verdreckt, so daß er die Adresse nicht entziffern konnte. Während der Bauer und seine Familie auf der anderen Seite der Bahn dem Sandweg folgten, der bald hinter einer Hügelkuppe verschwand, beschloß Kimmritz, der Wagenspur in entgegengesetzter Richtung nachzugehen. Das gelang ihm auch mühelos. Die Spur, die erst wenige Minuten alt war, führte ihn ins Dorf.

Hauptstraße 38. Kimmritz belauerte das Grundstück. Erst als er sicher war, daß sich im Hause nichts rührte, schnürte er vorsichtig über den Hof. In einem offenen Schuppen entdeckte er unter dem umgestülpten Nachttopf einen Hausschlüssel.

Kimmritz schloß auf und betrat das Wohnhaus. Nachdem er alle Räume gründlich durchsucht hatte, stopfte er einen dunkelgrauen Anzug, ein Paar neue Damenstrümpfe und dreieinhalb Meter Anzugstoff in seinen Rucksack. Aus der Vorratskammer stahl er sich einen deftigen Räucherschinken und sechs Bratwürste. Die Handtasche der Bäuerin fiel ihm im Schlafzimmer in die Hände. Sie enthielt sechzig Mark Bargeld, einige Schmuckstücke von geringerem Wert sowie die Ausweispapiere der Hartmanns.

Kimmritz lief nicht mehr zum »Pollo« zurück. Nach kurzem Überlegen verließ er, so schnell wie er nur konnte, den Ort Lindenberg. Die fünfzehn Kilometer bis Glöwen bewältigte er zu Fuß.

Als die Hartmanns in den Abendstunden von der Feldarbeit heimkehrten und das Vieh in den Ställen versorgt war, entdeckte die Bäuerin den Diebstahl. Wutentbrannt rief Emil Hartmann nach dem Ortspolizisten.

Aus Bad Wilsnack knatterte der Kriminalangestellte Heinz Wendler auf seiner Fichtel & Sachs herbei. Den Spurensicherungskoffer hatte er wieder auf den Gepäckträger geschnallt. Wendler arbeitete noch immer im Sachgebiet K 2, doch war er auf der Beförderungsleiter bis zum Oberassistenten aufgerückt. Als Wendler den Tatbefund zu Papier brachte, ahnte er mit keiner Silbe, daß der Lindenberger Diebstahl auf das Konto des gleichen Täters ging, der ihm schon 1946 den Einbruch beim Bauern Lieberam in Klein-Lüben beschert hatte.

44

Eine Stunde vor Mitternacht stieg Willi Kimmritz auf dem Berliner Alexanderplatz aus der S-Bahn. Der Bahnsteig war nur mäßig erhellt. Baugerüste, die man für dringende Sicherungsarbeiten am Stahlskelett der Hallenkuppel benötigte, versperrten den S-Bahnreisenden den Weg. Die ebenerdige Schalterhalle im Innern des Bahngebäudes war trotz der späten Stunde noch belebt. Gruppen von Männern standen im diffusen Dämmerlicht herum, die ihre Geschäfte mit fadenscheiniger Eleganz abwickelten. Obwohl die Polizei erst kürzlich eine spezielle Wache auf dem Bahnhofsgelände zur Bekämpfung des Schieberunwesens eingerichtet hatte, müßte sie tausend Augen haben, um hier Ordnung zu schaffen. Und da sie selbst vor Bestechlichkeit nicht ganz und gar gefeit war, achtete die Polizeiführung streng darauf, daß das diensttuende Personal von Zeit zu Zeit versetzt wurde.

Kimmritz warf einen Blick in den schmalen Wartesaal. Wie immer war der langgestreckte Raum überfüllt. Eine Bleibe für die Nacht bot sich hier ohnehin nicht. Gegen Mitternacht setzte die Bahnpolizei gewöhnlich zu Ausweiskontrollen an. Nur wer dann eine gültige Fernfahrkarte vorweisen konnte, durfte in den Räumen verbleiben.

Kimmritz lenkte seine Schritte zum Ausgang an der Rathausstraße. Die »Damen«, die mit wiegenden Hüften und herausgereckten Busen lockten, lächelten ihm verheißungsvoll entgegen. »Na, Schatzi, kommste mit?«

Kimmritz grinste. »Keine Zeit, Puppe. Vielleicht ein andermal.«

Auf der Straße sah er sich um. Neben den stählernen Trägern unter der S-Bahnbrücke stand eine Frau um die Vierzig. Sie war weniger auffällig gekleidet und hatte die Lederschlaufen einer Einkaufstasche über die linke Armbeuge gehängt. Kommt bestimmt von der Arbeit, vermutete Kimmritz. Hat vielleicht eine Aufwartestelle, oder sie ist als Küchenmamsell in einer Kneipe beschäftigt, die wegen der Polizeistunde gerade geschlossen hat.

»Entschuldigen Sie mal«, sagte Kimmritz, »wissen Sie jemand, der mir noch ein paar Zigaretten verkauft?«

Ein gleichgültiger Blick streifte ihn. »Um die Ecke, inne Gontardstraße. Da steht so 'n Dicka mit 'n Monokel in 't Jesicht. Der verkoft ihn 'n och Amis!«

Kimmritz fand den Zigarettenverkäufer. Der Fatzke mit dem Einglas, der sich als »Jraf Koks von de Jasanstalt« vorstellte, verlangte einen »Nachtaufschlag« auf seine Stäbchen. Wahrscheinlich glaubte er, ein »Provinzei« stünde vor ihm. Erst als Kimmritz ihm demonstrativ den Vogel zeigte, gab er grinsend nach. Kimmritz bekam die Zigaretten und kehrte unter die Brücke zurück. Zu seiner Enttäuschung war die Frau mit der Einkaufstasche inzwischen verschwunden. Sie stand jetzt an der Haltestelle der Straßenbahnlinie in Richtung Lichtenberg. Kimmritz gesellte sich zu ihr.

»Na, ham Se nu Ihre Zijaretten?«

»Danke für den Tip. Morgen muß ich sehen, daß ich die Sachen verkaufen kann.« Mit einer Kopfbewegung deutete er auf seinen Rucksack.

Die Frau befühlte das pralle Gepäckstück und wurde neugierig. »Wat ham Se denn da drin?« fragte sie.

Der Schwarze Markt floriert. Quelle: Freie Welt 2/1969

»Prima Anzugstoff. Und was zu Fressen.« Er beugte sich zu ihrem Ohr. »'ne Eins-A-Schinkenkeule!«

»Donnawetta! 'n richtja Jlückspilz!« staunte sie.

»Bis auf den Umstand, daß mir noch ein Bett für die Nacht fehlt. Und«, zwinkerte er vertraulich, »'ne richtig nette Frau dazu.«

»Na, die haste ja jetzt jefunden«, raunte sie zurück. »Ick heiße Neuling. Wohn' tu ick inne Schillingstraße. – Na, hoppla, unse Bahn kommt!«

Für die nächsten Tage war Kimmritz in der winzigen Wohnung der Heidrun Neuling untergekommen. Redlich teilten sie sich die Bratwürste und den Schinken. Den Anzugstoff schlug Kimmritz bei einem Schwarzhändler in der Nähe des Frankfurter Tors für zweihundert Mark los. Den Anzug brachte die Neuling zum An- und Verkauf in der Münzstraße, wo ihr der Händler ohne zu feilschen vierhundertachtzig Mark für das tadellose Stück auf den Ladentisch zählte.

Von den sechshundertachtzig Mark konnte man ein paar Tage recht gut leben. Heidrun Neuling war mit ihrer Bekanntschaft sehr zufrieden. Stolz schleppte sie ihren Willi ein paar Tage später zum Geburtstag ihrer Schwester nach Neukölln. Den Rest der Schinkenkeule überreichten sie als Geburtstagsgeschenk. Die Lemgo war Witwe. Sie lebte mit ihren drei Kindern, darunter eine siebzehnjährige Tochter, allein. Onkel Willi, so wurde er der Verwandtschaft vorgestellt, ließ sich nicht lumpen. Zur Feier des Tages reichte er einen entsprechenden Geldschein über den Tisch und hieß die Gastgeberin, für Bier und Schnaps zu sorgen.

Während der Feier, zu der sich noch ein paar Nachbarsleute gesellten, taute »Onkel Willi« erst richtig auf. Mit der harmlosesten Miene der Welt, so als könne er kein Wässerchen trüben, erzählte er einen Witz nach dem anderen. Er ließ das Geburtstagskind hochleben und animierte die Runde zu fröhlichen Gesängen. Niemand registrierte dabei die lüsternen Blicke, die der angetüterte Stimmungsmacher von Zeit zu Zeit über den aufblühenden Körper der siebzehnjährigen Hannchen gleiten ließ.

45

Der 3. September 1948. Pferdemarkt in Havelberg. Urkundlich verbürgt ist, daß die Havelberger Bürgerschaft seit Mitte des 18. Jahrhunderts am jeweils ersten Septemberwochenende den ländlichen Vieh- und Pferdemarkt als bedeutendstes Volksfest in der Prignitz feierte. In diesem Jahr kam hinzu, daß die Dom- und Havelstadt ihr tausendjähriges Stadtjubiläum beging.

Das Festkomitee hatte sich allerhand einfallen lassen. Schon um 9.15 Uhr war die Eisenbahnstrecke Glöwen–Havelberg als Schmalspurbahn feierlich wiedereröffnet worden. Zwei Jahre zuvor hatte man sie auf Befehl der Russen für sogenannte Reparationsleistungen abbauen müssen. Am frühen Nachmittag sollte der Festumzug durch die Stadt beginnen. Straßen und Häuser waren bunt geschmückt. An der Lehmkuhle stand das große Tanzzelt bereit, daneben Verkaufsbuden und zahlreiche Karussells. Der Vieh- und Pferdemarkt indessen wurde unmittelbar an der Havel bei Stutzer abgehalten.

Das außergewöhnliche Ereignis lockte die Menschen aus nah und fern nach Havelberg. Aus allen Himmelsrichtungen zogen sie heran. Gegen Mittag näherte sich auf der Landstraße von Glöwen eine Schar erwartungsfroher Festbesucher. Am Ende des schnatternden Völkchens marschierte Willi Kimmritz, dessen Finanzpolster wieder einmal zur Neige ging. Heidrun Neuling hatte ihn gemahnt, Geld herbeizuschaffen, sonst müsse sie ihn vor die Tür setzen. In seiner Lage – er wußte ja, daß die Polizei in Berlin und Eberswalde verbissen nach ihm suchte – hatte er sich für eine neuerliche Tour durch die Westprignitz entschieden. Erst im Fernzug, kurz vor Glöwen, war ihm zu Ohren gekommen, welches bedeutsame Ereignis die Bewohner der gesamten Prignitz auf die Beine brachte. Unbesehen änderte Kimmritz daraufhin seinen Plan. Bei so einem Fest bot sich immer die Gelegenheit, irgendeinem stockbetrunkenen Besucher die Brieftasche aus der Jacke zu zupfen, oder in ein Haus einzusteigen, in dem die Bewohner im Alkoholrausch schliefen.

Hermes, der Schutzpatron allen Diebs- und Raubgesindels, blieb Kimmritz auch an diesem Tage gewogen. Schon am Stadtrand gewahrte er eine sonntäglich gekleidete Familie, die drauf und dran war, Haus und Hof zu verlassen. Ein grauhaariger Alter, vermutlich der Großvater, schloß die Haustür sorgfältig ab und verstaute dann den Schlüssel in seiner Westentasche. Die Festkleidung, die Kinder wie Erwachsene trugen, verriet dem gewieften Beobachter, daß das Haus wohl in den nächsten Stunden leerstehen würde. Diese Erkenntnis bestimmte sein weiteres Handeln. Kimmritz folgte der Familie im sicheren Abstand bis zum Festzelt an der Lehmkuhle. Erst dann machte er kehrt und ging zu dem Haus zurück, das durch ein Firmenschild als »Schlosserei« gekennzeichnet war.

Mit aller Vorsicht umkreiste er das Grundstück. Von der Straße her einzudringen, erschien ihm nicht ratsam. Jeder Passant hätte ihn gesehen. Hinter dem Haus erstreckte sich ein Garten. Im mannshohen Zaun war eine Tür eingelassen, gesichert mit einem einfachen Holzriegel. Kimmritz zückte sein Taschenmesser. Er klappte die Klinge auf, führte sie durch einen Spalt im Türholz und schob den Riegel behutsam Millimeter für Millimeter zurück. Der Weg war frei. Es gab keinen Hund auf dem Hof. Zu Kimmritz' größter Überraschung hatten die Hausbewohner alle Fenster auf der Hofseite offengelassen. Der Eindringling besann sich nicht lange. Er kletterte durchs Küchenfenster ins Haus und begann die Räume zu durchsuchen. Während die Familie des Schlossermeisters dem bunten Treiben im Festumzug zujubelte, der sich in der Havelberger Domstraße eben in Bewegung setzte, wurde sie in der Pritzwalker Straße bestohlen. Kimmritz entwendete die Taschenuhr des Hausherren, zwei Damenkleider, einen Wintermantel und sämtliche Lebensmittelkarten der Familie.

46

Als Kimmritz in der Berliner Schillingstraße eintraf, klopfte er vergeblich an die Wohnungstür. Seine Wirtin war ausgeflogen.

»Woll'n Sie zu Frau Neuling? Die is nach Neukölln«, klärte ihn die Nachbarin auf. »Bei ihre Schwesta.«

Kimmritz bedankte sich höflich für die Auskunft. Er ging zum U-Bahnschacht an der Jannowitzbrücke und fuhr nach Neukölln. Alwine Lemgo riß die Korridortür weit auf. »Mein Jott, Heidi, komma janz schnell, dein Willi is wieder hier«, rief sie über die Schulter gewandt. »Wir essen gerade, Willi. Haste Appetit uff 'n Teller Kartoffelsuppe?«

Kimmritz stellte seinen Rucksack ab, begrüßte die Neuling und trat dann in die Küche. Hannchen Lemgo saß mit am Tisch. Den Kopf über den Teller gebeugt, löffelte sie an ihrer Suppe. Die Siebzehnjährige arbeitete als Lehrmädchen in einem Kolonialwarengeschäft. Während der Mittagspausen kam sie gewöhnlich auf einen Sprung nach Hause, um rasch etwas zu essen. Das dunkelblonde Haar, das seitlich von zwei Kämmen gehalten wurde, reichte ihr bis auf die Schultern. Das Mädchen hob nur kurz den Blick. Gleichgültig nickte sie Kimmritz zu.

Während Kimmritz seinen Rucksack öffnete, um die beiden Frauen mit den Havelberger Kleidern zu beschenken, beendete Hannchen ihr Mahl. Sie stand auf und trug den leeren Teller zum Spülstein. »Ich muß los, Mutti. Tschüß, bis dann!«

Alwine Lemgo, die sich neben ihrer Schwester vor dem Spiegel im Korridor drehte, rief: »Komm nicht so spät, Hannchen, hörst du!«

Kimmritz' Augen verfolgten das junge Mädchen. Das billige gemusterte Sommerkleid reichte ihr nicht einmal bis zum Knie. Die kleine Kröte mit ihren langen federnden Beinen, mit ihren frechen Brüstlein und der frechen Nase beschäftigte seit Tagen seine sexuelle Phantasie. Irgendwann mußte er sie haben. »Nana, mal nicht so streng«, warf er ein. »Vielleicht hat sie schon 'n Freund, der holt sie abends vom Geschäft ab.«

Etwas lauter als nötig warf Hannchen die Wohnungstür hinter sich ins Schloß.

Ihre Mutter sagte: »Da sei Gott vor. Bisher hab ich nichts bemerkt.«

»Pööh!« rief Heidrun Neuling ob des Kleidergeschenkes aufgedreht. »Die ist doch noch unschuldig. Vielleicht glaubt se noch an'n Klapperstorch!«

»Sei froh, daß du keine Kinder hast!« meinte ihre Schwester. »Da bleibt dir die Sorge erspart. Wat is, soll ich Kaffee machen?«

Später, die Tassen waren geleert, sagte Kimmritz zu den beiden Frauen: »Eigentlich müßte ich nochmal nach Neustadt. Aber die Fahrt steckt mir so in den Knochen. Ich bin fix und alle. Schade um die schönen Koffer.«

»Was für Koffer?«

»Zwei Koffer voller Lebensmittel.«

»Und die willst du einfach sausen lassen?« erkundigte sich die Neuling aufgeregt.

»Was soll ich denn machen? Mein Bekannter, den ich gestern im Fernzug traf, hat mir die Koffer für heute abend versprochen. Er wohnt jetzt in Neustadt/Dosse. Zwischen acht und neun wollten wir uns treffen.«

»Wo?«

»Auf dem Bahnhof von Neustadt. Bahnsteig zwo.«

»Und wenn wir die Koffer für dich holen ...?«

Kimmritz atmete auf. Die Frauen hatten den Köder geschluckt. »... dann gehört die Hälfte der Lebensmittel selbstverständlich euch!« beteuerte er.

Alwine Lemgo schrieb eine Nachricht für Hannchen. Den Zettel deponierte sie auf dem Küchenbuffet.

Kimmritz brachte die Frauen zur Bahn. Unterwegs beschrieb er ihnen seinen ominösen Bekannten, dessen Physiognomie haargenau dem amerikanischen Filmschauspieler glich, der zur gleichen Zeit von einer überdimensionalen Kinowerbung an der gegenüberliegenden Hauswand auf die drei Passanten herablächelte. Die Frauen merkten nichts davon.

Gegen neunzehn Uhr kehrte Kimmritz nach Neukölln zurück. Wieder klopfte er an der Wohnungstür. Hannchen öffnete ihm, doch sie war nicht allein. Im Nebenzimmer spielten die jüngeren Geschwister. »Onkel Willi«, riefen sie, »haste Schokolade für uns?«

»Vielleicht morgen. Ich muß erst welche organisieren.«

»Oh ja. Organisieren – organisieren!« lärmten die beiden.

Mit den Kindern hatte Kimmritz überhaupt nicht gerechnet. Sein schöner Plan, die Nacht mit Hannchen allein in der Wohnung zu verbringen, geriet ins Wanken. Fieberhaft feilte er an einer neuen Variante. Wenn die Frauen erst wütend und mit leeren Händen aus Neustadt zurückkamen, mußte das Terrain geräumt sein. Dann gab es keine Chance mehr für sein Vorhaben.

»Hast du den Zettel gelesen?« wandte er sich an Hannchen.

»Muttis Nachricht – ja.«

»Sie hat mir noch etwas aufgetragen«, fuhr Kimmritz fort. »In Birkenwerder habe ich Pflaumen organisiert. Die müssen wir heute abend noch abholen. Wir beide, verstehst du.«

Den Glanz in seinen Augen, als er ihr den Vorschlag machte, bemerkte sie nicht. Sie war zu unerfahren, um seine hektische Beredsamkeit, die eigentlich zur Vorsicht gemahnte, richtig einzuordnen. »Aber die Kleinen ...«

»... die bringst du natürlich erst zu Bett!« bestimmte Kimmritz.

Obwohl Hannchen »Onkel Willi« nicht so recht leiden mochte, ordnete sie sich seinem Willen unter. Sie ging davon aus, daß es der Wunsch ihrer Mutter war, den Kimmritz ihr übermittelt hatte. Mutters Wort galt in der Familie. Ihr nicht zu gehorchen, brachte Ärger ein. Hannchen kramte einen Segeltuchsack aus dem Schrank hervor, in dem sie die Pflaumen tragen wollte.

Gegen halb neun, die Kinder schliefen schon im Bett, machten sie sich auf den Weg zur S-Bahn. Die Westberliner

Stadtviertel lagen im Dunkel. Seit Beginn der Berlin-Blokkade hatte die Sowjetische Militäradministration die Stromversorgung für Westberlin gedrosselt. Ostberlin hingegen erstrahlte in vollem Licht.

Wieder zog es Kimmritz auf die Oranienburger Strecke. Zum wievielten Male eigentlich? Birkenwerder war die zweite Station hinter der Berliner Stadtgrenze. Nach dem Halt in Frohnau verließ die S-Bahn den französischen Sektor. In Hohen Neuendorf kontrollierten Russen und neuerdings auch Grenzposten der Zonenpolizei den Zug. Noch beschränkten sie sich auf gelegentliche Ausweiskontrollen.

Als Kimmritz und Hannchen in Birkenwerder ausstiegen, war es zweiundzwanzig Uhr geworden. »Dort hinüber!« sagte Kimmritz. Er zeigte auf den Waldrand. Der Mond hing als helle Scheibe über den Baumwipfeln. Wenige Augenblicke später schlugen die Zweige einer Kiefernschonung hinter den beiden zusammen. Hannchen verhielt den Schritt. Ihr ging plötzlich auf, in welche Falle der »Onkel Willi« sie gelockt hatte. Sie wurde bleich, bleicher noch als das silbrige Mondlicht. »Was starren Sie mich so an?« stammelte sie erschreckt. Sie sah seine Augen, das lüsterne Funkeln, und sie spürte, daß sie ihn haßte. Er war ihr fremd und widerlich zugleich. »Was starren Sie denn so?«

»Na, komm schon, du! Komm!«

Ihre Augen weiteten sich, als er nach ihr griff und sie ins Moos warf. »Hören Sie auf! Lassen Sie mich los!«

»Sei ruhig, du! Ganz ruhig!« keuchte Kimmritz. Sein Atem ging schneller, hechelnd. Schwer lastete er auf ihr. Er versuchte, sie zu küssen. Sie schlug ihm ins Gesicht, drückte seinen Körper zurück. »Ich mag nicht! Ich hab das noch nie gemacht! Laß los oder ich schreie!« Sie wand sich unter seinem Griff, aber sie kam nicht frei. Gemein und abscheulich war der Kerl zu ihr.

»Wirst du endlich stille sein oder soll ich dich abmurksen?« knirschte Kimmritz erbost. Zwei, drei Faustschläge fielen auf die Siebzehnjährige herab.

Da begriff sie, daß er entschlossen war, seine Drohung auch

in die Tat umzusetzen. Mit einer letzten Anstrengung drehte sie ihr Gesicht weg. Unsägliche Angst lähmte ihren Widerstand. Kimmritz zerrte ihr das Kleid vom Leibe, Hemd und Schlüpfer. Nackt lag sie vor ihm, als er brutal in ihren Körper eindrang.

Eine Saite in ihrer Seele, vom Leben noch nicht einmal richtig zum Klingen gebracht, zersprang unter gräßlichem Mißton.

Achtlos wälzte er sich dann zur Seite, stand auf und knöpfte an seiner Hose herum. »Bleib liegen!« befahl er der Nackten, als sie sich gleichfalls erheben wollte. »Das machen wir gleich nochmal!«

»Mir ist kalt«, sagte sie. »Gib mir wenigstens deine Jacke.«

»Damit ich friere? Bist du bekloppt?« Erneut stieg die Lust in ihm auf. Er spürte, wie das Mädchen vor Angst und Kälte zitterte, als er ihren Körper zum zweitenmal nahm.

»Darf ich mich jetzt, bitte, anziehen?« bat sie mit Schluchzen in der Stimme, nachdem sein unseliger Trieb gestillt war.

Kimmritz nickte. »Ich helf dir gleich. Warte!« Er löste den Leibriemen von seiner Hose. »Hände auf den Rücken!« befahl er und begann sein Opfer zu fesseln. Die Füße band er mit Schnürsenkeln zusammen. Ein Fetzen aus ihrer Unterwäsche verschloß ihr den Mund. »Damit du mir nicht schreist!« grinste »Onkel Willi« hämisch. Zum Schluß streifte er ihr das Kleid über, raffte den Rock über dem Kopf zusammen und stülpte ihr den Tragesack wie eine Kapuze über. Das Mädchen, das dem Tod ins Auge sah, rührte sich nicht. Erst in den frühen Morgenstunden wurde sie von einem Forstarbeiter, der zufällig des Weges kam, erlöst.

47

»Onkel Willi« hatte sich in den letzten S-Bahnzug in Richtung Stadtmitte gesetzt. Sein Ziel war die Neuköllner Wohnung, die er weit nach Mitternacht erreichte. Zutritt verschafften ihm die Schlüssel, die er Hannchen entrissen hatte.

Auf nackten Sohlen tappte der Eindringling durch alle Räume, er inspizierte die Schränke. Kimmritz warf auch einen Blick ins Kinderzimmer. Die beiden Kleinen schliefen fest. Behutsam klinkte er die Tür wieder ins Schloß. Hier war bestimmt nichts zu holen.

Im Küchenschrank entdeckte er dann die Lebensmittelkarten der vierköpfigen Familie und etwas Bargeld. Kimmritz kannte keine Skrupel. Geld und Karten schob er in seine Tasche. Wie die Lemgos den Monat September ohne Lebensmittelkarten überleben sollten, berührte ihn nicht. Ein letzter Blick in die Runde, dann schnallte er den Damenmantel aus der Havelberger Beute auf seinen Rucksack und verließ das Haus im Morgengrauen.

Die Stadt erwachte. Die Menschen rieben sich den Schlaf aus ihren Augen. Die Frühaufsteher machten sich auf den Weg zur Arbeit. Die erste Straßenbahn bog quietschend um die Kurve. Das Motorengedröhn der »Rosinenbomber«, die in Minutenabständen auf dem nahen Tempelhofer Flugfeld aufsetzten und starteten, hing über den Dächern. Zwei Millionen Menschen wurden über die Alliierte Luftbrücke versorgt. Ein radelnder Verlagsbote warf sein Bündel druckfrischer Zeitungen neben dem Kiosk am Wildenbruchplatz ab. Die Berliner Wechselstuben verkauften an diesem Tage 1 DM West für 3,30 DM Ost.

Trotz des starken Polizeiaufgebotes am Sektorenübergang Elsen-/Ecke Heidelbergerstraße interessierte sich kein uniformierter Grenzwächter für den Mann im dunklen Anzug. Die Bewaffneten in Ost wie West waren vollauf damit beschäftigt, sich gegenseitig und voller Mißtrauen zu beäugen. Die »Ideologie der Blockade« spukte in den Köpfen der Menschen.

Gelassenen Schrittes wechselte Kimmritz vom Amerikanischen in den Sowjetischen Sektor. Einige hundert Meter weiter erklomm er die ausgetretenen Stufen des Bahnhofes Treptower Park. Für 20 Pfennige Ost kaufte er sich eine S-Bahnfahrkarte und fuhr auf dem nördlichen Vollring bis Gesundbrunnen.

Die Badstraße im Bezirk Wedding war einer der Orte, an denen der illegale Handel im Französischen Sektor blühte. Währungsreform und Marshallplanhilfe, die eigentlich ein Austrocknen der Schwarzmarktszene bewirken sollten, stagnierten während der Berlin-Blockade. Der Berliner Schwarze Markt erlebte in diesen Wochen seinen unwiderruflich letzten Höhenflug. Gegen zehn Uhr mischte Kimmritz sich unters Heer der flanierenden Käufer und Verkäufer in der Badstraße. Erst im zweiten oder dritten Anlauf gelang es ihm, den Havelberger Damenmantel nach seiner Preisvorstellung loszuschlagen. Dann kam die Neuköllner Beute an die Reihe. »Lebensmittelkarten«, zischelte Kimmritz halblaut. »Brotmarken!«

Eine blonde Mittvierzigerin bekundete bereits Interesse, als sich die Situation schlagartig änderte. Signalpfeifen trillerten. Hastiges Stiefelgetrappel. Tschakos blinkten. Ein doppelter Polizeikordon riegelte die Kreuzung vor der Bahnhofsbrücke ab. Aus entgegengesetzter Richtung, von der St. Pauls Kirche her, rückte unterdessen eine zweite Schupo-Kette vor.

»Razzia! Die Greifer kommen!«

Die Polizei setzt zur Razzia an. Quelle: NBI 28/65

Der Teufel war los! Wer konnte, suchte sein Heil in den kleineren Nebenstraßen. Die Polizei erwies sich als klüger, sie war auf die Fluchtwege vorbereitet. Mit quietschenden Bremsen hielten Überfallwagen in der Bastian- und in der Hochstraße. Wendige Polizeiflitzer versperrten den Weg in die Stettiner und in die Grüntaler Straße.

Frauen kreischten angstvoll oder schimpften hysterisch. Man stieß und rannte. Schokoladenriegel, Zigaretten, Feuersteine, Einweckringe und Süßstofftabletten kullerten über den Boden. Man trampelte auf weggeworfener Butter und auf platzenden Mehltüten herum. Ein älterer Mann zündete sich zwei Zigarren auf einmal an. Er ahnte wohl, daß er den heißgeliebten Tabakgenuß für längere Zeit entbehren mußte. Kimmritz sah, wie sein Gegenüber mit der blondierten Bubikopffrisur Geld und einige Strumpfpäckchen in ihrem Schlüpfer verbarg.

Die Kette der Gesetzeshüter rückte bedrohlich näher. Mit den heruntergelassenen Sturmriemen wirkten die Gesichter ausgesprochen kriegerisch. Jeden Augenblick war der unvermeidliche Griff in den Nacken zu erwarten, der Kimmritz auf ein bereitstehendes Lastauto dirigieren würde. Es gehörte zu den Spielregeln jeder Razzia, daß Personen festgenommen wurden, die man in die Dienststellen brachte, um sie einer gründlichen Visitation und Befragung zu unterziehen. Ohne Zweifel wäre Kimmritz' Schicksal damit besiegelt gewesen. Immer mehr Menschen fanden dichtgedrängt auf der Ladefläche des Polizeiautos Platz. Die Kette der Greifer rückte unaufhaltsam näher.

Da faßte ihn die Blonde, die soeben ihren Rock zurechtgezupft hatte, am Arm. »Schnell! Kommen Sie!« Sie zog ihn zu einem Hausportal, öffnete blitzschnell das Tor und rannte mit Kimmritz auf den Hinterhof. Ein mickriges Bäumchen vegetierte in der Mitte des gepflasterten Karrees. Eine Stange zum Teppichklopfen. Eine Batterie verbeulter Mülltonnen. Die Frau kannte sich in dem ummauerten Geviert aus. »Nach rechts!« keuchte sie. »Hinter den Tonnen gehts zum Keller!«

Sie erreichten einen verdeckten Treppenabgang, stolperten die Stufen hinunter und verbarrikadierten sich hinter der Kellertür. Die Verfolger, die den Hof absuchten, rüttelten vergebens an der Klinke. Nach einer Weile räumten sie verärgert das Feld.

»Na also, das wäre geschafft«, atmete der Bubikopf auf. »War verflucht knapp. Sind Sie wenigstens okay?«

»Alles in Ordnung«, gab Kimmritz Auskunft. Dabei fühlte er sich ausgesprochen malade. In letzter Zeit häuften sich die Situationen, in denen er buchstäblich um sein Leben rennen mußte. Wie lange vermochte er diese Hatz noch durchzuhalten? »Schönen Dank auch und – na, jedenfalls finde ich es prima, daß Sie mir geholfen haben.«

Die Frau schüttelte mißbilligend den Kopf. »Dank allein macht nicht satt!« nahm sie ihm den Wind aus den Segeln. »Hab ich schon als Kind gelernt. Wer dankt, der will nichts geben. Ich heiße übrigens Inge. Und du?«

»Willi ... äh ..., Quatsch – Max natürlich.« Kimmritz war verwirrt.

»Also, wie denn nun? Willi oder Max?«

»Ist das nicht egal?«

»Da hast du auch wieder recht. Und jetzt zum geschäftlichen Teil«, fuhr sein Rettungsengel fort. »Was hast du mir zu bieten? Laß mal die Hosen runter, du Willi – oder Max, du!«

Unverhohlener Spott lag in ihren Worten. Die Frau hatte ein Tempo drauf. Kimmritz geriet in die Gefahr, von ihr überfahren zu werden. Blondie entriß ihm alle Initiative. »Du hast doch was von Lebensmittelkarten gesagt?« Sie streckte fordernd die Hand aus.

Kimmritz nestelte die Karten aus der Innentasche seines Jacketts. »Du gefällst mir«, sagte er heiser. »Weißte nicht auch eine Unterkunft für mich?«

»Bin ich Hotelier?«

»Nur für zwei oder drei Tage«, bat er. »Sollst es nicht bereuen.«

»Nach Reichtümern sieht deine Kluft nicht gerade aus. Doch man kann sich irren. Besonders auf dem Schwarzen

Markt. Also gut – ich wohn' in der Drontheimer Straße.« Sie nahm ihm die Lebensmittelkarten ab. »Die nehm ich als Anzahlung, verstanden? Vielleicht organisierst du noch ein paar von diesen Dingerchen?«

Kimmritz nickte.

»Jetzt hab ich noch was zu erledigen. Wir treffen uns um zwei im Cafe Reichert! Okay?«

48

Am 11. September 1948 flogen 874 amerikanische und britische Maschinen den Westberliner Luftraum an. »Neuer Versorgungsrekord im Verlaufe der Berliner Luftbrücke!« verkündete der Sprecher in den RIAS-Abendnachrichten. Zwischen der Britischen und der Sowjetischen Militärregierung wurde ein Abkommen über die Wiederaufnahme des durch die Blockade unterbrochenen Postverkehrs vereinbart. Erstes Anzeichen für eine gewisse Einsicht?

An diesem Sonnabend begann »Kognak-Else« ihre Wochenendtour in »Plumpe«, wie der eingeborene Berliner den Stadtteil Gesundbrunnen nennt. Seit dieser Kommissar Lemke vom Alex sie noch zweimal zur Vernehmung vorgeladen hatte, mied die Batzke den »Nordbahn-Keller« in der Invalidenstraße tunlichst. In den Ostsektor fuhr sie neuerdings ungern.

Es war gegen zwölf Uhr, als »Kognak-Else« aus der Pankstraße kommend in die Badstraße einbog. Sie überquerte den belebten Fahrdamm und steuerte auf das »Café Reichert« zu. Dorthin hatte sie ihr Jagdrevier verlegt. Im Lokal herrschte ziemlicher Betrieb. Else fand ihren Stammplatz an einem blankgescheuerten Tisch. »Wie üblich?« fragte die Kellnerin salopp. Wenn Else den Blick hob, dann geriet die gegenüberliegende Lokalwand mit der graustichigen Tapete und dem Hinweisschild »Zu den Toiletten« in ihren Sichtwinkel. Der fahle Weinbrandverschnitt, den man bei Reicherts als »Kognak« servierte, stand auf dem Tisch. Die

Batzke nahm einen Schluck. Sie genoß das Gefühl der herrlichen Entspanntheit, das mit jedem Tropfen Alkohol durch ihren Körper rieselte. Dann schob sie sich einen Glimmstengel zwischen die blutrot geschminkten Lippen. Sie riß ein Streichholz an, wollte es ans Ende der Zigarette halten, erstarrte aber mitten in der Bewegung. Aus der dunkel gebeizten Tür am Toilettengang trat ein Mann. Mitte Dreißig, etwa 1,70 m groß. Breites Gesicht und spärlicher Haarwuchs. Sie erkannte die blaue Schiffermütze und den dunklen Anzug. »Max« durchquerte den Raum. Ohne Zweifel – das war seine Figur, war die typische Trägheit, die seinem Gangbild und seinen Körperbewegungen etwas Unverwechselbares, etwas Einmaliges verliehen. »Max« oder »Willi«, wie er laut Kommissar Lemke heißen sollte, ging zu einem Tisch. Dort saß eine Frau mit auffällig blondiertem Bubikopf. Bevor er sich auf den klotzigen Stuhl setzte, ließ er den unruhigen Blick durch den Raum streifen. Es schien, als habe er »Kognak-Elses« Augen gespürt, die ihn intensiv musterten. Sekundenlang starrten sich die beiden an. Dann beugte »Max« sich zu der Blonden hinab. Er raunte ihr einige wenige Worte zu und strebte hastig aus dem Lokal.

Else Batzke nahm die Verfolgung auf. Sie rannte auf die Straße. Einen Schupo rufen, hatte der Kommissar Lemke ihr geraten. Schöner Ratschlag, wenn sich weit und breit kein Greifer sehen ließ. Und überhaupt – wo war der »Max«?

Kimmritz wechselte auf die andere Straßenseite. Er beschleunigte seine Schritte. »Kognak-Else« blieb ihm auf den Fersen. Sie begann zu rennen. Blieb bei einem großgewachsenen Mann stehen, dessen dunkle Joppe, Breeches und Ledergamaschen den Berufskraftfahrer verrieten.

»Hören Sie«, sprudelte Else hervor, »Sie müssen mir helfen, den Mann festzunehmen. Der Kerl ist ein Mörder.«

»Wat denn, wat denn, Mächen. Wer ist ermordet worden?« Taxifahrer Schröder nahm es noch gemütlich.

»Meine Freundin, verdammt nochmal!« schrie Else ihn an. »Und dieser Mann da vorn ist der Mörder. Halten sie ihn fest! Er wird von der Polizei gesucht!«

»Im Ernst, Mächen?« Schröder kapierte langsam. »Jeht aber uff deine Verantwortung, Puppe!« Aber dann griff er um so schneller zu. »Hiergeblieben, Freundchen!« röhrte er Kimmritz ins Ohr. Der schlug um sich, wollte sich losreißen und davonrennen. Das wiederum gefiel dem Taxifahrer nicht. Seine kräftigen Fäuste lehrten Kimmritz das Stillhalten.

»Polizei! Hilfe, Polizei!« rief »Kognak-Else« über den Fahrdamm. An der Kreuzung Bastianstraße war ein Uniformierter aufgetaucht, der im Laufschritt herbeieilte.

Die Situation war rasch geklärt. Und die Menschenmenge, die sich auf dem Trottoir angesammelt hatte, wurde zum Weitergehen aufgefordert. Der Polizist legte Kimmritz eine Führungskette ums Handgelenk. »Ich bringe Sie jetzt zum 47. Polizeirevier«, bestimmte er. »Und Sie«, er wandte sich an Else Batzke, »kommen mit, fürs Protokoll. Die Kripo braucht einen Zeugen!«

49

Das Revierkriminalbüro in der Uferstraße lag am Ufer der Panke. Von der gegenüberliegenden Seite des verschmutzten Gewässers leuchtete das renovierte Dach des Amtsgerichtsgebäudes Berlin-Wedding herüber. Else Batzke wurde dem Kriminalgehilfen Franzke zur Klärung des Sachverhaltes vorgeführt. Der junge Mann, der sich seine Sporen als Kriminalist erst noch verdienen mußte, saß an diesem Samstag nachmittag allein im Büro. Die älteren Kollegen vom Kriminaldauerdienst waren zu einem Tatort ausgerückt. »Hör dir mal an, was die Frau weiß«, lautete sein Auftrag.

Mit glühenden Ohren tippte Franzke das Vernehmungsprotokoll. Wenn die Aussagen der Frau der Wahrheit entsprachen, dann handelte es sich bei dem Mann in der Gewahrsamszelle um einen Raubmörder.

»Die ermordete Frau stammt also aus dem Ostsektor?« vergewisserte sich der Kriminalgehilfe.

»Aus die Borsigstraße am Nordbahnhof.«

»Umgebracht wurde Frau Imlau aber in Schmachtenhagen?«

»Stimmt. Inne Russenzone.«

Franzke tippte. »Und wie heißt der Kriminalbeamte aus der Dircksenstraße, der den Fall bearbeitet hat?«

»Lemke. Kommissar Lemke.«

»Und er hat Ihnen gesagt, daß dieser Max der Mörder ist.«

»Det stimmt ja och. Kann ja keen anderer jewesen sein. Max is mit die Imlau hamstern jefahren. Und Frieda wurde beim Hamstern umjebracht.«

»Kognak-Else« unterschrieb das Protokoll und durfte von dannen ziehen. Ihre Pflicht und Schuldigkeit hatte sie getan.

Der Kriminalgehilfe ließ den Festgenommenen aus der Zelle holen. »Sie heißen also Max?« eröffnete er das Verhör. Franzke glaubte, den Delinquenten mit vorgetäuschtem Wissen am leichtesten zu überzeugen. Es war ein Trick, den auch die älteren Kollegen mit wechselndem Erfolg in Anwendung brachten. »Und Sie werden wegen Mordes gesucht!«

Der Mann auf dem Stuhl schüttelte betrübt den Kopf. »Da sind Sie bestimmt auf dem Holzweg, Herr Kommissar. Ich heiße nämlich Willi Kimmritz. Das Ganze muß 'ne Verwechslung sein.«

Kimmritz hatte genügend Zeit gehabt, seine Lage zu überdenken. Während des Wortwechsels bei der Einlieferung war ihm klar geworden, daß die Ostpolizei in der Mordsache Imlau nach einem »Max« als Täter fahndete. Was sprach eigentlich dafür, daß er mit diesem »Max« identisch sein mußte? Nichts als die Aussage dieses versoffenen Miststücks, der Else Batzke. Gab er sich jetzt als Willi Kimmritz zu erkennen, dann konnten sie ihm höchstens diese Betrugsgeschichte auf dem Versorgungsgut der Roten Armee anlasten. Und ob die Westberliner Polizei in der gegenwärtigen Spannungssituation ausgerechnet die Interessen der Russen wahrnehmen wollte, war mehr als zweifelhaft. Von den Überfällen auf die Frauen im Barnimgebiet hatten die hier im Wedding bestimmt keinen blassen Schimmer.

Kimmritz stellte bei seinen Überlegungen die Querelen in

Rechnung, die den Berliner Polizeiapparat seit der offiziellen Teilung beherrschten. Ein verbissener Kleinkrieg nach dem Motto »Hie Markgraf – Hie Stumm!« hatte auf beiden Seiten eingesetzt. Mit unverminderter Feindseligkeit sprach man sich gegenseitig die Kompetenz ab, polizeiliche Aufgaben in Berlin wahrzunehmen. Die Befugnisse der Polizeibediensteten endeten mittlerweile an den Sektorengrenzen. Wer ins Lager der Gegenseite geriet, mußte mit seiner Festnahme rechnen. Prominentestes Opfer wurde in diesen Tagen der Ostberliner Kripochef Franz Erdmann, der am 24.8. eine Boxveranstaltung in der Westberliner Waldbühne besuchen wollte. Ein Polizeikommando nahm ihn auf Geheiß Dr. Stumms vorübergehend fest.

Ganoven aller Schattierungen suchten die neue Situation für sich zu nutzen. Am 19. August schrieb ein Reporter in der Ostberliner Zeitung »Der Morgen«: *Wenn sich früher ein schwerer Junge dem strafenden Arm der Gerechtigkeit entziehen wollte, mußte er schon über den Ozean fliehen, und selbst dann war er nicht völlig in Sicherheit. Heute begibt er sich in den anderen Sektor, um das behagliche Gefühl des Geborgenseins auszukosten. Sind wir aber in Berlin wirklich schon so weit, daß bei der Verfolgung der Verbrecher die rechte Hand der Polizei nicht weiß, was die linke tut, und der Rechtsbrecher bei einem einfachen Sektorenwechsel Asylrecht genießt?*

Kimmritz entschied sich für die uralte Taktik, das kleinere Übel einzuräumen, um die Katastrophe zu vermeiden! Mit rührseliger Stimmlage tischte er dem Kriminalgehilfen die Geschichte aus dem Brandenburger Zuchthaus auf, in das er durch die unglückselige Denunziation eines Naziflittchens geraten war. Nach der Befreiung hätten ihn die Russen als Verwalter auf ihrem Versorgungsgut festgehalten. Und als die Schiebergeschäfte des Kommandanten aufflogen, sollte er den Sündenbock spielen. Deshalb würde er noch immer gesucht; der Herr Kommissar könne sich ja gut denken, was ihm, dem armen Schwein Willi Kimmritz, blühe, geriete er erst in die Hände der Roten.

> ## Gespaltenes Berlin – günstig für Verbrecher
> ### Dirchsenstraße gibt wichtige Aufschlüsse — Friesenstraße schweigt
>
> Wenn sich früher ein schwerer Junge dem strafenden Arm der Gerechtigkeit entziehen wollte, mußte er schon über den Ozean fliehen, und selbst dann war er nicht völlig in 'Sicherheit. Heute begibt er sich in den anderen Sektor, um das behagliche Gefühl des Geborgenseins auszukosten. Sind wir aber in Berlin wirklich schon so weit, daß bei der Verfolgung der Verbrecher die rechte Hand der Polizei nicht weiß, was die linke tut, und der Rechtsbrecher bei einem einfachen Sektorenwechsel Asylrecht genießt?
>
> Der Leiter des Fahndungsdienstes in der Dirchsenstraße führte auf diese Frage etwa folgendes aus:
>
> „Für uns gibt es nur einen rechtmäßigen Polizeipräsidenten, das ist Polizeipräsident Markgraf. Wir arbeiten nicht mit dem illegalen Polizeipräsidium Dr. Stumms in der Friesenstraße zusammen, wohl aber mit den einzelnen Polizeiinspektionen und Kriminalkommissariaten der westlichen Sektoren, soweit diese Zusammenarbeit nicht durch Anordnungen Dr. Stumms gestört oder unmöglich gemacht wird. Seit jener wurden in Berlin nur die leichteren Fälle örtlich von den Kriminalkommissariaten, die schweren und gewerbsmäßigen Verbrechen und Vergehen dagegen zentral von den acht Kriminalinspektionen bearbeitet. Es ist ein Unding, diese Zentralarbeit auf zwei Polizeipräsidien zu verteilen. Dabei weiß man ja dann nie, was ein festgenommener Verbrecher alles auf dem Kerbholz hat. Uns fehlt beispielsweise augenblicklich eine Uebersicht darüber, wieviel Einbrüche es im letzten Monat in den Westsektoren gegeben hat. Von der Zweiteilung profitiert somit das Verbrechertum, den Nachteil haben der Geschädigte und die Allgemeinheit.
>
> Der gesamte Erkennungsdienst, der Fahndungsapparat und andere wichtige Hilfsmittel und Einrichtungen der Kriminalpolizei sind unversehrt in unserer Hand. Die Friesenstraße hat nichts von alledem. Nicht weniger als 88 Anfragen an die Fahnduggskartei kamen in einer Woche aus den Westsektoren. Jede Anfrage wird grundsätzlich beantwortet. Wir werden auch den Kriminalkommissariaten im Westen Berlins unsere in dieser Woche herauskommenden Fahndungsbücher, worin alle gesuchten Personen eingetragen sind, übersenden, nicht aber dem Polizeipräsidium in der Friesenstraße. Nur Steglitz und Kreuzberg lehnen bisher die Zusammenarbeit mit uns rundweg ab.
>
> Erschwert wird die Verfolgung der Verbrecher auch dadurch, daß einige westliche Kriminalkommissariate sich grundsätzlich weigern, Festgenommene der Dirchsenstraße vorzuführen. Ein Schwerverbrecher, auf dessen Konto mehrere Raubüberfälle kommen, ist beispielsweise für uns unerreichbar, weil das Kommissariat Wedding seine Ueberführung nach der Dirchsenstraße ablehnt, obwohl die französische Militärregierung sie offenbar genehmigt hat. Die Auslieferung Verhafteter von Sektor zu Sektor war und ist an die Zustimmung der betreffenden Besatzungsmacht gebunden. Wir unsererseits sind bereit, danach zu handeln.
>
> Nach der Polizeispaltung haben sich vor allem die Schwarzhändler nach dem Westen abgesetzt, wogegen sie bisher keine ernstlichen Maßnahmen ergriffen wurden. Auch dadurch wird die Kriminalität in Berlin ansteigen. Wir wären durchaus dafür, Schwarzhändler zur nützlichen Arbeit heranzuziehen und auf ihre Kosten etwa den Trümmerfrauen einen bezahlten Urlaub zu geben, aber leider sind uns die Hände in dieser Angelegenheit gebunden, weil der Magistrat geglaubt hat, einer entsprechenden Vorlage seine Zustimmung versagen zu müssen."
>
> Soweit die Dirchsenstraße. Und was sagt die Friesenstraße? Wir baten die Pressestelle in der Friesenstraße, uns eine Unterredung mit einem der zuständigen Herren zu vermitteln. Wohl ein dutzendmal waren wir an der Telefonstrippe. Nach 48 Stunden mußte uns die Pressestelle mitteilen, daß sie bisher nichts habe erreichen können. Ob und was die Friesenstraße über diese den Berlinern auf den Nägeln brennende Frage zu sagen hat, wissen wir also nicht, uns gegenüber hat man sich jedenfalls nach allen Regeln der Kunst ausgeschwiegen.
>
> He

Der Morgen vom 19.8.1948.
Quelle: Archiv des Autors

Die Geschichte machte Eindruck. Der Kriminalgehilfe kam ins Schwanken. Unsicher, wie er sich nun entscheiden sollte, tat Franzke zweierlei. Er verständigte das vorgesetzte Kriminalkommissariat in Berlin-Wedding. Und er rief, um die Identität des festgenommenen »Max« endgültig zu klären, im Ostberliner Polizeipräsidium an. Der Telefonanruf war von Kriminalkommissar Jüterbog abgesegnet. Unter dem Druck der Öffentlichkeit hatten die Polizeikommandos in Ost und West nämlich am 25. August ihre Bereitwilligkeit erklärt, einen gemeinsamen kriminalpolizeilichen Dienst aufrecht zu erhalten. Willi Kimmritz' Spekulation konnte nicht aufgehen.

Kommissar Lemke, der zufällig im Hause weilte, riet: »Wenn die Batzke ihn zweifelsfrei erkannt hat, Herr Kollege, dann ist er auch der Mörder der Frau Imlau. Ebenso sicher ist, daß dieser Mann in der Borsigstraße als ›Onkel Willi‹ aufgetreten ist. Und jetzt lassen Sie mich mal den weisen Propheten spielen: Max und Willi Kimmritz sind ein und dieselbe Person. Und Kimmritz wird wegen einer Serie von Sittendelikten im Land Brandenburg steckbrieflich gesucht. Ein großartiger Fahndungserfolg, der Ihnen da gelungen ist, Herr Kollege! Da kann ich Ihnen nur gratulieren!«

»Und was mache ich jetzt mit ihm?« stotterte der Kriminalgehilfe, der vor Überraschung und Stolz rote Ohren bekam.

»Dabehalten, Menschenskind!« trompetete der Ost-Kommissar. »Bis seine Überstellung veranlaßt ist.«

Lemke informierte den Kriminaldirektor vom Dienst. Eine Stunde später erhielt der Kriminaldauerdienst in der DVdI die Mitteilung, daß der in der »AKTION ROLAND« langjährig gesuchte Willi Kimmritz im Französischen Sektor festgenommen werden konnte.

50

Helmuth Rockstroh hatte sich eigentlich auf ein ruhiges Wochenende gefreut. Den Samstagabend und den freien Sonntag wollte er nutzen, um dem Manuskript eines Artikels, den er für die Fachzeitschrift »Die Volkspolizei« verfaßt hatte, den letzten Schliff zu geben. Der Beitrag sollte unter dem Titel »Die Tätigkeit der Kriminalpolizei bei Verkehrsunfällen« in der zweiten Oktoberausgabe erscheinen. Bis der Anruf aus der Verwaltung kam. Alfred Schönherr war am Apparat.

»Fahr doch mal gleich in die Dircksenstraße!« befahl der Kripochef. »Bei M I liegen Unterlagen zu einer Mordsache Imlau. Als Täter kommt ein gewisser Willi Kimmritz in Betracht.«

»Der aus der AKTION ROLAND?«

»Allem Anschein nach – ja. Nimm dir die Kopie des Eberswalder Haftbefehls mit. Und einen Steckbrief mit dem Foto. Kimmritz sitzt auf dem Kommissariat in Wedding. Sieh zu, daß du Kommissar Jüterbog überzeugen kannst, den Kimmritz herauszugeben!«

So wurde es für alle Beteiligten eine unruhige Nacht. Der alerte, wendige Rockstroh fuhr mit einem zivilen Polizeifahrzeug in den Französischen Sektor. Die Sektorenposten an der Wollankstraße hatten die Order erhalten, das Fahrzeug ungehindert passieren zu lassen.

Kommissar Jüterbog studierte die Unterlagen gründlich. »Scheint tatsächlich Ihr Mann zu sein«, sagte er. »Aber Sie verstehen, ohne den Hauch eines Geständnisses kann ich ihn beim besten Willen nicht freigeben.«

Rockstroh zeigte Verständnis für die Lage des Westberliners. Jüterbog stand unter Druck. Sein Kommissariat war erst kürzlich in die öffentliche Kritik geraten. Nach der glücklichen Festnahme des bewaffneten Schwerverbrechers Horst Haase, der auch aus dem Osten stammte, hatte die Ostberliner Tageszeitung »Der Morgen« am 19. August moniert: *»Erschwert wird die Verfolgung der Verbrecher auch dadurch, daß einige westliche Kriminalkommissariate sich grundsätzlich weigern, Festgenommene der Dirksenstraße vorzuführen. Ein Schwerverbrecher, auf dessen Konto mehrere Raubüberfälle kommen, ist beispielsweise für uns unerreichbar, weil das Kommissariat Wedding seine Überführung nach der Dirksenstraße ablehnt, obwohl die französische Militärregierung sie offenbar genehmigt hat. Die Auslieferung Verhafteter von Sektor zu Sektor war und ist an die Zustimmung der betreffenden Besatzungsmacht gebunden...«*

»Wissen Sie was«, schlug Rockstroh vor, »Sie lassen den Mann vorführen und wir befragen ihn gemeinsam. Mal sehen, was er zu diesen Papieren sagt?«

Jüterbog gab die nötigen Anweisungen.

Kimmritz blinzelte gegen das helle Licht, als er von einem Wachtmeister über die Schwelle geschoben wurde. In schnürsenkellosen Schuhen, bleich und unrasiert, schlurfte er bis zur Mitte des Raumes. Hemdkragen und Anzug waren verknittert. Ein unangenehmer Schweißgeruch ging von ihm aus. Mißtrauisch äugte Kimmritz auf die beiden Zivilisten. Instinktiv ahnte er, daß die größere Gefahr von dem schlanken Mann im hellen Trenchcoat ausging.

Jüterbog sagte: »Im Grunde sind wir hier mit Ihnen fertig, Kimmritz. Ich könnte Sie entlassen. Inzwischen haben wir aber erfahren, daß man Sie in der Ostzone sucht.«

»Die Russen suchen mich, Herr Kommissar. Das hab ich schon ausgesagt«, haspelte Kimmritz erregt.

Halb belustigt, halb verärgert schaltete Rockstroh sich ein: »Nun hören Sie aber mit dem Unfug auf, Kimmritz. Die Wahrheit ist noch immer die beste Verhandlungsbasis. Das haben Sie doch längst begriffen. Warum wollen wir die Geschichte nicht kurz und schmerzlos zu Ende bringen?« Wie um die Sache zu beschleunigen, drückte er Kimmritz den mit einem Foto verzierten Steckbrief und den Haftbefehl wegen Vergewaltigung der Vera Ballmann in die Hand. Der Unhold begriff, daß das Beweismaterial zumindest in dieser Sache lückenlos war. »Und nun zur Mordsache Imlau!« Rockstroh reichte ihm das Bernauer Fahndungsersuchen. »Sie werden nicht umhin können, mir zuzugeben, daß das Ihre Personenbeschreibung ist. Frau Batzke kennt Sie nur unter dem Namen ›Max‹, aber dafür wissen der kleine Imlau und die Nachbarin aus der Borsigstraße, Frau Peters, sehr genau über ›Onkel Willi‹ Bescheid. Muß ich wirklich erst Zeugen aufmarschieren lassen? – Ich denke, es ist an der Zeit, daß Sie Farbe bekennen!«

Kimmritz, von den Vernehmungen im Revierkriminalbüro und im Kommissariat hinreichend zermürbt, zuckte ergeben mit den Schultern. Binnen weniger Minuten hatte er sich in ein fahles, schwitzendes Wrack verwandelt, unfähig, hinter neuen Schutzbehauptungen nach Deckung zu suchen. »Ja doch«, grummelte er, »ja doch, ich hab sie umgebracht. Ich geb es zu.«

»Wo?«

»Mit der S-Bahn bis Lehnitz. Und dann in den Wald. In Richtung Schmachtenhagen sind wir gegangen.«
»Wie?«
»Erwürgt ... mit einer Schnur.«
»Vorher haben Sie die Frau mißbraucht?«
»Ja. Wir hatten Verkehr.«
»Und die Vergewaltigung der Frau Ballmann? War doch auch bei Lehnitz – oder?«
»Ich weiß nicht, wie die Frau heißt. Ich hab sie in der S-Bahn angesprochen und bin dann mit ihr in den Wald gegangen. Da ist es dann passiert.«
»Weiter, Kimmritz! Was war da noch? Es sind noch mehr Frauen vergewaltigt worden!«
»Kann schon sein. Aber jetzt lassen Sie mich in Ruhe!« bäumt Kimmritz sich noch einmal auf. »Geben Sie mir Zeit. Ich muß nachdenken. Ich sage Ihnen alles, aber erst will ich schlafen.«

Um 2.20 Uhr passierte Rockstroh mit seinem Gefangenen die Sektorengrenze in Richtung Ostberlin. Nachdem Jüterbog die Genehmigung des Sicherheitsoffiziers in der französischen Kommandantur eingeholt hatte – im Gegensatz zu Briten und Amerikanern lag den Franzosen noch immer an einem entspannten Verhältnis zu den Russen –, hatte sein Kommissariat für angemessenen Geleitschutz bis zur Bornholmer Straße gesorgt.

Helmuth Rockstroh brachte Kimmritz im Polizeigefängnis in der Dircksenstraße unter. Bevor sich die Zellentür hinter dem Untersuchungshäftling schloß, reichte der Oberkriminalrat ihm noch einen Stift und einen Schreibblock. »Morgen ist Sonntag«, sagte er. »Genügend Zeit für Sie, über alles nachzudenken. Schreiben Sie auf, was Ihnen zu den Sittlichkeitsverbrechen und ...«, Rockstroh machte eine winzige Pause, »zu den Morden im Land Brandenburg einfällt!«

Noch lange stand Willi Kimmritz in dieser Nacht hinter der Zellentür. Reglos starrte er das grobe Holz an.

51

Selbstverständlich ließ sich die Westberliner Polizei den Triumph nicht entgehen. Sie hatte einen Mörder, den die Polizei in der Sowjetischen Zone seit Jahren ergebnislos jagte, hinter Schloß und Riegel gebracht. Am 13. September meldete der »Telegraf«, daß die Kriminalpolizei des Französischen Sektors auf Veranlassung von Frau Else B. aus Berlin N 65 den 35jährigen wohnungslosen Arbeiter Willi K. festgenommen hat, der schon seit einiger Zeit von der Zonenpolizei wegen angeblichen Mordes gesucht wurde.

> **Gesuchter Mörder festgenommen**
> Auf Veranlassung von Frau Else B. aus Berlin N 65, wurde der 35jährige wohnungslose Arbeiter Willi K. in der Bad-, Ecke Stettiner Straße festgenommen. K. wird schon seit längerer Zeit von der Zonenpolizei wegen angeblichen M[...]
> *Telegraf*
> [...]angen hat. Da K. die Straftaten alle in der sowjetischen Zone ausführte, wurde er nach Genehmigung durch die französische Militärregierung der Zonenpolizei übergeben.

Quelle: Archiv des Autors

Offenkundig beschäftigte man sich auch in der Brandenburgischen Polizeiführung mit der Montagsausgabe des »Telegraf«. Konsterniert tickerte das Landeskriminalamt an die Abteilung K der DVdI: »*wie muendlich hier verlautet, soll der seit langem gesuchte sittlichkeitsverbrecher k i m m - r i t z in berlin festgenommen und in den ostsektor ausgeliefert worden sein. da diese meldung bisher nicht bestae-*

tigt ist, wird gebeten, mitzuteilen, ob unsere information zutreffend ist. zutreffendenfalls wird im auftrage von herrn min.rat hoeding gebeten, zu veranlassen, dass k. dem lka brandenburg ueberstellt wird bzw. hier mitzuteilen, wann und wo k. zur ueberfuehrung nach hier abgeholt werden kann.«

```
+ pdm nr 815 13.9. 48 0135 groth =

an die ddx dvdi abt k ref k j =

betr.: festnahme des sittlichkeitsverbrechers k i m m e r i t z .
bezug: ohne .-

wie muendlich hier verlautet , soll der seit langem gesuchte
sittlichkeitsverbrecher k i m m e r i t z in berlin festgenommen
und in den ostsektor ausgeliefert worden sein .
da diese meldung bisher nicht bestaetigt ist , wird gebeten ,
mitzuteilen , ob unsere information zutreffend ist .
zutreffendenfalls wird im auftrage von herrn min.
rat hoeding gebeten , zu veranlassen , dass k. dem lka brandenburg
ueberstellt wird , bzw. hierher mitzuteilen , wann und wo
k. zur ueberfuehrung nach hier abgeholt werden kann .-
```

Anfrage des LKA Potsdam an die DVdI in Sachen Kimmritz. Quelle: Bundesarchiv Berlin-Lichterfelde

Der Mörder Kimmritz verblieb in Berlin. Schließlich hatte das LKA in Potsdam erst jüngst einen spektakulären Erfolg erzielt. Nach monatelanger Fahndung konnten Oberkommissar Nowacks Männer vier Personen in der Gemeinde Liedekahle festnehmen, auf deren Kerbholz die bewaffneten Überfälle zwischen Luckau und Luckenwalde gingen. Nowack heimste reichlich Lorbeer bei der Besatzungsmacht ein. Am 4. September 1948 veröffentlichte die »Märkische Volksstimme« eine ausführliche Meldung unter der Schlagzeile *»Deutsche Banditen in russischer Uniform«*. Nun sollte aus der Sache Kimmritz wenigstens ein gleichwertiger Erfolg für die DVdI herausschauen. Am Montag, dem 13. September, verhörten Rockstroh und der K 4-Referent Kunze den Delinquenten.

Rockstroh hatte seine Hausaufgaben gemacht. Mindestens vier weitere unaufgeklärte Morde im Land Branden-

> **Deutsche Banditen in russischer Uniform**
> Der Landeskriminalpolizei ist es gelungen, eine Bande, die seit längerer Zeit die Umgebung von Luckau und Luckenwalde unsicher machte, festzunehmen. Es handelt sich um Wilhelm L▓▓▓▓▓▓ aus Liedekahle (Kreis Luckau), seine Ehefrau ▓▓▓▓ sowie Dieter ▓▓▓▓▓ und Manfred S▓▓▓▓▓.
> Seit über zwei Jahren führte ▓▓▓▓▓▓ seine Raubzüge durch, und im Februar d. J. zog er die vorstehend aufgeführten Personen mit heran. Die Täter traten in russischer Uniform auf und führten eine deutsche Maschinenpistole mit Patronen bei sich, die sie von dem ehemaligen SS-Mann Reinhold P▓▓▓▓▓▓ erhalten hatten. Ferner besaßen sie ein Gewehr mit mehreren Patronen, eine Pistole mit Munition sowie zwei Dolche und 100 Schuß Munition Reserve. Unter Waffendrohung führten die Mitglieder der Bande Durchsuchungen durch und gaben sich dabei als Angehörige einer russischen Kommandantur aus. Die erbeuteten Gegenstände setzten sie in Berlin sofort auf dem Schwarzen Markt um. ▓▓▓▓▓▓ hat sich einer bisher noch unübersehbaren Zahl von Raubzügen und Einbruchsdiebstählen schuldig gemacht.

Märkische Volksstimme vom 4.9.1948. Quelle: Archiv des Autors

burg hatte er aus der Statistik herausgefischt. Allen vier Verbrechen lagen die gleichen Tatbegehungsmerkmale wie im Mordfall Imlau zugrunde. Doch am Ende des stundenlangen Verhörtages stand nur der dürre Aktenvermerk:

Am heutigen Tage wurde durch den Unterzeichneten und den KK Kunze der wegen Mordes im Polizeigefängnis Berlin einsitzende Kimmritz aufgesucht. Hierbei übergab Kimmritz dem Unterzeichneten eine Aufstellung der im Land Brandenburg und Berlin von ihm durchgeführten Einbruchsdiebstähle und Notzuchtverbrechen. Kimmritz leug-

nete hierbei, außer dem von ihm übergebenen Zettel weitere Straftaten begangen zu haben. Desgleichen bestritt er, außer dem Mord an der Imlau, sich weiterer Morde schuldig gemacht zu haben.«

Acht Einbrüche standen auf dem Zettel und elf Notzuchtdelikte. In den meisten Fällen konnte Kimmritz sich nur an die Tatorte erinnern. Erst am Dienstag, dem 14. September, gelang der entscheidende Durchbruch. Kriminalobersekretär Kaehlke reiste mit einem dicken Aktenbündel zur Vernehmung an – mit den Unterlagen in der Mordsache Frieda Imlau.

Helmuth Rockstroh und Karl Kaehlke gaben ein ausgezeichnetes Vernehmerduo ab. Beide waren hochintelligent und gingen in ihrem Beruf vollkommen auf. Schon nach kurzer Zeit waren sie in einem Maße aufeinander eingespielt, so daß ein kurzer Blick genügte oder ein Heben der Augenbrauen, um sich im Laufe des Verhörs zu verständigen. Nach dem Kanon der klassischen Kriminalistik war es üblich, vor Beginn der Vernehmung einen konkreten Plan zu entwerfen. Sowohl Kaehlke als auch Rockstroh lehnten diese Methode ab. Sie begnügten sich mit Stichpunkten, weil der freie Dialog, so meinten sie, ihnen jederzeit die Möglichkeit offen ließ, blitzschnell zu manövrieren und zur Improvisation zu greifen. Kimmritz blieb bescheiden neben der Tür stehen. Keine Spur von Trotz oder stummen Widerstandes. Er wollte einen guten Eindruck machen, herausfinden, was er von seinen Vernehmern zu erwarten hatte.

»Treten Sie näher, Kimmritz, und setzen Sie sich!« Kaehlke rückte an dem Stuhl, der an der Schmalseite des Schreibtisches stand.

Kimmritz nahm langsam Platz. »Vor dem Verhör wird doch immer etwas zu rauchen angeboten?« wagte er einen kleinen Vorstoß.

»Ach ja, ich vergaß. Sie sind in dem Punkt beschlagen.« Rockstroh grinste liebenswürdig. Er hielt dem anderen einen Glimmstengel hin und reichte ihm Feuer.

Kimmritz inhalierte hastig. »Womit soll ich anfangen?«

»Am besten mit Ihrem Lebenslauf. Sie wissen ja, der gehört ins Protokoll.«

Kimmritz erzählte, daß er am 26. Juni 1912 als vierzehntes Kind in einer Wriezener Arbeiterfamilie geboren wurde. Die Volksschule hatte er nur bis zur 7. Klasse besucht. Nach der Konfirmation verließ er das Elternhaus, um als Knecht oder Kutscher in der Landwirtschaft zu arbeiten. 1936 wurde er vom Amtsgericht in Eberswalde wegen eines Notzuchtdeliktes zu einer dreijährigen Zuchthausstrafe verurteilt. Er verbüßte sie in Gollnow. Nach der Entlassung wollte er sein Leben neu gestalten. Über ein Zeitungsinserat lernte er in Eberswalde eine geschiedene Frau kennen. 1940, ein Kind war unterwegs, heirateten beide. Kimmritz fand Arbeit bei einem Berliner Lebensmittelgrossisten. Wegen eines hier verübten Einbruchsdiebstahls verurteilte ihn das Landgericht Berlin-Moabit im Jahre 1943 zu einer weiteren Zuchthausstrafe von 3 Jahren. Kimmritz kam nach Brandenburg-Görden. Seine Ehe wurde geschieden.

»Ihre Haftentlassung ist demnach vorzeitig erfolgt?«

»So ungefähr«, beantwortete Kimmritz Kaehlkes Frage. »Im April '45 wurden wir zu einem Treck zusammengestellt und marschierten in Richtung Elbe. Bis uns die russischen Kampfverbände überholten. Die Zuchthausleitung hat uns dann entlassen. Sie gab mir den Auftrag, eine mitgeführte Viehherde zum Anstaltsgut Plauer Hof zurückzuführen. Das hab ich dann getan. Der neue Bürgermeister ernannte mich gleich zum Gutsverwalter in Margaretenhof.«

»Obwohl Sie als krimineller Häftling eingesessen hatten?«

»Hat doch keiner gefragt. Warum sollte ich es ihm auf die Nase binden?«

Kaehlke machte sich eine kurze Notiz. »Das Gut wurde später von der Roten Armee übernommen?«

»Im Juli '45 als Versorgungsgut. Ich bin mit dem russischen Kommandanten über Land gefahren. Wir kauften Vieh und Gemüse für die Besatzungsmacht auf. Gezahlt wurde in bar, manchmal auch im Tausch gegen Russenpferde. Ende Oktober stand eine Revision ins Haus. Der Leutnant befahl mir, sechs oder acht Schweine – so genau weiß ich das heute nicht mehr – privat unterzustellen. Da hab ich Lunte gerochen und mich aus dem Staub gemacht.«

»Wohin?«

»Erst mal nach Freienwalde. Zu meiner Mutter. Als ich dort hörte, die Russen suchten nach mir, bin ich nach Berlin.«

»Wovon haben Sie gelebt?«

»So nach und nach meine Klamotten verkauft. Und dann, als nichts mehr da war, geklaut. In den Knast wollte ich nicht zurück, aber leben mußte ich ja auch.« Auf Verlangen der Vernehmer nannte er die Namen und Adressen von Personen, bei den er in Berlin untergekrochen war. »Überall vier oder acht Wochen bloß«, versicherte er. Am längsten bei Elli Puschke am Hackeschen Markt.

»Sie sind doch auch ins Umland gefahren!« hielt Rockstroh ihm vor. »Nicht nur zum Hamstern!«

Kimmritz nickte. Gleichmütig gab er Einzelheiten zu den Einbrüchen in Klein-Lüben, in Lindenberg und in Havelberg preis. Er erwähnte weitere Diebstähle, Einbrüche und Betrugsgeschichten, zu denen die Kriminalisten erst noch die Akten herbeischaffen mußten.

Ins Vernehmungsprotokoll tippten sie den Vermerk »*Über die von K. angegebenen Einbruchsdiebstähle wird ein Sondervorgang geschaffen*«.

»Reden wir nun über die Sittendelikte!« bestimmte Rockstroh.

Kimmritz gestand 23 Straftaten.

»In den meisten Fällen haben Sie die Frauen nach dem Sexualverkehr beraubt!«

Auch diesen Vorwurf räumte Kimmritz ein.

»Wo ist das passiert? Nennen Sie Tatorte!«

»Soviel ich mich im Augenblick noch entsinnen kann, war es in Lehnitz, in Glöwen, am Kloster Chorin, in der Nähe von Eberswalde und bei Birkenwerder.«

»Gersdorf? Und im Steinbecker Forst?«

»Dort auch.«

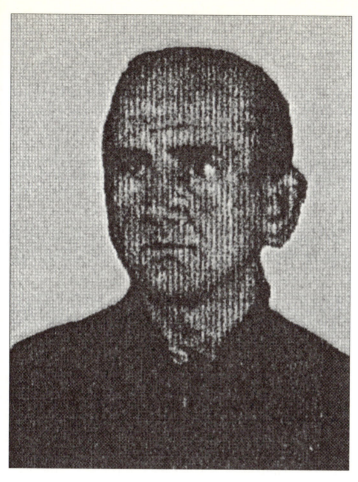

Der Mörder Willi Kimmritz. Quelle: Archiv des Autors

Bis zu dieser Minute hatten Rockstroh und Kaehlke nur Vorarbeit geleistet. Sie hatten das Tempo der Vernehmung in der letzten Stunde mehrfach beschleunigt, hatten Kimmritz mit ihren Fragen zum Schwitzen gebracht, um dann, scheinbar unvermittelt, wieder den Dampf herauszunehmen. Immer wenn Kimmritz glaubte, eine Klippe sei glücklich umschifft, rückten sie mit neuen Fragen an, nicht unfreundlich, doch dafür entschieden. Eine Zermürbungstaktik, darauf angelegt, Kimmritz' Entschlossenheit zur Selbstwehr zu unterhöhlen. Und auf Dauer ging die Rechnung der Vernehmer auf.

»Was war in Strausberg?« rief Kaehlke.

»Und in Bestensee?« stieß Rockstroh nach.

»Mit Strausberg hab ich nichts zu tun!«

»In Bestensee sind Sie doch gesehen worden!« behauptete der Oberkriminalrat im Brustton der Überzeugung. Es war ein Versuchsballon, nicht mehr. In der offiziellen Vernehmungslehre wurden solche Täuschungsmanöver verpönt, weil sie rasch ins Auge gehen konnten, aber im Eifer der Gefechte kam es immer wieder vor, daß Kriminalisten sich aus der fragwürdigen Trickkiste bedienten.

Kimmritz hielt den Atem an. Gibt es wirklich einen Zeugen? überlegte er krampfhaft. Die Sehnen an seinem Hals spannten sich zu zwei harten weißen Linien. Wie ein Hammerschlag traf ihn die Erkenntnis: der Polizist an der Autobahnbrücke! Wohin er denn zur Nachtzeit noch wolle? hatte der ihn gefragt. Und Kimmritz, die Wohnungsschlüssel der getöteten Frau schon in der Tasche, gab prompt zur Antwort: »Nach Berlin. Muß mich wohl verlaufen haben.« Der Polizist war ihm noch behilflich gewesen, einen Pkw anzuhalten, der ihn bis zum Stadtrand mitnahm. Blitzschnell ging Kimmritz das alles durch den Kopf. Er überschlug seine Chancen. Nein, aus der Sache kam er ungeschoren nicht heraus. Und so trat er die Flucht nach vorn an. Er diktierte ins Protokoll: »*Im Zusammenhang mit den von mir ausgeführten Notzuchtsdelikten und meiner Überführung in der Mordsache Imlau sowie der Schwere des gegen mich vorliegenden Belastungsmaterials bin ich gewillt, die volle Wahrheit zu sagen. Der von mir ausgeführte Mord an der Imlau ist nicht der erste. Bereits im März 1948 lernte ich eine mir unbekannte Frau in dem Lokal Bartsch, Berlin, Elsässer Straße, kennen. Im Verlaufe des Gesprächs, das ich mit der Frau führte, erklärte sie mir, daß sie in der Nähe von Königs Wusterhausen ohne viel Tauschware Kartoffeln bekommen könne. Sie gab mir weiter zu verstehen, daß sie einen Men-*

schen suche, der mit nach dort fährt, um die Kartoffeln nach Berlin zu transportieren. Da ich zu dieser Zeit in Schwierigkeiten war, ich lebte ja, wie bereits schon angegeben, seit 1945 ohne jegliche Lebensmittelmarken und ohne Arbeit in Berlin, sah ich die Gelegenheit, wieder zu Geld zu kommen ... Auf der Fahrt nach Königs Wusterhausen ... erzählte sie mir, daß sie alleinstehend sei und eine Wohnung in der Bernauer Straße besitze. Mir kam während dieses Gespräches der Gedanke, daß ... in der Wohnung der Frau auch noch allerlei zu holen wäre, und daß dies die beste Gelegenheit sei, um wieder zu Geld zu kommen ... Vom Bahnhof Königs Wusterhausen aus ging ich mit der Frau in Richtung Brand. Es kann etwa gegen 19.30 Uhr gewesen sein, es war bereits im Dämmern ... Wir einigten uns nun, an einem Waldrand angekommen, eine Schnitte zu essen, und setzten uns dazu beide nieder. Nachdem wir mit dem Essen fertig waren, machte ich den Versuch, die Frau zu gebrauchen. Die Frau sträubte sich erst kurz, aber war dann damit einverstanden. Nachdem vollzogenen Geschlechtsverkehr versuchte ich, der mir unbekannten Frau die Tasche zu entreißen. Ich wollte mit dieser verschwinden. Die Frau griff jedoch sofort wieder nach der Tasche und sagte mir: ›Halt, die Tasche nehme ich selbst!‹ Dies alles geschah, indem wir beide saßen. Da die Frau nun auch nach der Tasche griff, drückte ich sie nach hinten um und würgte sie mit beiden Händen am Hals ... Wie lange ich die Frau gewürgt habe, kann ich heute nicht mehr sagen. Als ich jedoch merkte, daß sie ruhig war, kein Lebenszeichen weiter von sich gab, habe ich wieder losgelassen. Ich habe anschliessend die von der Frau mitgeführte Handtasche an mich genommen, in welcher sich die Geldbörse, der Personalausweis. die Schlüssel und der Rucksack der Frau befanden ...«

Nach dem Intermezzo an der Autobahn hatte Kimmritz gegen 1.00 Uhr die Berliner Innenstadt erreicht. Sofort begab er sich zur Wohnung seines Opfers. *»Die Hausnummer sowie den Namen der Frau kann ich heute nicht mehr angeben. Ich bin jedoch bereit, das Grundstück, soweit es mir noch erin-*

nerlich ist, in der Bernauer Straße zu zeigen. Als ich das Haus nachts gegen 02.00 Uhr betreten hatte, begab ich mich in das 2. Stockwerk und habe an der Wohnungstür geklopft. Als sich niemand meldete, habe ich die Wohnung mit den in der Tasche befindlichen Schlüsseln aufgeschlossen. Nachdem ich feststellte, daß niemand in der Wohnung war, habe ich dieselbe nach Wertgegenständen durchsucht und habe in einen Koffer und Rucksack Bekleidungsgegenstände und Bettwäsche gepackt.«

Kimmritz war am Ende aller Kräfte. Dumpfe Leere herrschte in seinem Kopf. Er begann zu zittern. Ein Wechselbad der Empfindungen, ausgelöst von den erregenden Adrenalinstößen und dämpfenden Endorphinausschüttungen, mit denen sein Körper auf die einzelnen Phasen im Verhör reagierte, hatte ihn bis an den Rand der Erschöpfung getrieben. Als Kaehlke nun die Frage stellte, welche Frauen er noch getötet habe, lautete die mühsam formulierte Antwort: »Eine im Wald bei Nauen und eine andere bei Friesack.«

Auf Einzelheiten verzichteten die Vernehmer. Am Schluß des Protokolls erschienen die Sätze: »*Die von mir gemachten Angaben in meiner Vernehmung habe ich ohne Druck oder Zwang ausgesagt. Ich mußte dies tun, um endlich mein Gewissen zu erleichtern.*«

Nach einer mehrstündigen Pause luden sie Kimmritz in den Pkw und fuhren mit ihm durch die Bernauer Straße. Sie brauchten nicht lange zu suchen. Kimmritz zeigte auf das Haus mit der Nummer 1. Die bezeichnete Wohnungstür im zweiten Stock trug den Namen Ida Grützmacher. Nachbarn bestätigten dem Oberkriminalrat, der an der Tür klopfte, daß die Frau seit dem 17. März spurlos verschwunden war. In der Vermißtenzentrale des Polizeipräsidiums lag der ungeklärte Vorgang mit dem Aktenzeichen C 95/48.

52

Am Mittwoch schilderte Kimmritz die Details in der Mordsache Imlau. Er hatte die Frau zu Boden geworfen, sie mißbraucht und anschließend erdrosselt, um an ihre Wohnungsschlüssel zu gelangen. Wäsche und Bekleidungsstücke aus der Borsigstraße hatte er mit Hilfe seiner Wirtin, Elli Puschke, verhökert. In einigen Fällen war auch der Ex-Ehemann Karl Puschke mit im Spiel.

Kaehlke beorderte den Kriminalsekretär Hermann Siebert nach Berlin. Der Bernauer Kriminalist und ein Kriminalangestellter Dewetz vom Polizeipräsidium Dircksenstraße erhielten den Auftrag, Elli Puschke am Hackeschen Markt und Karl Puschke in der Kleinen Auguststraße festzunehmen. Die Frau keifte wie der leibhaftige Teufel. Kimmritz, so schrie sie, habe sie doch genauso beraubt, am 20. August, als sie den Schuft aus ihrer Wohnung warf.

Der Donnerstag brachte Aufschluß über das Verbrechen

17.9.1948. Quelle: Archiv des Autors

an Elfriede Flory, der Toten im Nauener Wald. Wieder war die Beute in der Wohnung am Hackeschen Markt gelandet. Elli Puschke hatte sie, bis auf die beiden Mäntel, die Kimmritz in Karlshorst an russische Offiziere verkaufte, auf dem Schwarzen Markt umgesetzt.

Am 17. September eröffnete Oberkriminalrat Rockstroh dem aus der Haft vorgeführten Mörder: »Heute wollen wir über Elise Wilhelm reden, Kimmritz. Sie erinnern sich? Die Leiche lag im Michaelisbruch, unweit der Straße von Neustadt nach Friesack.«

»Kann schon sein«, räumte Kimmritz ein. »So genau kenn ich mich in der Gegend nicht aus.«

»Dann wollen wir Ihnen die Sache erleichtern.« Rockstrohs DVdI-Kollege, Kommissar Kunze, breitete eine Landkarte aus. Anhand derselben rekonstruierten sie Kimmritz' Weg zum Tatort. Kimmritz berichtete, wie er die Frau getötet hatte. Er schilderte, wo er den Handkarren stehen ließ, wo er den Rucksack seines Opfers wegwarf und wie er die Rückfahrt nach Berlin angetreten hatte. Dann die vergebliche Suche nach der Wohnung des Opfers in Steglitz.

»Frau Puschke, sagen Sie, war mit von der Partie?«

»Glauben Sie mir, Herr Rockstroh«, beteuerte Kimmritz unter treuherzigem Augenaufschlag, »die Frau hat mich mit ihrer Raffgier geradezu ins Verbrechen getrieben.«

In diesem Punkt hatte Rockstroh berechtigte Zweifel. Er behielt sie aber für sich. »Was war nun in Strausberg, Kimmritz?« bohrte er erneut. »Dieselbe Tatmethode, unverkennbar das gleiche Motiv. Das kann überhaupt kein anderer gewesen sein! Sie haben doch jetzt nichts mehr zu verlieren. Ziehen Sie einen Schlußstrich!«

»Und wenn Sie mich noch so oft fragen – Nein! Nein! Nein!«

Dabei blieb er. Das letzte Verbrechen, das Kimmritz in der Berliner Haftanstalt eingestand, war die Vergewaltigung der siebzehnjährigen Hannchen Lemgo. »Sehen Sie, Herr Rockstroh«, argumentierte er schlau, »die hätte ich doch auch umbringen können, aber ich habe es nicht getan!«

Am 22. September war die Morduntersuchung in Berlin abgeschlossen. Die restlose Aufklärung der 23 Notzuchtdelikte und der 25 Betrugshandlungen. Einbrüche und Diebstähle gingen in die Kompetenz des Landeskriminalamtes Brandenburg über. Kimmritz wurde nach Potsdam überstellt. Kommissar Gössel aus dem Dezernat K 4 leitete die weitere Untersuchung.

Am 30. September 1948 erschien in der »Märkischen Volksstimme« ein zweispaltiger Bericht:

»*Der schwerste Verbrecher seit 1945 gefaßt*

›*Ich wußte mir ja keinen anderen Rat mehr – überall brannte mir der Boden unter den Füßen*‹, *versuchte der 36jährige Willi Kimmritz seine Verbrecherlaufbahn zu entschuldigen, die er 1936 mit kleineren Delikten begann, und die jetzt mit vier Morden und 23 Notzuchtverbrechen endete. Seit Anfang 1946 fahndete man nach Kimmritz, der unter 13 verschiedenen Namen sein Unwesen trieb. Kimmritz wurde bereits 1936 zu drei Jahren Zuchthaus verurteilt. Nachdem er 1939 aus dem Zuchthaus Eberswalde entlassen wurde, arbeitete er als Landarbeiter* ›*überall vier Wochen bloß*‹, *wie er selbst sagte. 1939 wurde er wiederum eines Einbruchsdiebstahls wegen zu drei Jahren Zuchthaus verurteilt, die er bis zum Kriegsende in Brandenburg-Görden absaß. Nach 1945 arbeitete er als Gutsverwalter (!) auf dem Gut Margaretenhof bei Brandenburg. Nachdem er dort wiederum zahlreiche Betrügereien beging und ihm das Wasser bis zum Hals stand, ging er nach Berlin, wo er seitdem ohne polizeiliche Anmeldung lebte. Seinen Lebensunterhalt bestritt er aus dem Verkauf der gestohlenen Sachen.* ›*Wissense, Herr Kommissar, ich konnte ja nicht mehr anders – wer einmal im Zuchthaus saß, der will auch nicht mehr rein. Aber was sollte ich machen, klauen mußte ich, denn leben wollte ich ja auch – und die Sittlichkeitsverbrechen – tja, vielleicht von meinem Vater geerbt.*‹ *Kimmritz ist der Typ eines Berufsverbrechers. Rücksichtslos, mit allen Wassern gewaschen, und er verstand es ausgezeichnet, als biederer Arbeiter das Vertrauen alleinstehender Frauen zu erringen. Die Opfer, die er gemordet hat, gingen mit ihm auf Hamstertouren und erzählten redselig von den häuslichen Verhältnissen. Alle vier Frauen mordete er durch Erdrosseln. Er stahl ihnen die Schlüssel, um dann die Wohnung der Toten auszuräumen und die Gegenstände auf dem Schwarzen Markt zu verkaufen. ›Morden wollte ich ja nicht mehr, das hatte ich mir vorgenommen. Ich hatte unlängst wieder Gelegenheit – hab's aber nicht gemacht!‹ meinte Kimmritz. Sein letzter Mord brachte ihn zu Fall. Eine Schwester der Ermordeten traf Kimmritz in Berlin und ließ ihn festnehmen. Jetzt steht er gefesselt im Büro des Kriminalkommissars und verrät rücksichtslos alle seine Hintermänner, die sich als Hehler werden verantworten müssen. Kimmritz wird als bisher schwerster Verbrecher bezeichnet, der seit 1945 vor dem Richter steht. Nur der guten Zusammenarbeit der Berliner Polizei und der Polizeidienststelle Bernau ist es zu danken, daß dieser Verbrecher hinter Schloß und Riegel kam. Der Gerichtsverhandlung kann man mit Spannung entgegensehen.«*

Else B. hat keineswegs in verwandtschaftlichen Beziehungen zu der Ermordeten Frieda Imlau gestanden. Und daß Kimmritz von der vielgeschmähten Polizei im Französischen Sektor festgenommen wurde, paßte erst recht nicht ins Konzept des Potsdamer MV-Redakteurs.

Kommissar Gössel mühte sich redlich, das verworrene Netz der unzähligen Straftaten hinreichend aufzuklären. Allein am 14. Oktober lud der Kriminalangestellte 19 Frauen und Mädchen, die Opfer von Sexualstraftaten in den brandenburgischen Wäldern geworden waren, ins Potsdamer Polizeipräsidium vor. Nur 13 erkannten in Kimmritz den Täter.

Sogar den Bürgermeister von Rehfelde spannte Gössel in die Untersuchung ein. Als der Termin für den Abschluß des Verfahrens heranrückte, für Gössel aber immer noch kein Dienstfahrzeug zur Verfügung stand, rief der Kommissar kurzentschlossen den Bürgermeister an und beauftragte ihn mit der Vernehmung einer Zeugin.

Gössel war mit seiner Rolle als Untersuchungsführer nicht

> **Der schwerste Verbrecher seit 1945 gefaßt**
>
> „Ich wußte mir ja keinen anderen Rat mehr — überall brannte mir der Boden unter den Füßen", versuchte der 36jährige Willi Kimmritz seine Verbrecherlaufbahn zu entschuldigen, die er 1936 mit kleineren Delikten begann und die jetzt mit vier Morden und 23 Notzuchtverbrechen endete.
>
> Seit Anfang 1946 fahndete man nach Kimmritz, der unter 13 verschiedenen Namen sein Unwesen trieb. Kimmritz wurde bereits 1936 zu drei Jahren Zuchthaus verurteilt. Nachdem er 1939 aus dem Zuchthaus Eberswalde entlassen wurde, arbeitete er als Landarbeiter „überall vier Wochen bloß", wie er selbst sagte. 1943 wurde er wiederum eines Einbruchdiebstahls wegen zu drei Jahren Zuchthaus verurteilt, die er bis zum Kriegsende in Brandenburg-Göhren absaß. Nach 1943 arbeitete er als Gutsverwalter (!) auf dem Gut Margaretenhof bei Brandenburg. Nachdem er dort wiederum zahlreiche Betrügereien beging und ihm das Wasser bis zum Hals stand, ging er nach Berlin, wo er seitdem ohne polizeiliche Anmeldung lebte. Seinen Lebensunterhalt bestritt er aus dem Verkauf der gestohlenen Sachen.
>
> „Wissense, Herr Kommissar, ich konnte ja nicht mehr anders — wer einmal im Zuchthaus saß, der will auch nicht mehr rein. Aber was sollte ich machen, klauen mußte ich, denn leben wollte ich ja auch — und die Sittlichkeitsverbrechen — tja, vielleicht von meines Vater geerbt."
>
> Kimmritz ist der Typ eines Berufsverbrechers. Rücksichtslos, mit allen Wassern gewaschen, und er verstand es ausgezeichnet, als biederer Arbeiter das Vertrauen alleinstehender Frauen zu erringen. Die Opfer, die er ermordet hat, gingen mit ihm auf Hamstertouren und erzählten rederlig von den häuslichen Verhältnissen. Alle vier Frauen mordete er durch Erdrosseln. Er stahl ihnen die Schlüssel, um dann die Wohnung der Toten auszuräumen und die Gegenstände auf dem Schwarzen Markt zu verkaufen.
>
> „Morden wollte ich ja nicht mehr, das hatte ich mir vorgenommen. Ich hatte unlängst wieder Gelegenheit — hab's aber nicht gemacht!", meinte Kimmritz.
>
> Sein letzter Mord brachte ihn zu Fall. Eine Schwester der Ermordeten traf Kimmritz in Berlin und ließ ihn festnehmen.
>
> Jetzt sitzt er gefesselt im Büro des Kriminalkommissars und verrät rücksichtslos alle seine Hintermänner, die sich als Hehler werden verantworten müssen. Kimmritz wird als bisher schwerster Verbrecher bezeichnet, der seit 1945 vor dem Richter steht. Nur der guten Zusammenarbeit der Berliner Polizei und der Polizeidienststelle Bernau ist es zu danken, daß dieser Verbrecher hinter Schloß und Riegel kam. Der Gerichtsverhandlung kann man mit Spannung entgegensehen.

Märkische Volksstimme vom 30.9.1948. Quelle: Archiv des Autors

sonderlich glücklich. Einem Kollegen vertraute er an: »Die Rosinen aus dem Verfahren, nämlich die Mordsachen, haben sich die Berliner rausgepickt. Jetzt darf ich als Ausputzer die Restarbeiten machen.«

Instinktiv erahnte Kimmritz, die Zerrissenheit des jungen Kommissars. Er beschloß, die Situation zu seinen Gunsten zu nutzen. Eines Tages erklärte er: »Herr Kommissar Gössel, ich möchte mich Ihnen anvertrauen. Meine Aussage zum Mord an der Grützmacher entspricht nicht der Wahrheit. Ein Bekannter von mir, der Heinz Mauskolf aus Berlin, hat die Grützmacher alle gemacht. Wir waren nämlich zu dritt unterwegs. Ich hab bloß dabeigestanden.«

Gössel blätterte in der Akte. »In Ihrer Vernehmung vom 14. September haben Sie sich als Alleintäter bekannt.«

»Das wollten die ja nur hören. Was meinen Sie, wie mich der Rockstroh angebrüllt hat. Da hab ich lieber alles zugegeben. Zu Ihnen habe ich Vertrauen. Deshalb widerrufe ich.«

Nicht ohne innere Häme brachte Gössel die Aussage zu Papier. Kimmritz' Widerruf verzögerte die Anklage um mehrere Wochen. Kommissar Gladitz wurde mit der Klärung der Widersprüche beauftragt. Doch der angeschuldigte Mauskolf war nicht aufzutreiben. Seine Ehefrau Olga erklärte Gladitz und dem Berliner Kriminalangestellten, der den Potsdamer Gast in die Oranienburger Straße begleitete, daß ihr Mann schon seit Wochen in der amerikanischen Zone verschollen sei. Irgendwo bei Frankfurt oder München.

Ob sie sich noch erinnern könne, wo ihr Mann am 17. März gewesen sei?

Das wäre ein komische Frage, antwortete sie. Die Herren Kommissare sollten doch mal in den Ausweis schauen. Da steht, daß sie, Olga Mauskolf, am 17. März Geburtstag hat. Natürlich war der Heinz zu Hause. Man habe gefeiert und den Rest der Nacht im Schlafzimmer verbracht. So alt sei sie noch nicht, daß ihr der Spaß im Bett schon verleidet wäre.

Ob sie mit Willi Kimmritz bekannt sei?

Vom Schwarzen Markt kenne sie den. Der hätte ihr mal ein Abendkleid verkauft.

Sie beschlagnahmten das Kleid. Später stellte sich heraus, daß es zur Beute aus der Wohnung Imlau gehörte.

Kimmritz' Vernebelungstaktik wurde durch Ereignisse ausgelöst, von denen er trotz Einzelhaft in seiner Zelle gehört hatte. Ende November hatte eine Serie neuer Sexualstraftaten begonnen, die sich auf das Gebiet nordwestlich der Stadt Nauen konzentrierten. Der mit einer Pistole bewaffnete Täter überfiel Frauen und Mädchen. Er raubte sie aus oder er zwang sie in brutalster Weise zum Geschlechtsverkehr. Das Landeskriminalamt setzte die Polizeiaktion »ROLAND II« in Gang. Nach bekanntem Muster wurden die wichtigsten Verkehrsverbindungen, Waldgebiete, Brücken und die Fahrradaufbewahrungsstellen an den Bahnhöfen überwacht, der Werkschutz in den Hennigsdorfer Industriebetrieben in die Fahndung einbezogen. Am 5. Dezember schlug der Täter in der Nähe des Bahnhofes Bärenklau erneut zu. Glück für die Ermittler, daß die Geschädigte ein wichtiges Detail der Personenbeschreibung im Gedächtnis behielt – die tiefe Narbe zwischen seinen Augenbrauen. Am 9. Januar 1949 bereits der zehnte Überfall. Mittlerweile kannte jeder Polizist die genaue Täterbeschreibung. Als der Polizeiwachtmeister Heinz Winkler sich im Familienkreis über die Verbrechensserie unterhielt, erklärte seine Schwester ihm aus heiterem Himmel: »Ein Mann mit einer Narbe zwischen den Augenbrauen arbeitet doch im Schuhgeschäft Weide.« Am 10. Januar stattete Winkler dem Geschäft einen Besuch ab. In seiner Begleitung eines der Opfer. Ohne zögern wies die Frau auf den Schuhmachergesellen. Walter Twarock legte, nachdem auch seine Pistole gefunden war, ein umfassendes Geständnis ab. Die bewaffneten Überfälle im Glien, im Barnim und in der Schorfheide gingen auf sein Konto.

Der neuerliche Erfolg der Brandenburger Polizei beschleunigte den Abschluß der Ermittlungen gegen Willi Kimmritz. Am 11. Januar 1949 verfaßten Gladitz und Gössel den Schlußbericht. Unter der Tagebuchnummer K1 A 3779/48 wurde die Akte »an den Herrn Oberstaatsanwalt beim Landgericht Potsdam« überstellt.

53

Am 18. Februar 1949 verhandelte das Schwurgericht unter Vorsitz des Landgerichtsrates Dessau. Staatsanwalt Wendt vertrat die Anklage. Zum Verteidiger war Rechtsanwalt Schlenther bestellt worden. Das Gericht befleißigte sich einer ungewöhnlichen Prozeßökonomie. Denn nur an einem einzigen Tag wurde über drei Mordverbrechen und 13 Notzuchtdelikte Recht gesprochen. Alles, was von Kimmritz inzwischen bestritten wurde und vor Gericht nicht zu beweisen war, fiel unter den Rechtsgrundsatz der ohnehin zu erwartenden Höchststrafe.

Kimmritz spekulierte auf das Mitleidsgefühl der Geschworenen. Ausführlich verbreitete er sich über seine trostlose Kindheit. Das Urteil im Prozeß um das Eberswalder Notzuchtverbrechen von 1936 rückte er sogar in die Nähe eines nationalsozialistischen Racheaktes. Im erstinstanzlichen Urteil vom 18. Februar 1949 ist nachzulesen: »*Er hatte damals in einem Tanzlokal außerhalb der Stadt Eberswalde die Nacht durchgetanzt und auch eine Menge Alkohol getrunken. Am Morgen ging er dann mit einer jungen Frau den 3 km weiten Weg zur Stadt zurück. Dabei kam es ohne jeden Zwang seinerseits zu einem Geschlechtsverkehr. Die Frau entschuldigte aber dann ihrem, der SS angehörigen Ehemann ihr langes Ausbleiben mit einem Notzuchtsakt, für den der Angeklagte, nach seinen Angaben, als bekannter Kommunist zu Unrecht und abnorm hart bestraft wurde.*«

In der Beweisaufnahme blieb Kimmritz dieser Linie treu. Den Mordfall Grützner schob er dem abwesenden Heinz Mauskolf in die Schuhe. Die vernehmenden Kriminalbeamten hätten ihm, sage und schreibe, sieben Mordfälle anhängen wollen, da habe er eben vier zugegeben, nur um seine Ruhe zu haben. Desgleichen die Vielzahl der Notzuchtdelikte, von denen auch nur die Hälfte der Wahrheit entspräche.

Welche Bedeutung die politische Führung des Landes Brandenburg dem Schwurgerichtsprozeß im Februar 1949 beimaß, geht aus einem Bericht der »Märkischen Volksstimme« hervor, der am 19. Februar auf der Seite 1 des Blattes in waschechtem Boulevardstil seinen Platz fand: »*Der Schrecken der brandenburgischen Wälder – Unter ungeheurer Anteilnahme der Oeffentlichkeit, im Beisein des Justizministers, höherer Vertreter der Landes- und Kriminalpolizei, verhandelte das Potsdamer Schwurgericht gegen den Gewalt- und Sittlichkeitsverbrecher Willi Kimmeritz aus Berlin. Antragsgemäß verhängte das Gericht die Todesstrafe, 5 Jahre Zuchthaus und Aberkennung der bürgerlichen Ehrenrechte auf Lebenszeit. Es gibt keinen einheitlichen Mördertyp – aber hinter der menschlichen Fassade des 37jährigen Kimmeritz spürt und ahnt man den Triebverbrecher und Mörder – der unbarmherzig und tierisch ahnungslose Frauen erwürgte und in Massen ermorden könnte. Aus primitivstem*

Der Schrecken der brandenburgischen Wälder

Unter ungeheurer Anteilnahme der Oeffentlichkeit, im Beisein des Justizministers, höherer Vertreter der Landes- und Kriminalpolizei, verhandelte das Potsdamer Schwurgericht gegen den Gewalt- und Sittlichkeitsverbrecher Willi Kimmeritz aus Berlin. Antragsgemäß verhängte das Gericht die Todesstrafe, 5 Jahre Zuchthaus und Aberkennung der bürgerlichen Ehrenrechte auf Lebenszeit.

Es gibt keinen einheitlichen Mördertyp — aber hinter der menschlichen Fassade des 37jährigen Kimmeritz spürt und ahnt man den Triebverbrecher und Mörder — der unbarmherzig und tierisch ahnungslose Frauen erwürgte und in Massen ermorden könnte. Aus primitivstem sozialem Milieu stammend, wird der Zuchthäusler K. im Jahre 1945 in Berlin — endlich ansässig. Keineswegs gebessert, sucht er sofort die Kreise der verbrecherischen Unterwelt. Unangemeldet, überwiegend bei Prostituierten hausend, pendelt er als arbeitsscheues und nur vom Stehlen lebendes asoziales Uebel seiner Mitmenschen hin und her. Auf Hamster- oder Diebesfahrten erschleicht er sich das Vertrauen alleinreisender Frauen. In 13 überführten Fällen lockt er seine ausgesuchten Opfer in den Wald, begeht an ihnen unter Anwendung brutalster körperlicher Gewalt ein Notzuchtverbrechen und raubt sie dann oftmals bis auf das Hemd aus.

Schnell ist die Beute bei seinem Hehlerkreis untergebracht und vertan. Um in einen größeren Besitz fremden Eigentums zu gelangen, faßt er den Plan, seine Opfer zu ermorden, um die Wohnung anschließend ausräumen zu können. Im Laufe von sechs Monaten erwürgt dieser Mörder systematisch und planvoll, jeweils auf solchen Fahrten, vier Berlinerinnen, vergewaltigt sie vorher scheußlich, beraubt sie, entwendet die Wohnungsschlüssel und plündert in aller Ruhe die Wohnungen der Opfer aus.

Für vierfachen Raubmord und die 13 Notzuchtverbrechen konnte es als Sühne nur die Todesstrafe geben. Dabei ist es noch vollkommen unklar, wieviel andere ähnliche Fälle auf das Konto dieses Scheusals kommen, ganz abgesehen von den 44 Eigentumsdelikten, den Diebereien und Einbrüchen.

-criticus-

Prozeßbericht der Märkischen Volksstimme vom 19./20.2.1949. Quelle: Archiv des Autors

sozialem Milieu stammend, wird der Zuchthäusler K. im Jahre 1945 in Berlin – endlich ansässig. Keineswegs gebessert, sucht er sofort die Kreise der verbrecherischen Unterwelt. Unangemeldet, überwiegend bei Prostituierten hausend, pendelt er als arbeitsscheues und nur vom Stehlen lebendes asoziales Uebel seiner Mitmenschen hin und her. Auf Hamster- oder Diebesfahrten erschleicht er sich das Vertrauen alleinreisender Frauen. In 13 überführten Fällen lockt er seine ausgesuchten Opfer in den Wald, begeht an ihnen unter Anwendung brutalster körperlicher Gewalt ein Notzuchtverbrechen und raubt sie dann oftmals bis auf das Hemd aus. Schnell ist die Beute bei seinem Hehlerkreis untergebracht und vertan. Um in einen größeren Besitz fremden Eigentums zu gelangen, faßt er den Plan, seine Opfer zu ermorden, um die Wohnung anschließend ausräumen zu können. Im Laufe von sechs Monaten erwürgt dieser Mör-

der systematisch und planvoll jeweils auf solchen Fahrten vier Berlinerinnen, vergewaltigt sie vorher scheußlich, beraubt sie, entwendet die Wohnungsschlüssel und plündert in aller Ruhe die Wohnungen der Opfer aus. Für vierfachen Raubmord und die 13 Notzuchtverbrechen konnte es als Sühne nur die Todesstrafe geben. Dabei ist es noch vollkommen unklar, wieviel andere ähnliche Fälle auf das Konto dieses Scheusals kommen, ganz abgesehen von den 44 Eigentumsdelikten, den Diebereien und Einbrüchen.«

Daß das Gericht Willi Kimmritz aber nur des dreifachen Mordes für schuldig befunden hatte, war dem Prozeßberichterstatter – criticus – im heiligen Eifer ganz und gar unkritisch entgangen.

54

Am 19. April focht Rechtsanwalt Schlenther das Schwurgerichtsurteil an. Die Verteidigung rügte formaljuristische Fehler, und sie attackierte den Tenor des Urteils, in welchem ausgeführt war, daß der Tötungsvorsatz sich u. a. aus der übernatürlichen Triebhaftigkeit des Angeklagten, seines überdurchschnttlichen Scharfsinns und seiner Kaltblütigkeit herleite. Nach Schlenthers Auffassung war eben dieser Vorsatz zu verneinen. Die Tötung der drei Frauen stelle Raub mit Todesfolge dar. Damit würden die Voraussetzungen für die Verhängung der Höchststrafe entfallen.

In der Tat enthält die Urteilsniederschrift eine Vielzahl von Flüchtigkeitsfehlern und bedenkliche Assoziationen, die dem Begehren der Verteidigung, das Urteil aufzuheben und die Sache zur anderweitigen Entscheidung an das Schwurgericht zurückzuverweisen, von vornherein Erfolg beschied.

Am 25. November 1949 trat das Schwurgericht in Potsdam zusammen. Den Vorsitz hatte Landrichter Holberg übernommen. Als Staatsanwalt agierte Dr. Mathes, während Rechtsanwalt Schlenther für die Verteidigung antrat. Gleich nach Beginn der Verhandlung sprang Schlenther auf und beantragte, den Angeklagten zwecks Untersuchung seines Geisteszustandes auf die Dauer von sechs Wochen in einer öffentlichen Heil- und Pflegeanstalt unterzubringen.

Dr. Mathes widersprach. Eine Unterbringung sei aus Sicht der Staatsanwaltschaft nicht erforderlich. Der im Saal anwesende Sachverständige, Prof. Dr. Stier, sei durchaus in der Lage, eine schlüssige Stellungnahme vorzutragen. Schlenthers Antrag wurde abgelehnt.

Nachdem Kimmritz sich auf Befragen des Vorsitzenden zu seinen Verbrechen geäußert hatte, kam Staatsanwalt Dr. Mathes der Verteidigung entgegen. Er beantragte, das Verfahren wegen der 13 Notzuchtsdelikte vorläufig einzustellen, da die dafür zu erwartende Strafe gegenüber den eingestandenen Morden unerheblich sei. Das Gericht entsprach dem Antrag.

Dann kam der sechsundsiebzigjährige Sachverständige – wegen einer Tagung der medizinischen Gesellschaft des Landes Brandenburg in Zeitnot, wie er ausdrücklich betonte – zu Wort. Nur einmal habe er den Angeklagten im Laufe der Voruntersuchung gesprochen, ihn aber in zwei Verhandlungsterminen erlebt, so daß er mit Überzeugung sagen könne: »*Der Angeklagte muß als durchaus vollsinnig bezeichnet werden. Er leidet an keiner krankhaften Geistesstörung oder war auch nicht zur Zeit der Straftat in seinem Geisteszustand einer Störung unterworfen. Ich muß für den Angeklagten sowohl Absatz 1 als auch Absatz 2 des § 51 im Strafgesetzbuch ablehnen. Auch Absatz 3 des § 51 StGB kann für den Angeklagten keine Anwendung finden, selbst dann nicht, wenn die Angaben des Herrn Verteidigers der Wahrheit entsprechen sollten, daß erstens: der Onkel und die Tante des Angeklagten in einer Irrenanstalt gestorben sind; zweitens: der Großvater und Vater des Angeklagten Blutschande ausgeübt haben; und drittens: der Angeklagte selbst 1936 in einer Irrenanstalt war.*«

Die Zeit der ausführlichen Exploration, die heute in jedem Mordprozeß als Voraussetzung für die Klärung aller Schuldfragen unumgänglich ist, war 1949 noch nicht angebrochen.

Helmuth Rockstroh wurde als Zeuge aufgerufen. »Ich bin 35 Jahre alt«, erklärte er. »Von Beruf Kriminalkommissar. Mit dem Angeklagten nicht verwandt und nicht verschwägert.«

»Herr Zeuge, schildern Sie uns, wie es zu den Mordgeständnissen des Angeklagten Kimmritz gekommen ist.«

»Der Angeklagte wurde von mir und den Kollegen Kaehlke und Kunze vernommen. Zuerst haben wir ihn in der Sache Imlau überführt. Er wurde nicht auf den Fall Grützmacher hingewiesen, sondern er hat selbst ein Geständnis abgelegt. Wir hatten keine Beweise dafür, um ihn zu überführen.«

Aus dem einstigen Oberkriminalrat war ein schlichter Kriminalkommissar geworden? Nein, Helmuth Rockstroh hatte sich nicht mit seinen Chefs überworfen! Die »Degradierung« lag in der Reform begründet, die im Januar 1949 das ostdeutsche Polizeiwesen mit einheitlichen Strukturen und Dienstgraden versorgte. Selbst der Wasserschutz und die Bahnpolizei wurden den Landespolizeibehörden gleichgeschaltet.

Staatsanwalt Dr. Mathes plädierte für die Todesstrafe wegen Mordes in Tateinheit mit Raub und vollendeter Notzucht in vier beziehungsweise in zwei Fällen.

Rechtsanwalt Schlenther hingegen beantragte eine Freiheitsstrafe wegen dreifachen Raubes mit Todesfolge.

Kimmritz selbst bat um ein mildes Urteil.

Erst in den späten Abendstunden verkündete der Vorsitzende, Landrichter Holberg, »im Namen des Volkes« den Schuldspruch: »*Der Angeklagte wird wegen Mordes in drei Fällen (§ 211 StGB) zum Tode und wegen Begünstigung in einem Fall (§ 258 Abs. I, Ziffer 2 StGB) zu zwei Jahren Zuchthaus verurteilt. Die bürgerlichen Ehrenrechte werden dem Angeklagten auf Lebenszeit aberkannt.*«

Das Gericht war Kimmritz' Darstellung, daß im Mordfall Grützmacher nicht er, sondern sein noch immer nicht gefaßter Komplize der wahre Mörder sei, gefolgt, und hatte für ihn auf den Tatbestand der Begünstigung erkannt.

Rechtsanwalt Schlenther focht auch dieses Urteil an. Er

legte Revision ein, so daß sich der Strafsenat des Oberlandesgerichtes am 31. Januar 1950 unter Vorsitz seines Präsidenten Dr. Löwenthal mit dem Fall Kimmritz zu befassen hatte. Der Senat erkannte für Recht: »*Die Revision des Angeklagten gegen das Urteil des Schwurgerichts beim Landgericht in Potsdam vom 25.11.1949 wird als unbegründet auf Kosten des Angeklagten verworfen.*«

Kimmritz letzte Möglichkeit, seinen Kopf vor dem Fallbeil zu retten, blieb ein Gnadengesuch, das er am 24. Februar an den Landtag des Landes Brandenburg richtete. Das Präsidium lehnte am 22.5.1950 den Gnadenakt ab.

55

Die Tage und die Nächte im Zentralgefängnis Cottbus, wo Kimmritz nun einsaß, verrannen in der Trägheit zähen Asphalts. Das Leben hinter Zuchthausmauern war nicht neu für ihn. Er wußte jedes Türenschlagen zu deuten, und er erkannte bald jeden Wärter am Geräusch seiner Schritte. Bot der Anstaltsbetrieb tagsüber noch manche Abwechslung, so wurde die Stille der Nacht mitunter zur Qual. In dem großen Zellenbau war es dann ruhig. Nur ab und zu, ganz selten, klopfte einer der Mitgefangenen an die Heizungsrohre, wurde der tierische Aufschrei eines von Alpträumen geplagten Häftlings hörbar. Haftpsychose, die irgendwann jeden Menschen hinter Gitterstäben überfällt.

Wer der Vollstreckung seines Todesurteils entgegensieht, durchlebt eine Skala von Gefühlen, von tiefster Verzweiflung bis hin zu hysterischem Überschwang. Willi Kimmritz erging es nicht anders. Am 5. Juni war ihm die Ablehnung seines Gnadengesuches eröffnet worden. Nachts, wenn der Schlaf ihn floh, grübelte er auf der Pritsche, wie er sein Schicksal noch wenden könnte. Er hatte Angst vor dem Tode, wie jede Kreatur.

Manchmal tauchten die Gestalten seiner Opfer vor seinem geistigen Auge auf. Die Phantasie rief ihm die angstvoll verzerrten Gesichter der Frauen ins Gedächtnis zurück. War ihr Tod denn so unumgänglich gewesen? Hatte er seine sexuelle Befriedigung nicht schon im Geschlechtsakt gefunden? Woher rührte der unwiderstehliche Drang zum Quälen und zum Töten, dieses Bedürfnis nach Macht und Dominanz über andere Menschen, das ihm eine besondere Art des Wohlbefindens verschaffte?

Aber das sei doch einfach so über ihn gekommen, glaubte er für sich selbst eine Entschuldigung gefunden zu haben, er hätte es ja gar nicht gewollt. Das, und eben nur das, hätte er dem Gericht mitteilen müssen, bestimmt hätten die Richter ein Einsehen mit ihm gehabt.

Am 19.6.1950 verlangte Kimmritz Schreibzeug und Papier. In gestochener Sütterlinschrift richtete er ein Gesuch an den Justizminister des Landes Brandenburg, in dem es u. a. hieß: »*Ich habe die Bitte, bei nochmaliger Überprüfung der Akte zu berücksichtigen, daß ich vom Schwurgericht trotz Verhandlung als alleiniger Täter in den drei Mordfällen Imlau, Flory und Wilhelm verurteilt wurde. Zu dieser Verurteilung als alleiniger Täter konnte es nur durch meine schlechte Verteidigung kommen, was darauf zurückzuführen ist, daß ich am Tage meines Termins kopflos und eingeschüchtert war ... und bitte daher, aus den Akten der Voruntersuchung nachzuschlagen, da aus denselben hervorgeht, daß ich nicht als alleiniger Täter in Frage komme, da in dem Fall Imlau der seinerzeit mit verhaftete Karl Puschke, in den beiden Fällen Flory und Wilhelm dessen Ehefrau Elli Puschke als der Mittäterschaft überführt anzusehen sind. Beide von mir angeschuldigten Personen waren bei den Morden zugegen und an denselben beteiligt ...*«

Kimmritz hatte sich schon oft in seinem Leben als geschickter Lügner erwiesen. Um winziger Vorteile wegen log er ungeniert. Er log aus Instinkt, wenn ihn eine Lüge im freundlicheren Licht erscheinen ließ, wie im Prozeß, als er aufgefordert wurde, über seine Eberswalder Vorstrafe zu berichten. Und manchal log er auch ohne jeden erkennbaren Grund. Er hatte ins Blaue hinein gelogen, als er seine

Opfer in die Wälder lockte, und er log, als er Rockstroh im Prozeß der Aussagenerpressung bezichtigte.

Nun hatte er neue Schuldige ausgemacht – die »schlechte

Kimmritz' letzter Versuch, seinen Kopf zu retten. Quelle: Brandenburgisches Landeshauptarchiv

Verteidigung«, die zu seinem Todesurteil führte, und eine ungenügende Sachaufklärung während der Voruntersuchung. Wieder waren es andere, die für seine Situation herhalten sollten. Schamlose Übertreibungen und Schönfärberei gehörten wie die unverfrorene Lüge zu Kimmritz' Leben.

Es gibt keinen Anlaß, daran zu zweifeln, daß Kimmritz

Der Oberstaatsanwalt
bei dem Landgericht
Potsdam
Az.: 4 VRs 8/50
(3 Ks 1/49)

Frankfurt/Oder, den 26. *Juli* 1950

Protokoll.

Gegenwärtig:
...*Dr. Matthes*..., Staatsanwalt und Vertreter des Leiters der Vollstreckungsbehörde,
J.f.O. Insp. Manzmedat., als *Protokollführer* der Geschäftsstelle

In der *Polizeihaftanstalt in Frankfurt a/O*..............
erscheint um ....*5*.......... Uhr im Hinrichtungsraum vorgeführt der Strafgefangene, der Arbeiter Willi Kimmritz, zuletzt wohnhaft in Berlin, Oranienburger Str. 87, geboren am 26.6.1912 in Wriezen.

1.) Es wurde das Urteil des Schwurgerichts in Potsdam vom 25.11.1949 - ohne Urteilsgründe - verlesen und festgestellt, daß das Urteil am 31.1.1950 rechtskräftig geworden war. Aus den Urteilsgründen wurde bekanntgegeben, daß Kimmritz im Jahre 1948 im Schmachtenhagener Forst, im Walde in der Nähe von Nauen und im Walde bei Seegelitz 3 Frauen vergewaltigt, beraubt und seine Opfer anschließend ermordet hat.

2.) Danach wurde die Entscheidung des Präsidiums des Landtages des Landes Brandenburg vom 22.5.1950, wonach das Präsidium von seinem Gnadenrecht keinen Gebrauch macht, das Gnadengesuch somit abgelehnt ist, verlesen.

Der Scharfrichter ......*Engelmann*.......................
wurde danach ersucht, den schriftlichen Vollstreckungsauftrag vom 13. Juli 1950 auszuführen und seines Amtes zu walten.
Die Hinrichtung erfolgte um ......*6*. Uhr ....*2*.Minuten.
Sie verlief ...*ohne Zwischenfälle*..........................
Kimmritz leistete dem Scharfrichter und seinen ....*2*... Gehilfen keinerlei Widerstand.
Er war auch bei der Bekanntgabe *ruhig und gefaßt*........
....

Bei der Hinrichtung waren zugegen:
...*Weitlag*......................
als Leiter der Strafanstalt,

- 2 -

Quelle: Brandenburgisches Landeshauptarchiv

nicht auch der alleinige Mörder im Fall Grützmacher war, und es gibt nicht den geringsten Hinweis in den Akten, daß die Puschkes tiefer in die Mordfälle verwickelt sein könnten, als in ihren Rollen als Hehler, für die das Gericht in abgetrennten Verfahren angemessene Freiheitsstrafen verhängte.

Wohl ließ der Brandenburgische Justizminister die Eingabe noch einmal überprüfen, doch am 19. Juli lehnte er das Gesuch ab. Kimmritz' letzter Versuch, sein Leben auf Kosten anderer zu verlängern, war damit gescheitert.

Zwei Tage später wurde er in die Polizeihaftanstalt Frankfurt/Oder überstellt. Am 26. Juli, um sechs Uhr früh, führten sie ihn in die Hinrichtungszelle. Der Delinquent erschien ruhig und gefaßt. Scharfrichter Engelmann löste die »Fallschwertmaschine« aus. Kimmritz' Kopf rollte in den Fangkorb.

»Die Hinrichtung erfolgte um 6 Uhr 2 Minuten«, heißt es im Vollstreckungsprotokoll. *»Sie verlief ohne Zwischenfälle. Kimmritz leistete dem Scharfrichter und seinen 2 Gehilfen keinen Widerstand.«*

Ein Epilog

Die Lebensspuren der Polizisten, die in Berlin und im Land Brandenburg an der Fahndung nach dem Frauenmörder Willi Kimmritz beteiligt waren, sind mittlerweile verweht. Einzig und allein Margot Bösang, die heute unter dem Namen Margot Hoffmann in Schönow bei Bernau lebt, war dem Autor behilflich, Ereignisse und die Lebensläufe beteiligter Personen in der damaligen Kriminaldienststelle Niederbarnim zu rekonstruieren. Ihr gebührt an dieser Stelle Dank.

Die Polizeireform in der Sowjetischen Besatzungszone von 1949 bildete den Auftakt für ein ausferndes Revirement auf der Grundlage des »Befehls Nr. 2 des Präsidenten der Deutschen Verwaltung des Innern«. Nahezu 10 000 Polizisten mußten den Dienst quittieren. Unter ihnen ein halbes Dutzend fähiger Kriminalisten, die in die »AKTION ROLAND« involviert waren. Einige wechselten später als Flüchtlinge in die Bundesrepublik über. Zu den Gründen der Entlassungen zählten »Familienangehörige in gerader Linie in den Westzonen« oder »Kriegsgefangenschaft bei den Westalliierten«, erst danach rangierten »moralische und charakterliche Unzuverlässigkeit« – was immer man darunter verstehen wollte.

Andere Polizeiangestellte, wie Bruno Beater, zählten bald zu den Gründungsvätern des Ministeriums für Staatssicherheit, das im Februar 1950 seine offizielle Tätigkeit begann.

Für die »Historische Kommission im Ministerium des Innern der DDR« war die »AKTION ROLAND« ohne Bedeutung. Mit einer Jahre währenden Fahndung, die obendrein noch in Westberlin ihr Ende gefunden hatte, ließ sich keine SED-Propaganda machen.

1971 drehte die DEFA eine filmische Adaption auf den »Schrecken der brandenburgischen Wälder«. Der Film »Leichensache Zernick« überzeugt in seiner trefflichen Inszenierung. Präzise Figurenzeichnungen und die detailgetreue Wiedergabe des sozialen Milieus, die der Verbrechenskette zugrunde lagen, zeichnen ihn aus. Was an ihm stört, ist die allzu einseitige Sicht auf die politischen Konfrontationen des Jahres 1948 in der Viersektorenstadt Berlin. Sie dürfte dem Geist der Zeit geschuldet sein, in der dieser Film entstand.

Quellen/Danksagung

Bundesarchiv Berlin-Lichterfelde (BArch), DO1/7.4./Nr.383, Fahndungsakte »Sittlichkeitsverbrecher Kimmritz«;

Brandenburgisches Landeshauptarchiv (BLHA), Rep. 241 Staatsanwaltschaft beim Landgericht Potsdam Nr. 940, 940/1, 940/2

Märkische Volksstimme vom 4.9., 17.9., 30.9.1948 und 19.2.1949

Nachtexpress vom 1.6. und 16.9.1948

Telegraf vom 13.9.1948

Die Volkspolizei. Jahrgang 2, Nr. 3/49, S. 11-12

Der Morgen vom 19.8.1948

Kuckenburg: Leitfaden zur Kriminalpraxis. Berlin 1948

Steinborn/Krüger: Die Berliner Polizei 1945-1992. Berlin 1993

Zeittafel zur Geschichte der Volkspolizei Berlin. Berlin 1985

In Erfüllung des Klassenauftrages. Berlin 1980

Berliner Polizei von 1945 bis zur Gegenwart. Berlin 1998

Foitzik: Der sowjetische Terrorapparat in Deutschland. Wirkung und Wirklichkeit. Berlin 1998

Bauchspiess/Brockmann u. a.: Das Prignitzer Schmalspurnetz. Lindenberg-Schwerin 1997

Rohlfien: Eberswalde–Waldstadt am Rande des Barnim. Eberswalde 1995

Hübner/Reichel/Förster: Havelberg und Umgebung – die Wiege der Prignitz. Dortmund 1997

Der Autor dankt Margot Hoffmann (Schönow), Paul Eisenberger (Dreetz), Horst Parton (Cottbus), Rainer Knurbien (Lindenberg), Revierförster Ekkehard Braune (Nauen),
Dr. Bärbel Schönefeld (Polizeihistorische Sammlung beim Polizeipräsidenten in Berlin) sowie den Mitarbeitern des BArch Berlin-Lichterfelde und des BLHA, Abt. Bornim.

KAJO REUTLINGER

MORD OHNE SÜHNE
Ungeklärte Kriminalfälle

Das perfekte Verbrechen gibt es nicht, dennoch bleiben Jahr für Jahr auch Taten unaufgeklärt, werden Täter nicht ermittelt, Spuren verlaufen im Sande. Solche Fälle hat der bekannteste Polizeireporter Nachkriegsberlins für dieses Buch zusammengetragen.

Ihn beschäftigen die bis heute ungeklärten Kriminalfälle, bei denen er neben der Polizei stets als einer der ersten am Tatort war. Er zeigt die sich oft ähnelnden schwierigen Wege der Ermittlungsarbeit, die mühselige Spurensuche und auch die Irrpfade, die manche Spur aufzeigt.

Kajo Reutlinger war als Polizeireporter geradezu eine Institution. Hans-Joachim Friedrichs schrieb in seinem Buch »Journalistenleben« über ihn: »Unser Star war Kajo Reutlinger – und noch heute halten ihn viele für den besten Polizeireporter der Nachkriegszeit.«

192 Seiten, brosch., 19,90 DM
ISBN 3-360-00925-8

DAS NEUE BERLIN

WOLFGANG MITTMANN

TATZEIT

Große Fälle der Volkspolizei, Sonderband

Jetzt Band 1 und 2 der »Großen Fälle der Volkspolizei« in einem Doppelband:
Mordfall Lemke, Brennpunkt Optik, Feuerteufel, Affäre Conti, Mordakte H..., Die Todesschüsse von Uckro, Treffpunkt Sektorengrenze, Das Eisenbahnattentat von Burkau – acht spektakuläre Fälle sind in diesem Buch faktenreich zusammengetragen, genau nachrecherchiert und somit nun erst wirklich abgeschlossen.

Was der Autor im einzelnen aus Polizeiakten sowie Befragungen Beteiligter erfuhr, bringt auch Licht ins Dunkel der komplizierten Ermittlungsarbeit der DDR-Kriminalisten, die die Verbrechen meist vor der Öffentlichkeit geheimhalten mußten. In diesem Doppelband sind Mittmanns bekannte Bücher »Fahndung« und »Tatzeit« vereinigt. Mit dem dritten Band, »Aktion Roland. Jagd nach einem Frauenmörder« sind sie nicht nur eine spannende Dokumentation in Wort und Bild, sondern ein echter »DDR-Pitaval«.

530 Seiten, brosch., 24,90 DM
ISBN 3-360-00895-2

DAS NEUE BERLIN

HANS GIROD

DAS EKEL VON RAHNSDORF
und andere Mordfälle aus der DDR

Fünfzehn Mordfälle aus der DDR, über die meist der Mantel des Schweigens gedeckt wurde, wie bei der Tötung von Neugeborenen, bei Serienmord oder bei Tätern aus dem Kreis von Berufssoldaten der Nationalen Volksarmee. Psychogramme der Täter und die oft mühevolle Ermittlungsarbeit der Kriminalisten stehen im Vordergrund der Darstellung.

Hans Girod, Jahrgang 1937, emeritierter Kriminalistikprofessor, beschäftigte sich hauptsächlich mit Sexual- und Gewaltverbrechen, insbesondere Tötungsfällen, mit der Identifizierung unbekannter Toter und mit interdisziplinären Probleme der somatischen Rechtsmedizin und der forensischen Psychiatrie.

256 Seiten, brosch., 24,80 DM
ISBN 3-360-00872-3

DAS NEUE BERLIN

HANS GIROD

LEICHENSACHE KOLLBECK
und andere Selbstmordfälle aus der DDR

Suizid galt in der DDR als Tabuthema. Weder in statistischen Jahrbüchern noch in wissenschaftlichen Veröffentlichungen der DDR findet man Angaben zu den Selbstmorden im Land. Selbsttötungen wurden zumeist als alleiniges Produkt der Menschenfeindlichkeit des Kapitalismus und als Widerspruch zum sozialistischen Menschenbild gesehen. Hans Girod hat sich mit der Methodik der Aufdeckung und Untersuchung von Suiziden in der DDR befaßt. An zwölf Fallbeispielen, von der spektakulären Selbstverbrennung des Pfarrers Brüsewitz bis zum Sprung einer Studentin vom Müggelturm, zeigt er, daß der Suizid, den jährlich mehrere tausend Menschen als Ausweg wählten, auch im Sozialismus eine jeweils individuelle Konfliktlösung war.

256 Seiten, brosch., 29,80 DM
ISBN 3-360-00860-X

DAS NEUE BERLIN

ISBN 3-360-00870-7

2. Auflage
© 2001 Das Neue Berlin Verlagsgesellschaft mbH
Rosa-Luxemburg-Str. 39, 10178 Berlin
Umschlagentwurf: Jens Prockat
(unter Verwendung eines Fotos, © Landesbildstelle Berlin)
Druck und Bindung:
Offizin Andersen Nexö Leipzig